How to Take Smart Notes

Das Zettelkasten-Prinzip

제텔카스텐

슬기로운 메모 생활

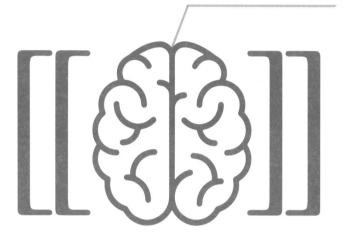

숀케 아렌스 지음 · 김수진 옮김

어떻게 스마트하게 쓸 것인가?
어떻게 생산적으로 쓸 것인가?

인간희극

"그 누구도 글을 쓰지 않고는 생각할 수 없다."

—니클라스 루만 (문헌 1)

'제텔카스텐(zettelkasten)'은 독일어 'zettel(종이 쪽지)'과 'kasten(상자)'의 합성어입니다. 독일의 사회학자 니클라스 루만이 고안한 최고의 학습력 향상 도구 '제텔카스텐'은 영어권에서 '슬립박스(slipbox)'라고도 불립니다. 한국어판인 이 책에서는 '메모 상자'라는 용어를 사용했으며 필요한 경우에만 '제텔카스텐'을 고유명사로서 사용했습니다.

차 례

✳ **일러두기**

—원서에서 이탤릭체로 강조된 부분을 이 책에서는 고딕체로 표기하였다.

—이 책의 각주는 모두 원서의 것을 번역한 것이며, 역주는 가독성을 위해 본문의 괄호 안에 추가했다.

—이 책의 참고문헌들은 본문에 나오는 순서대로 정리되었다. 다만 중복 인용된 문헌들도 한 번만 나열하였으므로 본문에 표시된 번호와 일치 하는 목록의 번호로 해당 문헌의 정보를 찾으면 된다.

이름: 니클라스 루만 (1927~1998)

직업: 사회학자 (독일 빌레펠트 대학교 소속)

저서: 58권 (번역서 제외)

논문: 350여 편 이상 (미친 수준의 다작)

특징: 메모를 자주 함 (그리고 상자에 집어넣음)

도입

우리는 모두 글을 쓴다. 특히 학계가 그렇다. 학생도 쓰고 교수도 쓴다. 그리고 이 책의 세 번째 주요 독자로 설정된 비소설 작가들 역시 당연히 글을 쓴다. 여기서 글쓰기란 반드시 과제물이나 논문, 책을 뜻하는 것이 아니라, 우리가 매일매일 하는 기본적인 글쓰기를 말한다. 우리는 아이디어나 인용문, 연구 결과물처럼 무언가 기억할 필요가 있을 때 글을 쓴다. 생각을 정리하고 싶을 때, 다른 사람들과 아이디어 교류를 하고 싶을 때도 글을 쓴다. 학생이라면 시험을 볼 때 주관식 답을 글로 쓰게 되지만, 그보다 먼저 시험 준비를 위해 가장 먼저 하는 일 역시 바로 펜과 종이를 집어 드는 것이다. 구술시험을 앞두고 있다 해도 말이다. 우리는 적어두지 않으면 잊어버릴까 염려되는 것만 쓰는 것이 아니라 적극적으로 외우고 싶은 것도 쓴다. 이렇듯 세상의 모든 지적 시도는 하나의 메모에서 시작된다.

글쓰기는 이처럼 학습과 학문, 연구에서 중추적 역할을 담당하고 있지만, 놀랍게도 우리는 이 사실을 거의 간과하고 있다. 글쓰기를 논한다 하더라도, 거의 항상 몇몇 예외적인 경우에만 초점을 맞춘다. 책이나 논문, 혹은 학생이라면 제출해야 하는 과제와 학위논문 등 긴 분량의 글을 쓰는 경우 말이다. 언뜻 생각하면 고개가 끄덕여진다. 이런 글들이야말로 가장 큰 걱정거리이자 가장 오랫동안 씨름해야 하는 과제이기 때문이다. 그 결과, 이런 "글"은 학생용 자기개발서나 학습 안내서에서 집중적으로 다루는 대상이 되고 있다. 이에 반해 우리 글쓰기의 가장 큰 부분을 차지하는 일상적 메모법의 길잡이가 되는 책은 거의 없는 실정이다.

우리가 구할 수 있는 글쓰기 관련 책들을 살펴보면 크게 두 부류로 나눌 수 있다. 첫 번째는 문체, 구조, 정확한 인용법 등의 형식적인 요건을 가르치는 책이다. 두 번째는 지도교수나 출판사가 마감일 재연장을 거부하기 전에 멘붕 상태에 도달하지 않고 글을 완성하는 법을 가르치는 심리적 면을 다루는 책이다. 이런 책들은 모두 백지나 빈 화면을 마주한 상황에서 시작한다는 공통점이 있는데 그렇게 함으로써 메모라는 주요 부분을 무시해버리는 우를 범하고 만다. 결국 종류를 막론한 모든 글쓰기의 체계organization를 향상시키는 것만으로도 커다란 차이가 나타난다는 사실을 놓치게 된다. 이런 책들은 글쓰기 과정이 빈 화면을 마주하는 것보다 훨씬 더 먼저 시작되며, 논거를 써내려가는 것 자체는 논거를 발전시키는 데 있어서 가장 미미한 부분일 뿐이라는 것을 아마도 망각하고 있는 듯하다. 바로 이런 간극을 메우기 위해 여러분이 생각하고 발견한 것을 설득력 있는 글로 효과적으로 바꾸고 그 과정에서 상호 연결된 스마트한 메모의 보고treasure를 쌓는 법을 알려주는 것이 바로 이 책의 목표다. 이렇게 쌓인 메모의 보고는 여러분의 글쓰기 작업을 더욱 쉽고 재미있게 해줄 뿐만 아니라, 장기적으로는 학습 능력을 높이고 새로운 아이디어를 산출하는 데에도 활용될 수 있다. 하지만 그 무엇보다도 여러분은 매일 글을 씀으로써 여러분의 프로젝트를 진전시킬 수 있다.

글쓰기는 연구나 학습, 학문에 부수적으로 뒤따르는 것이 아니라 이 모든 작업을 가능하게 하는 매체medium다. 어쩌면 바로 이런 이유로 우리는 이러한 글쓰기, 즉 일상 속 글쓰기, 메모하기, 초안 작업을 거의 간과하고 있는 듯하다. 숨쉬기가 그렇듯, 이러한 글쓰기는 우리가 하는 작업에 필수적이지만 우리가 끊임없이 하는 것이기에 오히려 우리의 관심에서 벗어나 있다. 그런데 아무리 최고의 호흡법으로 숨을 쉬더라도 당장 크게 달라지는 건 없을지 모르지만, 일상의 글쓰기 구조를 조금이라도 향상시키다면 이야기는 달라진다. 이를테면 매일 접하는 것에 대해 메모하고, 그 메모를 통해 생각한 것을 다시 메모하는 식으로 연결시킨다면, 나중에 우리가 백지나 빈 화면을 마주하는 순간이 될 때 상황은 완전히 달라지게 된다. 아니, 어쩌면 그런 순간은 오지 않을 것이다. 스마트하게 메모하는 사람들은 백지의 공포를 마주할 일이 다시는 생기지 않을 테니.

메모라는 비행체가 우리 사고의 레이더망에 좀처럼 잡히지 않는 데에는 또 다른 이유가 있다. 우리가 아무리 형편없게 메모하더라도 즉각적으로 부정적인 피드백을 받는 일은 없기 때문이다. 즉각적인 실패를 경험하지 않는 만큼, 도움을 받아야겠다는 수요도 그리 많지 않다. 출판시장의 생리상 도움에 대한 수요가 없으면 공급도 그리 많지 않을 수밖에 없다. 많은 학생들과 학술적 저술가들을 글쓰기에 관한 자기개발서로 가득한 책장으로 내모는 것은 바로 빈 화면을 마주할 때 느끼게 되는 극심한 공포다. 이 시장에 무리 지어 진출한 출판사들은 소 잃고 외양간 고치는 격인 이런 상황에 어떻게 대처해야 하는가에만 초점을 맞춘다. 우리는 메모하는 방법이 체계적이지 않다거나 비효율적이거나 혹은 완전히 잘못되있다 하더라도 코앞에 닥친 마감 때문에 공황상태에 빠지기 전까지는 이런 사실을 미처 깨닫지도 못한다. 그러면서 훌륭한 글을 많이 완성하면서도 우리가 같이 커피 마시자고 할 때마다 흔쾌히 응하는 사람들이 꼭 몇 명씩 있다는 사실에 의아해한다. 그런데 이럴 때조차도 일종의 자기 합리화가 작용하여 우리 시야를 가리고, 그 결과 좋은 메모법과 나쁜 메모법의 차이기 바로 그 실제 이유임을 알아채지 못하게 될 공산이 크다. "그런 사람들은 타고난 거야", "글쓰기는 무릇 어려운 법이지", "머리를 쥐어짜는 것도 다 겪어야 하는 과정일세". 너무도 많은 사람들이 이런 말을 주문을 외우듯 되뇐다. 그러면서 성공적인 글쓰기 전략과 그보다 못한 전략을 정확히 구별하는 문제는 그만 잊어버리고 만다.

우리가 해야 할 올바른 질문은 다음과 같다: 훌륭한 결과물을 손쉽게 얻을 수 있는 최상의 위치에 서려면, 백지를 마주하며 글쓰기에 돌입하기 몇 주 혹은 몇 달, 심지어 몇 년 전에 달리 무엇을 해야 할까? 올바른 인용법을 몰라서 또는 심리적 문제로 글에 집중하지 못해서 문서 작성에 골머리를 앓는 사람은 극히 드물다. 친구에게 문자를 보내거나 이메일을 쓰느라 머리를 쥐어뜯는 사람도 거의 없다. 인용할 때 지켜야 하는 규칙은 검색만 해보면 금방 알게 되고, 문서 작성을 뒤로 미룰 만큼 중대한 정신적 문제를 앓는 사람이 있기는 있겠지만 흔하지는 않다. 대부분의 사람들은 훨씬 평범한 이유로 애를 먹는다. 그 가운데 하나가 바로 백지 그 자체에 대한 신화다. 사람들이 고군분투하는 이유는 무릇 글쓰기는 백지에서 출발하는 것이라는 뿌리 깊은 믿음 때문이다. 그러니 백지를 채울 내용이 정말로 수중에 없다고 생각되면 공황에 빠지고도 남을 만하다. 머릿속에 전부 지니고 있는 것만으로는 충분치 않다. 제일 까다로운 작업은 종이에 써내려가는 일이기 때문이다. 그래서 생산적이고 좋은 글쓰기는 좋은 메모법을 바탕으로 한다. 전부 다 머릿속에 모아놓고 거기서 검색해내려고 애쓰는 것보다는 이미 글로 표현된 것을 또 다른 글로 바꾸는 것이 비교할수 없을 정도로 훨씬 쉽다.

요약하자면 이렇다: 문서의 질과 문서 작성의 용이성은 여러분이 문서의 주제를 정하기 전에 글의 형태로 무엇을 해놓았느냐에 가장 많이 달려 있다. 이것이 사실이라면(필자는 진심으로 그렇다고 믿는다), 즉 성공적인 글쓰기에 이르는 열쇠는 이미 준비 과정에서 완성된다면 지금껏 우리가 읽었던 자기개발서와 공부법에 관한 책은 대부분 소 잃은 외양간을 단지 공식적인 규칙에 따라 고치는 것만 알려주고 있었다는 뜻이 된다. 그것도 소를 막 잃었을 때가 아니라 이미 몇 달이 지난 후에야말이다.

이를 명심하면, 학문적 성과를 보여줄 가장 중요한 지표는 사람들의 머릿속이 아니라 일상 속의 업무 방식에 있다는 사실이 그리 놀랍지 않다. 실제로—적어도 IQ 120 이하 수준에서는—IQ와 학문적 성과 사이에 주목할 만한 상관관계가 없다. 물론, 특정한 지적 능력이 있으면 학계에 진입하는 데 도움이되기는 한다. IQ 테스트가 진짜로 힘겨웠다면 학문적 문제를 해결할 때도 힘들 가능성이 크다. 하지만 일단 학계에 늘어오고 나면, 높은 IQ가 여러분이 두각을 나타내거나 실패하지 않도록 도와주는 일은 절대 없다. 전반적인 지능 영역 외에 의미 있는 차이를 만드는 것은 따로 있다. 바로 당면한 과제에 접근하기 위해 자기단련과 자제력을 얼마나 많이 동원할 수 있느냐 하는 점이다. (문헌 2; 3)

여러분이 누구인지는 그리 중요치 않다. 무엇을 하느냐가 중요하다. 스마트한 방식으로 해야 할 일을 하면 성공한다는 것은 당연한 이치다. 그런데 이것은 얼핏 좋은 소식도 되고 동시에 나쁜 소식도 된다. 좋은 소식인 이유는, 주어진 IQ에 대해서는 어떻게 할 수 있는 게 별로 없는 반면, 약간의 의지력으로 자기를 더 많이 단련하는 것은 우리 통제 범위 안에 있기 때문이다. 나쁜 소식이 되는 이유는 우리는 스스로에 대해 이런 종류의 통제력을 발휘하기 어렵기 때문이다. 자기단련 또는 자제력은 의지만으로 그리 쉽게 달성되지 않는다. 현재 우리가 아는 한[1], 의지력은 금세 고갈되는 제한적인 자원이며 장기적으로 향상시킬 수 있는 대상도 아니다. (문헌 4; 5; 6; 7) 자신을 짐승처럼 채찍질해서 일하게 만들고 싶은 사람이 대체 어디 있겠는가? 다행히 이야기는 여기서 끝나지 않는다. 오늘날에는 자제력과

---

[1]   의지력이나 "자존감 고갈"에 관한 연구는 현재 약간의 혼란 상태에 놓여 있다. 하지만 장기적으로 작업을 완수하기 위해 의지력을 동원하는 것이 끔찍한 전략이라고는 확실히 말할 수 있다. 개략적으로 살펴보고자 한다면 문헌 9를 참고.

자기단련이 자기 자신보다는 자신이 놓인 **환경**과 훨씬 더 관련 있으며[문헌 8-ch.2] 이 환경은 얼마든지 바꿀 수 있는 것으로 알려져 있다. 누구라도 주위에 초코바가 없으면 굳이 먹지 않으려고 의지력을 발휘할 필요가 없다. 그리고 정말 하고 싶은 일을 하고 있는 경우에도 굳이 의지력을 동원할 필요는 없을 테고, 흥미롭고 의미 있으며 제대로 규정된 과제라면 그 무엇이든 결국 완수해 낼 것이다. 장기적 이익과 단기적 이익 사이에 갈등이 없기 때문이다. 의미 있고 잘 규정된 과제는 언제나 의지력을 압도한다. 즉 여러분의 성공을 보장하려면 의지력이 있어야 하는 것이 아니라 구태여 의지력을 동원할 필요가 없는 환경이 있어야 한다는 뜻이다. 바로 이 지점에서 글쓰기와 메모법의 체계가 그 역할을 발휘한다.

1. 여러분이 알아야 할 모든 것

어떤 일을 할 때는 작업 전반을 아우르는 흐름이 매우 중요하건만 지금까지 우리가 배웠던 글쓰기와 메모법에는 대개 이런 점이 고려되어 있지 않았다. 이 책의 목표는 바로 이런 관례를 바꾸고자 하는 데 있다. 필자는 먼저 어느 평범한 양조장 집 아들을 20세기 사회과학자 가운데 가장 많은 저작을 남긴 존경받는 인물로 만든 메모 도구를 소개하고자 한다. 그리고 더 나아가 그가 어떤 방식으로 이 도구를 자신의 작업 과정에 적용했기에 다음과 같은 스스럼없는 말을 남길 수 있었는지 조명하고자 한다. "나는 마음이 동하지 않는 일은 절대 억지로 하지 않는다. 일하다 막히면 다른 일을 한다." 이는 구조가 훌륭하게 짜여 있을 때나 가능한 말이다. 그래야—전체적인 틀을 건드리거나 더 큰 그림을 놓치지 않고—한 가지 일을 하다 다른 일로 거리낌 없이 옮겨갈 수 있기 때문이다.

구조가 좋으면 여러분에게는 믿을 구석이 생긴다. 덕분에 모든 것을 기억하거나 놓치지 말아야 한다는 마음의 짐을 덜 수 있다. 시스템을 신뢰할 수 있으면 머릿속에 모든 것을 다 담아두려 시도할 필요 없이 어떤 내용이나 주장, 아이디어처럼 중요한 부분에 집중하기 시작할 수 있다. "보고서 작성"이라는 두리뭉실한 과제를 분명하게 나뉜 여러 과제로 잘게 쪼개면, 한 번에 한 가지에 집중해서 신속히 처리한 다음 그 다음 과제로 넘어갈 수 있다(3.1장 참조). 구조가 훌륭하면 몰입flow이 가능해진다. 시간 가는 것도 잊고 힘든 줄도 모른 채 계속할 수 있을 정도로 완전히 일에 빠져드는 상태가 되는 것이다.(문헌 10) 이런 상태는 그냥 우연히 만들어지지 않는다.

당신이 학생, 연구자, 혹은 비소설 작가라면 자신의 시간을 쏟아붓고 싶은 대상을 선택할 자유가 다른 사람들보다 훨씬 많을 것이다. 그럼에도 우리는 일을 미루고 싶은 마음과 일을 하고자 하는 동기부여 사이에서 힘겨워 하는 경우가 허다하다. 이때 문제가 되는 것은 흥미로운 주제가 부족한 것이 아니다. 그보다는 문제 많은 작업 루틴을 유지하는 것이 문제다. 이런 루틴은 우리를 올바른 방향으로 이끄는 대신 우리를 통제하려고만 든다. 반면 작업 흐름이 훌륭하게 구조화되면 우리는 다시 스스로의 책임 아래 적절한 순간, 적절한 일을 할 수 있는 자유를 더 누릴 수 있게 된다.

그 안에서 작업할 수 있는 명백한 구조가 있다는 것은 무언가에 대한 계획을 세우는 것과는 완전히 다른 이야기다. 계획 세우기는 자기 자신에게 어떤 구조를 강요하는 일이다. 그러면 융통성을 잃게 된다. 계획대로 실행하려면 자신을 압박하고 의지력을 동원해야만 한다. 이것은 일할 의욕을 뺏을 뿐만 아니라 연구, 사고, 일반 학습과 같이 열린 결말을 지닌 과정에는 적합하지 않다. 이런 분야에서는—그저 예외가 아니라 일상적으로—새로이 통찰하고, 이해하고, 혹은 성취할 때마다 이에 맞춰 다음 단계를 조정해야 하기 때문이다. 이렇듯 계획 세우기는 연구와 학습이라는 개념과는 잘 어울리지 않는 것이 보통이지만,

대부분의 학습안내서와 학술적 글쓰기 참고서에시는 이것을 금과옥조로 삼고 있다. 무릇 통찰이란 그 정의상 미리 가늠할 수 없는 것인데 어찌 이것을 미리 계획한다는 것일까? 그렇다고 계획 세우기의 유일한 대안이 목표 없는 빈둥거림이라고 생각한다면 이는 큰 오산이다. 우리는 통찰과 새로운 아이디어가 우리를 앞으로 나아가게 만드는 동력이 될 수 있도록 자신의 작업 흐름을 구조화하는 도전에 나서야 한다. 새로운 아이디어, 발견—혹은 통찰—과 같이 예상치 못한 것들에 흔들릴 수밖에 없는 계획에 좌우되고 싶은 사람은 없는 법이다.

하지만 안타깝게도 대학에서조차 학생들을 계획의 달인으로 만들려고 애쓴다. 물론, 계획을 세워서 철저히 잘 지키면 시험은 잘 볼 수 있다. 그러나 학습/글쓰기/메모 기술의 전문가는 될 수 없다(이에 관한 연구 결과도 있다. 1.3장 참조). 계획의 달인은 대개 시험이 끝나면 공부를 계속하지 않는 경향이 있다. 끝났으니 그저 기뻐할 뿐이다. 반면, 학습/글쓰기/메모 전문가라면 보상이 뒤따르고 재미있다고 이미 판명된 것을 자발적으로 포기할 생각은 꿈에도 하지 않는다. 진정한 통찰을 얻게 하는 학습은 축적으로 이루어지는 것이며 새로운 아이디어의 불씨가 된다. 이 책에 투자했다는 사실만으로도 필자는 여러분이 계획의 달인보다는 전문가가 되리라 확신한다.

만약 여러분이 글쓰기에 도움을 받으려는 학생이라면 여러분은 이미 목표도 높게 설정했을 확률이 높다. 대체로 가장 우수한 학생들이 가장 많이 고군분투하기 때문이다. 뛰어난 학생들은 적절한 표현을 찾는 것을 중요하게 여기기에 문장 하나하나와 씨름한다. 이들은 제일 먼저 떠오른 아이디어가 썩 훌륭할 가능성은 희박하며, 좋은 질문이 공들이지 않고 하늘에서 뚝 떨어지는 법은 없다는 사실을 경험으로 잘 안다. 그래서 문헌의 개요를 잘 파악하기 위해 더 많은 시간을 도서관에서 보내고 그 결과 독서량이 많아진다. 이는 결국 이들이 처리해야 할 정보량이 더 많아진다는 뜻이다. 그러나 더 많이 읽었다고 저절로 아이디어가 더 많아진다는 의미는 아니다. 특히 처음에는 스스로 떠올릴 아이디어가 오히려 더 줄어든다는 것을 의미한다. 많이 읽으면 읽을수록 이미 다른 사람들이 거의 모든 아이디어들을 생각해 두었다는 걸 알게 되기 때문이다.

훌륭한 학생은 명백한 것 너머 그 이상을 볼 줄도 안다. 이들은 자신의 전공과목 울타리 저편을 넘본다. 일단 한번 그렇게 하고 나면, 다시 돌아가서 누구나 하고 있는 일을 할 수는 없게 된다. 아무 매뉴얼 없이 이질적인 여러 아이디어들을 서로 어울리게 다루어야 하는 숙제를 떠안게 되었더라도 말이다. 이는 증가 일로에 있는 정보를 놓치지 않으려면 시스템이 필요하다는 뜻이기도 하다. 새로운 아이디어를 생산한다는 목표 아래 다양한 아이디어들을 지적인 방식으로 결합할 수 있게 만드는 시스템 말이다.

반면, 실력이 떨어지는 학생들에게는 이 같은 문제들은 그 어느 것도 걸림돌이 되지 않는다. 자신의 전공과목 테두리 안에서 알게 된 정도로만 (또는 그보다 적게) 책을 읽기 때문에, 이들은 근사한 외부 시스템 없이 "과학 보고서 작성법" 같은 관례적인 공식만 따라도 글을 쓸 수 있다. 사실 이런 학생들은 자기 회의에 빠지는 경험을 많이 하지 않기 때문에 (실제 시험을 보기 전까지는) 좋은 결과가 나올 것처럼 느끼는 경우가 많다. 이런 현상을 가리켜 심리학에서는 더닝-크루거 효과^{Dunning-Kruger effect}라 한다.^(문헌 11) 실력 없는 학생은 자신의 한계를 볼 줄 아는 통찰력이 부족하다. 다른 사람들과 비교했을 때 자기가 알고 있는 것이 얼마나 적은지 깨달을 수 있으려면 막대한 양의 지식이 있어야 할 테니 말이다. 이는 능력이 떨어지는 사람들은 자신감이 과한 반면, 열심히 노력해 본 사람들은 자신의 능력을 과소평가하는 경향이 있다는 뜻이다. 실력 없는 학생들은 글쓰기를 할 때도 어렵지 않게 글감을 찾는다. 이들에게는 피력할 주장이 부족하지도 않고 자신이 이미 여러 주장들을 철저히 따져보았다는 자신감도 있다. 또한 이들은 문헌 속에서 자신의 주장을 뒷받침하는 확증 역시 쉽게 찾아낸다. 대체로 이들에게는 불확정적인 사실과 논거를 발견하고 따져보려는 관심과 기량이 부족하기 때문이다.

이와 달리, 우수한 학생은 자신이 아직 배우지 않았거나 통달하지 않은 부분에 초점을 맞추기에 자기 자신에 대한 기대치를 꾸준히 높인다. 엄청난 양의 지식을 맛본 성취도 높은 사람들이 심리학에서 말하는 가면 증후군^{imposter syndrome}으로 고통받기 쉬운 이유가 바로 이 때문이다. 가면 증후군이란 실제로는 그 누구보다 능력이 충만함에도 자신이 그 일을 감당할 수 없다고 느끼는 감정이다.^(문헌 12: 13) 이 책은 바로 이런 우수한 학생, 야

심만만한 학자, 호기심 많은 비소설 작가에 해당하는 여러분을 위한 책이다. 통찰력은 쉽게 얻어지는 것이 아니며, 글쓰기란 단지 주장을 피력하는 데만 쓰이는 것이 아니라 공유할 가치가 있는 통찰을 성취하기 위한 주요 도구임을 잘 알고 있는 여러분을 위한 책이라는 말이다.

1.1 좋은 해결책은 단순한 법–그리고 예기치 않은 데서 나오는 법

복잡하게 얽혀 있는 시스템을 만들 필요도, 여러분이 이미 가지고 있는 것을 모두 재편성할 필요도 없다. 스마트하게 메모하는 간단한 변화만으로도 즉각 아이디어를 발전시키는 작업을 시작할 수 있다.

그래도 복잡성은 문제가 된다. 위대한 이론을 발전시키겠다는 원대한 목표를 설정한 것도 아니고 그저 이미 읽은 것들을 기록하고, 메모해둔 것들을 정리해서 생각을 발전시키고 싶을 뿐이더라도, 점점 더 복잡하게 얽혀 있는 방대한 내용을 다루어야 할 테니 말이다. 특히나 단순히 여러 생각들을 수집하는 것이 아니라 이들을 연결 짓고 번뜩이는 새로운 아이디어를 창출하는 것이 관건이라면 말이다. 사람들은 대부분 자신이 이미 가지고 있는 것을 더 작은 덩어리나 파일, 혹은 별도의 폴더로 나누어 복잡함을 줄이려 노력한다. 메모를 주제와 부주제에 따라 분류하기도 한다. 그런데 이렇게 하면 덜 복잡하게 얽혀 있는 것처럼 보이지만, 금세 매우 어렵게 꼬여버린다. 게다가 각각의 메모를 서로 연결지으며 놀라운 연관성을 발견할 가능성도 줄어든다. 즉, 메모의 사용성^{usability}과 유용성^{usefulness} 사이에서 균형을 잡기 어려워진다.

고맙게도 우리는 사용성과 유용성 가운데 하나를 선택할 필요는 없다. 오히려 그 반대다. 복잡성 문제를 해결할 최고의 방법은 가능한 모든 일을 단순하게 유지하고 몇 가지 기본원칙을 따르는 것이다. 구조가 단순하면 우리가 원하는 내용적인 측면에서 복잡성을 수용할 수 있게 된다. 이 현상에 관해서는 매우 광범위한 실증적, 논리적 연구가 발표된 바 있다(대략적인 내용을 살펴보고자 한다면 슐 & 아이젠하트의 저작을 참조하기 바란다).^(문헌 14) 아무튼, 단순함을 추구하는 우리에게 스마트한 메모법보다 더 단순한 것은 없다.

또 다른 희소식은 여러분이 첫 삽을 뜰 때 들여야 하는 시간과 노력에 관한 것이다. 읽고 메모하고 쓰는 방식은 상당히 많이 바꾸게 되겠지만, (원리를 파악하고, 디지털 방식을 원한다면 한두 가지 프로그램들을 설치하는 것만 빼면) 준비 시간은 거의 필요하지 않다. 여러분이 이미 해놓은 일들을 다시 하는 것이 아니라, 이제부터 새로 시작되는 일들의 작업 방식만 바꾸면 되기 때문이다. 이미 해놓은 것을 다시 정리할 필요는 정말로 없다. 그저 일 처리를 해야 할 때가 되면 예전과 다르게 하면 된다.

희소식은 또 있다. 여러분에게 필요한 것은 이미 다 마련되어 있으니 괜히 다시 만드느라 시간 낭비할 필요가 없다는 사실이다. 널리 알려지고 입증된 두 가지 아이디어를 결합하기만 하면 된다. 이 책의 핵심을 관통하는 첫 번째 아이디어는 바로 단순한 메모 상자_zettelkasten_ 기법이다. 이 시스템의 원리와 이것을 학생, 학자, 비소설 작가가 일상 도구로 활용할 수 있는 방법은 다음 장에서 살펴보겠다. 감사하게도 모든 주요 OS에서 각각 사용 가능한 메모 상자 디지털 버전들이 나와 있는데, 그래도 혹시 펜과 종이가 더 좋다면 손글씨로 써도 좋다. 그렇게 해도 생산성과 용이성 측면에서 보면 별로 똑똑하지 않은 메모법보다는 훨씬 낫기 때문이다.

두 번째 아이디어 역시 중요하다. 어떤 도구가 적용되는 일상의 틀을 바꾸지 않으면 제아무리 최고의 도구라도 생산성을 크게 향상시키지 못한다. 세상에서 가장 빠른 자동차라 해도 그에 걸맞은 도로가 없으면 크게 도움이 되지 않는 것과 같은 이치다. 이는 모든 행동 변화가 그렇듯, 작업습관의 변화도 익숙한 옛날 방식으로 돌아가려는 단계에서 벗어나야 한다는 것을 의미한다. 처음에는 새로운 작업방식이 작위적인 느낌이 들고, 직관적으로 일을 할 때와는 많이 다를 것이다. 이는 지극히 정상이다. 그러나 일단 스마트한 메모법에 익숙해지고 나면 예전에는 어떻게 그렇게 했었나 하는 의구심이 들 정도로 자연스럽게 느껴진다. 과제가 일상적인 루틴이 되려면 단순하고 반복적이어야 한다. 그래야 자동적으로 이루어지고 다 함께 모나지 않게 어울릴 수 있다.^(문헌 15) 모든 관련 작업들이 전반적으로 서로 맞물려 있는 증대한 과정의 일부가 되면 병목현상이 제거되고 그때서야 의미 있는 변화가 생길 수 있다('놀라운 생산성 도구 10가지' 같은 제목으로 인터넷에서 흔히 검색되는 내용 중 그 어느 것도 크게 도움이 되지 않는 이유가 바로 이 때문이다).

작업 흐름의 중요성은 데이비드 알렌^{David Allen}의 훌륭한 통찰력이 낳은『끝도 없는 일 깔끔하게 해치우기: GTD^{Getting Things Done}』^(문헌 16)에서 강조된 개념이다. 이제는 진지한 지식 노동자 가운데 이 GTD 개념을 모르는 사람은 거의 없다. 그도 그럴 만한 것이 바로 이 개념은 실제로 효과가 있기 때문이다. GTD는 처리해야 할 일을 모조리 한곳에 모아 표준화된 방식으로 처리하는 것을 원칙으로 한다. 이것은 한번 의도했던 모든 것을 실제로 전부 다 해내야 한다는 의미는 아니지만 이렇게 하면 강제적으로라도 명확한 선택을 하고 자신의 과제가 더 큰 그림에 여전히 부합하는지 꾸준히 확인하게 된다. 우리는 중요한 것부터 사소한 것에 이르기까지 모든 일들이 관리되고 있다는 것을 알아야만 홀홀 털어버리고 바로 눈앞의 일에 집중할 수 있다. 눈앞의 일 말고는 우리의 기억 속을 떠돌며 귀중한 정신적 자원을 차지하는 일들이 없어야 알렌이 말하는 "물처럼 흐르는 마음" 상태를 경험할 수 있다. 즉 다른 생각에 정신이 분산되지 않은 채 바로 눈앞의 일에만 초점을 맞출 수 있는 상태가 되는 것이다. 이 원리는 단순하지만 전체론적이다. 금세 결과가 나타나는 해법도, 마법의 도구도 아니며 여러분의 작업을 대신해주는 것도 아니다. 하지만 매일 작업할 때 집중력이 깨지는 원인은 주변 환경보다는 우리 자신의 마음에 있는 경우가 더 많다는 관점을 지지해 준다. GTD는 바로 이 문제를 해결하는 데 필요한 구조를 제공해 준다.

그러나 안타깝게도 데이비드 알렌의 비법은 통찰력 있는 글쓰기라는 과제에는 곧이곧대로 적용할 수 없다. 왜일까? 첫째, 통찰은 규정이라는 방법으로 미리 결정할 수 있는 것이 아닌 반면, GTD는 명확히 규정된 목표를 바탕으로 하기 때문이다. 보통 우리는 연구를 시작할 때 막연한 아이디어에서 출발한 뒤, 점차 연구를 진행하면서 이를 변화시켜 명확하게 만든다.^(문헌 17-p.134f) 그러므로 통찰을 목표로 삼는 글쓰기는 훨씬 더 열린 방식으로 구조를 짜야 한다. 둘째, GTD는 프로젝트를 더 작은 규모의 구체적인 "다음 단계"로 쪼개라고 요구하기 때문이다. 물론, 통찰력 있는 글쓰기나 학술 작업도 한 번에 한 단계씩 밟으며 진행되지만, 대개 이런 단계들(각주 찾기, 한 장을 다시 읽기, 한 문단 쓰기 등)은 어떤 때는 글로 적어두기에는 너무 미미하거나, 또 어떤 때는 모두 한꺼번에 끝내기에는 너무 덩어리가 크다. 또한, 다음 단계 뒤에 어떤 단계가 올지 예측하기도 어렵다. 가령, 각주를 발견하면 이를 재빨리 확인부터 할 필요가 있을 때가 있고, 어떤 문단의 내용을 파악하기 위해 먼저 명확한 설명이 필요한 경우가 생기기도 한다. 메모한 뒤 다시 돌아와 읽고 그러다가 마음속에 떠오른 한 문장을 갑자기 적기도 한다.

글쓰기는 순차적으로 일어나는 선형적인 과정이 아니다. 다양한 과제들 사이를 끊임없이 넘나들어야 한다. 이런 단계에서 소소한 일들을 하나하나 관리하는 것은 아무 의미도 없다. 큰 그림으로 확대해서 보는 것 역시 별 도움이 되지 않는다. "한 페이지 쓰기" 같은 다음 단계들이 생기고 이 한 페이지를 쓰기 위해 해야 할 일들을 찾아 처리하는 것은 정말이지 아무 도움이 되지 않는다. 한 시간이나 한 달이 걸릴 수도 있는 다른 일들을 한 무더기 해야 하는 경우가 많기 때문이다. 더구나 이런 일들은 일일이 눈으로 확인해야 하는 경우가 대부분이다. GTD는 비즈니스 업계에서 엄청난 성공을 거두었고 자영업자들 사이에서도 명성이 자자한 것이 사실이지만, 아마도 이와 같은 여러 이유로 인해 학계에서는 별로 인기를 얻지 못한 듯하다.

하지만 우리는 성공적인 구조를 짜는 비결이 전체적인 관점에 있다는 통찰을 알렌에게서 얻을 수 있다. 전체를 보지 못할 경우, 일을 관리하는 과정에서 방치된 부분이 생기면 계속 마음에 남게 되고 결국 중요하지 않은 과제가 시급하게 느껴진다. 또한 최고의 도구들이 있더라도 각각 따로 사용하면 큰 효과가 없다. 이런 도구들은 오직 잘 고안된 작업 과정 안에서 사용할 때만 그 힘을 발휘할 수 있다. 훌륭한 도구들이 서로 잘 맞지 않는다면 그 모든 도구들이 무슨 소용이겠는가?

글쓰기의 경우, 연구에서 교정에 이르기까지 모든 것이 밀접하게 연결되어 있다. 여러분이 하나의 과제에서 다른 과제로 거침없이 넘어가려면 모든 작은 단계들이 서로 이어져 있어야 한다. 그러면서도 해야 할 일들을 어떤 상황 속에서도 융통성 있게 할 수 있도록 각 단계가 충분히 분리되어 있어야 한다. 여기서 우리는 데이비드 알렌의 통찰력에 다시 주목한다. 자신의 시스템을 신뢰할 수 있어야만, 모든 것이 관리된다고 정말로 믿어야만 우리 뇌가 다른 생각을 툴툴 털어버리고 당면한 과제에 집중할 수 있기 때문이다.

그렇기에 우리에게는 GTD만큼 포괄적이되, 글을 쓰고 학습하고 사고하는 것과 같은 열린 결말을 지닌 과정에 적합한 메모 시스템이 필요하다. 자, 이제 메모 상자를 열어 보자.

1.2 독일에서 온 메모 상자, 제텔카스텐

1960년대, 독일의 어느 관청에서 일하던 공무원들 가운데에는 양조장 집 아들이 한 명 있었다. 그의 이름은 니클라스 루만$^{Niklas\ Luhmann}$. 원래 그는 법학을 공부했지만, 여러 의뢰인들을 상대해야 하는 것이 싫어 공무원의 길을 선택한다. 그러나 마찬가지로 많은 사람들을 접해야 하는 공직 역시 자신에게 맞지 않는 사실을 깨닫게 된다. 그는 매일 9시부터 5시까지 근무한 후 집에 돌아와서는 자신이 가장 좋아하는 일을 했다. 철학, 조직이론, 사회학 분야와 관련된 자신의 다양한 관심사들을 책을 읽으며 파고든 것이다.

그러면서 눈에 띄는 내용을 발견하거나 의견이 떠오르면 메모를 했다. 사실, 저녁 시간에 독서를 하면서 자신의 관심사를 좇는 사람들은 많다. 간간이 메모도 한다. 하지만 이런 행동이 루만처럼 특별한 경력으로 이어진 경우는 거의 없다.

한동안 여느 사람들과 마찬가지로 메모를 모으고, 책 귀퉁이에 감상을 남기거나 주제별로 메모들을 모아두었던 루만은 이런 메모법으로는 아무런 결실도 맺지 못한다는 것을 깨달았다. 그래서 메모법에 대한 생각을 완전히 거꾸로 뒤집어보았다. 기존의 카테고리에 메모를 추가하거나 각각의 책에 메모를 남기는 대신, 작은 종이에 한꺼번에 메모하고 종이 귀퉁이에 번호를 단 뒤 메모한 종이들을 모두 한곳에 모았다. 메모 상자를 만든 것이다.

루만은 이 메모들로부터 금세 새로운 카테고리를 발전시켰다. 그는 각각의 아이디어와 메모가 그 맥락만큼만 가치가 있다는 사실을 깨달았는데, 여기서 맥락은 어떤 메모를 쓰도록 만든 원문의 맥락과 반드시 일치하지는 않았다. 그래서 그는 어떻게 하면 하나의 아이디어가 다양한 맥락으로 연결될 수 있을지 고민하기 시작했다. 모든 메모를 한곳에 쌓아두는 것만으로는 종이 뭉치를 만드는 것 이상의 결과를 기대할 수 없었다. 그래서 루만은 자신의 글들이 그저 메모 더미가 되는 것에 그치지 않도록 메모들을 그만의 체계적인 방식으로 상자에 모았다. 이내 메모 상자는 그의 대화 상대이자 주요 아이디어 창출원, 생산성의 원동력이 되어, 그가 여러 생각들을 구조화하고 발전시키도록 도왔다. 무엇보다 이 메모 상자는 효과가 탁월했기에 활용하는 재미가 있었다.

결국, 메모 상자는 루만을 학자의 길로 인도한다. 어느 날, 그는 메모 상자에 모인 생각들 가운데 일부를 바탕으로 원고를 만들어 독일에서 가장 영향력 있는 사회학자 중 한 명으로 꼽히는 헬무트 셸스키Helmut Schelsky에게 전달했다. 원고를 집으로 가져 간 셸스키는 학계의 아웃사이더가 쓴 이 글을 읽은 뒤 당장 그에게 연락했다. 그는 루만에게 당시 설립된 지 얼마 되지 않은 빌레펠트Bielefeld 대학교의 사회학 교수가 되어야 한다고 했다. 물론 이 교수직은 매력적이고 명망 있는 자리였지만, 루만이 사회학자가 아닌 것이 문제였다. 그에게는 독일에서 사회학과 교수의 조교가 되는 데 필요한 정식 학위조차 없었으며, 교수자격 취득 논문도 없었다. 박사 학위 논문 이후 발표하는 두 번째 저서를 바탕으로 하는 이 교수자격 취득 논문은 많은 유럽 국가에서 최고의 학술 자격으로 인정받는다. 하지만 루만은 박사 학위뿐만 아니라 사회학 관련 학위 자체가 전혀 없었다. 상황이 이쯤 되면 대부분의 사람들은 이런 교수직 제안을 그저 대단한 찬사로 받아들이고 불가능한 일이라고 이야기한 후 없었던 일로 치고 말 것이다.

그러나 루만은 그렇게 하지 않았다. 그는 곧장 자신의 메모 상자로 달려가 그 속에 모아둔 메모들의 도움을 받아 1년도 안 되는 짧은 시간 안에 교수가 되기 위한 모든 자격들을 획득했고 그 후 얼마 지나지 않은 1968년, 빌레펠트 대학교 사회학 교수로 임용되어 평생 그 자리를 지켰다.

독일에서는 처음 교수가 되면 가장 먼저 자신의 연구 계획을 소개하는 공개 강연을 하는 전통이 있다. 루만 역시 자신의 주요 연구 계획에 대한 질문을 받았다. 이때 그는 다음과 같은 유명한 대답을 남겼다. "나의 연구 계획은 사회 이론. 연구 기간은 30년. 연구비는 0원."(문헌 18-p.11) 아주 간결한 발언이었다. 사회학 분야에서 "사회 이론"이라고 하면 모든 연구 계획의 모체에 해당하는 거대한 프로젝트인데도 그는 이렇듯 자신있게 말했다.

그 후로 거의 정확히 29년 6개월이 흘러 그가 두 권으로 구성된 저서『사회의 사회』(1997)의 마지막 장을 탈고하자 학계가 술렁거렸다. 급진적이고 새로운 이 이론은 사회학의 지형을 바꾸었을 뿐만 아니라 철학, 교육학, 정치학, 심리학계에서도 뜨거운 논쟁을 불러일으켰다.[2] 그런데 이 논쟁에는 아무나 참여할 수 없었다. 그의 저서가 비범하게 정교한 데다 매우 특이했으며 고도로 복잡하게 얽혀 있었기 때문이다. 이 책은 개별 장마다 별도로 출간되었는데, 각기 하나의 사회 시스템을 다루고 있으며, 법, 정치, 경제, 커뮤니케이션, 예술, 교육, 인식론뿐만 아니라 사랑에 대해서도 논하고 있다.

30년간 역서를 제외하고도 총 58권의 저서와 수백 편의 논문을 발표한 루만의 수많은 저작물들은 대부분 각 분야의 고전이 되었다. 심지어 그의 **사후에도** 종교, 교육, 정치 등 다양한 주제에 관해 그의 이름으로 6권의 책이 더 출간되었는데, 이 책들은 그의 연구실에 남아 있던 완성 직전의 원고들을 토대로 한 것들이었다. 필자의 동료들 가운데는 루만이 사후에 발표한 것만큼이라도 저서를 내기 위해 한 평생을 노력하는 이들도 적지 않은 것으로 안다.

일부 출세 지향적인 학자들이 하나의 아이디어에서 최대한 많은 수의 저작물을 쥐어짜려고 애쓰는 것과는 달리, 루만은 정반대의 행보를 보였다. 그는 자신이 집필할 수 있는 분량 이상의 아이디어를 끊임없이 생각해냈다. 그가

⊂⊃⊂⊃⊂⊃⊂⊃⊂⊃⊂⊃⊂⊃

2 이 이론의 서문은 1987년에 「사회 시스템」이라는 제목을 달고 단권으로 출판되면서 그가 발표한 저작목록에서 도서번호 "666"번을 달게 되었다. 그의 메모법에 대해 알지 못했던 사람들은 이런 번호가 달린 것이 우연이 아니라고 생각했을지 모른다. 악마와 거래한 결과로밖에 설명될 수 없을 정도로 그가 다작을 남겼기 때문이다.

쓴 텍스트를 보면 마치 하나의 출판물 속에 최대한 많은 통찰과 아이디어를 집어 넣으려 애쓴 것 같다.

루만은 인생에서 아쉬운 것이 있냐는 질문을 받자 다음과 같은 유명한 대답을 남겼다. "내가 더 갖고 싶은 것이 있다면 그것은 시간입니다. 유일한 골칫거리라면 바로 시간이 부족한 것이죠."(문헌 19- p.139) 일부 학자들은 주된 작업을 조교에게 맡기거나 팀을 구성해서 논문을 쓴 뒤 이름을 올리기도 한다. 반면, 루만은 조교의 도움을 거의 받지 않았다. 그의 마지막 조교는 자신이 도울 수 있었던 유일한 일은 루만이 쓴 원고에서 오자를 걸러내는 것뿐이었다고 말한 바 있다. 루만에게 진정 도움을 준 사람은 주중에 그와 그의 자녀들을 위해 식사를 준비해 준 가사도우미였다. 일찍이 아내와 사별한 뒤 홀로 자녀들을 양육해야 했으니 그럴 만도 하다. 물론 1주일에 5끼의 따뜻한 식사를 준비하는 시간을 아낀 것만으로 60권에 달하는 영향력 있는 저서와 수많은 논문들을 발표한 그의 다작 능력을 다 설명할 수는 없겠지만 말이다.

독일의 사회학자 요하네스 F. K. 슈미트^{Johannes F. K. Schmidt}는 루만의 작업 흐름을 폭넓게 연구한 뒤, 그의 다작력을 설명할 수 있는 것은 오직 그의 독특한 작업 기법뿐이라고 결론지었다.(문헌 20-p.168) 사실 이 기법은 한순간도 베일에 감춰진 적이 없다. 루만이 절대 숨기지 않았기 때문이다. 그는 자신이 다작하는 이유로 메모 상자를 계속 언급했다. 어떻게 이 정도의 다작이 가능하냐는 질문을 받으면 그는 일찍이 1985년부터 꾸준히 이렇게 대답했다. "물론 나는 혼자서, 독자적으로 모든 것을 생각해내지는 않습니다. 이런 생각들은 주로 메모 상자에서 나오지요."(문헌 19-p.142) 하지만 대부분의 사람들은 그의 이런 설명을 자신의 천재성에 대한 겸손함으로 받아들였을 뿐, 메모 상자와 이를 활용한 그의 작업방식에는 주목하지 않았다.

물론, 그의 다작 능력은 참으로 놀랍다. 그러나 저서가 몇 권이고 글이 얼마나 뛰어난지보다는 이 모든 것을 거의 힘들이지 않고 이루어냈다는 사실이 가장 인상적이다. 그는 하고 싶지 않은 일은 절대 억지로 하지 않았다고 강조했을 뿐만 아니라, "나는 쉬운 일만 한다. 어떻게 쓸지 즉시 알 수 있을 때만 글을 쓴다. 일하다 잠시 머뭇거리게 되면, 가차없이 하던 일은 옆으로 밀어놓고 다른 일을 한다"고도 했다.[3] (문헌 19-p.154f)

불과 얼마 전까지만 해도 이 말을 믿는 사람은 거의 없었던 것 같다. 여전히 우리는 위대한 결과물을 얻으려면 대단한 노력을 해야 한다고 굳게 믿고 있다. 그래서 우리의 작업 틀에 단순한 변화를 주는 것만으로 생산성이 높아질 뿐만 아니라 작업의 재미도 커진다는 사실을 믿지 않

---

3   https://youtu.be/qRSCKSPMuDc?t=37m30s (모든 링크는 takesmartnotes.com에서 연결 가능하다.)

으려는 경향이 있다. 하지만 루만의 경우를 보면, 내키지 않는 일은 억지로 하지 않았음에도 뛰어난 학술적 결과물이 나올 수 있었던 것이 아니라, **그렇게 했기 때문에 이것이 가능했다고 보는 것이 더 타당하지 않을까?** 우리는 비록 힘든 일을 하더라도 그것을 우리의 본질적인 목표에 맞추어 조절하고, 그 일에 휘둘리지 않고 자신에게 주도권이 있다고 느끼는 한, 일하는 재미를 누린다. 진짜 문제는 따로 있다. 워낙 융통성 없게 일을 설정해서 나중에 상황이 달라질 때 일을 조절하지 못하고 제멋대로 전개되는 과정에 질질 끌려가는 경우 말이다.

통제력을 쥐고 있다는 느낌을 유지할 최선의 방법은 통제력을 놓지 않는 것이다. 그러려면 글 쓰는 과정 동안 처음의 아이디어에만 함몰되기보다 여러 선택지를 열어 놓는 것이 좋다. 쟁점이 변할 수도 있고, 다루던 자료가 생각했던 것과 크게 다르다는 것이 드러날 수도 있고, 새로운 아이디어가 나타나서 결국에는 우리가 하던 작업에 대한 전체적인 관점이 달라질 수도 있다. 이것이 바로 글쓰기의 속성, 특히 통찰 지향적인 글쓰기의 속성이다. 이처럼 소소하고 지속적으로 조정할 수 있을 만큼 유연하게 작업을 설정해야만 우리의 관심과 의욕, 그리고 작업이 잘 조율된 상태를 유지할 수 있다. 이것이 바로 조금도 힘들이지 않고, 혹은 거의 힘들이지 않고 작업하기 위한 전제조건이다.

루만이 중요한 당면 과제에 집중하고, 중단했던 지점에서 곧장 다시 일을 시작하고, 작업 과정을 통제할 수 있었던 것은 모두 그의 작업 체계 덕분이다. 작업 환경이 자신의 작업 리듬을 모두 수용할 수 있을 만큼 유연하다면, 저항에 부딪혀 고군분투할 필요가 없어진다. 크게 성공한 사람들에 관한 연구 결과를 보면, 성공은 저항을 극복하는 능력이나 강인한 의지력의 결과가 **아니라** 애초에 저항력이 생기지 않게 방지하는 스마트한 작업 환경의 결과라는 것이 여러 차례 입증되었다.[문헌 21; 22; 23] 고도로 생산성 높은 사람들은 역풍에 맞서 싸우는 대신, 유도 선수처럼 저항력을 비껴가는 선택을 한다. 이때 적절한 마음가짐을 지니는 것만이 아니라 적절한 작업 흐름을 유지하는 것이 관건이다. 루만이 다양한 과제와 사고 수준 사이를 자유롭고 유연하게 넘나들 수 있었던 것은 바로 메모 상자를 활용한 작업방식 덕분이었다. 그러자면 적합한 도구를 갖추고 그 사용법을 아는 것이 중요하다. 그런데 이 두 가지가 모두 필요하다는 사실을 제대로 이해하는 사람은 극히 드물다.

여전히 사람들은 루만의 뛰어난 업적을 그의 천재성으로 돌리거나, 그와 똑같은 메모 상자만 가지고 있으면 된다고 생각하면서 어떤 "비법"을 찾는 데 급급하다. 물론, 학문과 글쓰기로 성공하려면 똑똑해야 한다. 그러나 생각, 아이디어, 수집한 사실들을 정리하는 **사고의 틀**이 되는 외부 시스템이 없거나, 이런 시스템을 일상 생활에 이식해서 사용하는 법을 모른다면, 그것은 높은 IQ만으로는 보완할 수 없는 엄청난 약점이 된다.

이 기술에 관해서 비밀에 부쳐진 것은 하나도 없다. 이미 30년 전부터 전부 공개되어 있다. 그렇다면 왜 모두가 메모 상자를 활용해서 힘들이지 않고 성공 가도를 향해 달려가지 않는 것일까? 너무 복잡하고 어렵기 때문일까? 절대 아니다. 이 기술은 오히려 놀랄 만큼 단순하다. 사실, 그 원인은 다음과 같이 훨씬 더 평범한 데에 있다.

1. 파일 시스템(즉 메모 상자 시스템)에 관한 첫 번째 연구 결과가 발표된 후 최근까지도 루만의 실제 작업방식을 둘러싼 몇 가지 중대한 오해가 있었다. 그 결과 이 시스템을 따라 하려던 많은 이들에게 실망스러운 결과를 안겼다. 오해가 있었던 주된 이유는 메모 상자만 별도로 떼어내어 초점을 맞추었을 뿐, 이 메모 상자를 활용한 실제 작업 흐름에 대해서는 간과했기 때문이다.

2. 이 시스템을 다룬 출판물은 대부분 독일어로만 발간된 데다, 루만의 사회 시스템 이론을 전공한 소규모의 헌신적인 사회학자 그룹 안에서만 거의 독점적으로 논의 대상이 되었다. 대중의 관심을 끌 수 있는 임계치에 한참 모자란 환경이었던 셈이다.

3. 세 번째 이유이자 어쩌면 가장 중요한 원인은 바로 이 기술이 단순하다는 사실이다. 직관적으로 대부분의 사람들은 단순한 아이디어에는 많은 것을 기대하지 않

는다. 인상적인 결과를 얻으려면 그만큼 인상적으로 복잡하고 어려운 수단이 있어야 한다고 추정하기 때문이다.

헨리 포드 Henry Ford 와 동시대를 살았던 사람들은 컨베이어 벨트처럼 단순한 물건이 어째서 그토록 혁명적인지 납득하지 못했다. 그들은 노동자들이 제자리를 지키고 그들 앞으로 자동차 부품들을 옮기는 것과 자동차 부품들은 놓아두고 노동자들을 이동시키는 것이 과연 무슨 차이가 있는지 이해하지 못했다. 심지어 그 당시 사람들 가운데 일부는 포드를 그저 생각이 단순한 사람, 미미한 작업 구조 변경에 과하게 열성적인 사람 정도로 생각했을지도 모른다. 그렇더라도 필자는 그리 놀랄 일이 아니라고 본다. 당시에는 몰랐지만 이제 와 뒤돌아보니 모두의 눈에 이 작은 변화가 가져온 어마어마한 이 점이 명백하게 보이는 것뿐이다. 이와 마찬가지로 루만의 메모 상자와 작업 루틴이 지닌 장점이 모두의 눈에 명백해질 날이 과연 언제가 될까 필자는 궁금하다. 그날이 올 때쯤이면 이미 모든 사람들이 이 시스템을 알고 있으리라.

이유 여하를 막론하고, 이제 이 이야기는 세상 밖으로 나왔으니 소문이 빠르게 퍼진다 해도 전혀 놀랄 일이 아니다.

1.3 메모 상자 활용 매뉴얼

이 시스템의 핵심에 해당하는 메모 상자는 어떻게 작동할까?

엄밀히 말하면 루만에게는 메모 상자가 두 개 있었다. 하나는 서지정보(책제목, 저자명, 발행년도 등등)와 문헌의 내용에 관한 짧은 메모를 모아둔 '서지 메모 상자 bibliographical slip-box'였고, 다른 하나는 본체에 해당하는 것으로, 주로 독서한 내용에 대한 자신의 아이디어를 수집하고 만들어내는 역할을 한 '본(本) 메모 상자main slip-box'다. 루만은 이 메모들을 카드 용지에 적어서 나무 상자 안에 보관했다.

그는 무엇이건 읽을 때마다 카드 용지 한쪽 면에 서지정보를 적고 뒷면에는 읽은 내용에 대한 짤막한 메모를 남겼다.(문헌 20-p.170) 그런 다음 이 메모들은 서지 메모 상자에 넣었다.

그 후 얼마가 지나면, 두 번째 단계로 넘어갔다. 자신이 적은 짤막한 메모를 들여다보면서 이것이 그의 고유한 생각, 그리고 직접 창작한 글들과 관련성이 있는지 따졌다. 그런 다음 본(本) 메모 상자로 옮겨가 빈 종이에 자신의 아이디어, 논평, 생각들을 적었다. 이때는 아이디어 하나마다 각기 다른 종이에 적었고, 반드시 내용을 종이 한 면에만 적어서 나중에 찾아볼 때 종이를 상자에서 꺼낼 필요 없이 획획 넘겨가며 확인할 수 있도록 했다. 대개는 하나의 아이디어가 종이 한 장에 다 들어가도록 간단히 메모했지만, 때에 따라서는 사고를 확장하기 위해 메모지를 추가하기도 했다.

그는 새로 메모를 할 때 대체로 메모 상자 안에 들어 있는 기존의 메모들에 눈길을 주며 참고했다. 문헌에 대한 메모는 짧은 분량이었지만, 그가 저서를 집필할 때 최종 원고를 쓰는 방식과 크게 다르지 않게 정성을 기울였다. 완전한 문장으로 썼고 그에게 소재를 제공한 문헌에 대해서 명시적으로 언급했다. 하나의 메모에 새로운 메모가 곧장 추가되어 길게 이어지는 메모 사슬의 일부가 되는 경우도 많았다. 이럴 때면 메모 상자 안 어딘가에 들어 있는 기존 메모를 참고하도록 표시했는데, 어떤 메모는 바로 근처에 있기도 했고 또 다른 메모는 완전히 다른 구역과 맥락 속에 들어 있기도 했다. 또한 직접 관련되어서 논평처럼 보이는 메모도 있었고 명백한 연관성이 없는 것도 있었지만 다른 메모와 연결되지 않고 완전히 고립된 메모는 거의 드물었다.

그는 자신이 읽은 텍스트에서 아이디어나 인용문을 그저 옮겨 적기만 한 것이 아니라, 하나의 맥락에서 다른 맥락으로 전환했다. 이것은 원래 의미를 가능한 그대로 살리려고 애쓰면서도 맥락에 따라 그에 맞는 다른 단어를 사용하는 번역 작업과 무척 비슷하다. 가령 어떤 책 속 한 장

(章)의 내용을 메모할 때 그 텍스트를 그대로 인용하기보다는 "작가가 자신의 주장을 정당화하기 위해 부단히 몸부림치고 있음"이라고 쓰는 것이 그 장(章)의 내용을 훨씬 더 적절히 기술할 수 있다(물론 이에 대해서는 추가적인 설명이 필요할 수 있다).

루만의 경우, 메모를 주제별로 정리하지 않고 오히려 추상적인 방식으로 메모에 고정 번호를 매긴 것이 비법이었다. 번호는 그 자체에 어떤 의미가 있는 것이 아니라, 단지 각 메모를 영구적으로 구별하기 위해 표시한 것이었다. 그는 논평, 수정, 추가 등 새로운 메모가 기존의 메모와 관련성이 있거나 직접 연관되면, 기존의 메모 바로 뒤에 새 메모를 추가했다. 가령, 기존 메모가 22번이라면, 새 메모는 23번이 되는 식이다. 만약 23번이 이미 존재한다면 새 메모는 22a가 된다. 그는 중간에 사선부호(/)와 쉼표(,)를 넣으면서 숫자와 알파벳을 번갈아 사용하는 방식으로 메모를 통한 생각의 가지들을 마음껏 확장했다. 가령, 인과관계와 시스템 이론에 관한 루만의 메모에는 21/3d7a6번 메모의 뒤를 이어 21/3d7a7이라는 번호가 붙었다(67페이지 사진 참조—역주).

그는 새로운 메모를 추가할 때마다 메모 상자를 확인하면서 관련성 있는 다른 메모들과 서로 연결 지었다. 이때 위에서 언급했던 기존 메모 바로 뒤에 새 메모를 추가하는 것은 그가 사용한 여러 방법들 가운데 하나에 불과하다. 또 다른 방법은 새 메모, 혹은 기존 메모에, 아니면 둘 다에 링크 번호를 추가하여 전체 시스템 어디에서나 찾을 수 있게 하는 것이다. 이는 오늘날 우리가 인터넷에서 하이퍼링크를 사용하는 방식과 매우 비슷하다. 하지만 나중에 설명하겠지만 여기에는 상당히 큰 차이가 있다. 따라서 루만의 메모 상자를 개인용 위키피디아나 종이에 적힌 데이터베이스쯤으로 생각한다면 큰 오산이다. 분명 유사점은 있으나, 이들 사이의 미묘한 차이가 루만의 이 시스템을 독보적인 것으로 만든다.

루만은 메모들 사이에 이런 링크 번호를 추가함으로써 하나의 메모를 다양한 맥락 속에 추가할 수 있었다. 다른 시스템들은 주제의 순서를 미리 구상해서 하향식으로 전개되는 데 반해, 루만은 상향식으로 주제를 발전시켜서 새로운 메모를 메모 상자에 추가했다. 그리고 관련성 있는 메모들의 링크를 분류하면 자동적으로 생각의 주제들이 분류되도록 만들었다.

그의 파일 시스템을 구성하는 마지막 요소는 색인^{index}(67페이지 사진 참조—역주)이다. 그는 색인을 통해 일련의 생각이나 주제로 진입하는 입구 역할$^{entry point}$을 하는 메모 한두 가지를 참조했는데 이 메모들은 일종의 링크 모음이라고 할 수 있다.

자, 루만의 메모 기법은 이것이 전부다. 게다가 요즘 시대는 이 모든 과정을 더 손쉽게 만드는 소프트웨어들이 있어서 일 처리가 훨씬 더 간단해졌다(3.1장 참조). 루만이 했던 것처럼 수작업으로 메모에 번호를 매기거나 종이를 잘라낼 필요가 없어진 것이다.[4]

이제 여러분은 메모 상자가 어떻게 작동하는지 알게 되었으니, 이를 활용해서 작업하는 법만 파악하면 된다. 그러려면 우리는 인간이 생각하고, 배우고, 아이디어를 발전시키는 방식을 먼저 이해해야 한다. 만약 필자에게 이것을 단 한 마디로 압축해서 설명하라고 한다면 이렇게 대답할 것이다. 우리 뇌에는 한계가 있으므로 이를 보완해 줄 사고의 틀이 되는 신뢰할 만하면서도 단순한 외부 구조체가 필요하다고. 하지만 이보다 앞서 여러분에게 메모 상자를 활용한 보고서 작성 과정을 안내하고자 한다.

---

4   그의 메모지 뒷면에는 원고 초안만 적혀 있는 것이 아니라 오래된 영수증이나 그의 자녀들이 그린 그림도 있다.

2. 여러분이 해야 할 모든 것

글쓰기의 첫 출발점이 깨끗한 백지가 아니라고 상상해 보자. 여러분 대신 어떤 친절한 요정(혹은 넉넉한 보수를 받는 개인 조교—또는 무엇이 되었건 여러분이 사용하기 쉬운 것)이 원고 초안을 준비해두었다고 상상해보자는 말이다. 원고에는 이미 어떤 주장이 충분히 전개되어 있고 참고문헌과 인용문, 정말로 번뜩이는 아이디어도 몇 가지 담겨 있다. 남은 일이라곤 이 초안을 검토하고 수정해서 발송하는 것뿐이다. 그렇다 해도 단순히 오자 몇 개 찾아내는 정도의 일은 아니다. 편집은 집중을 요하는 작업이다. 몇 문장은 다시 써야 하고, 중복된 내용 한두 가지는 삭제해야 하며, 어쩌면 주장 속의 빈 구멍 몇 개를 채우기 위해 한두 문장이나 심지어 한 문단을 추가해야 할지도 모른다. 그렇지만 그 어느 것보다 명확히 규정된 임무가 바로 편집이기 때문에 단지 며칠만 투자하면 못할 것도 없는 일이며, 동기 부여하기 힘든 일도 분명 아니다. 도착지점이 보이면 누구나 의욕이 생기기 마련이다. 그러니 여기까지는 아무 문제 없다.

자, 이번에는 여러분이 이미 마련된 원고를 편집해서 최종본을 완성해야 하는 사람이 아니라 그 원고를 준비해야 하는 사람이라고 상상해보자. 어떻게 하면 이 임무를 빨리 완수하는 데 도움이 될까? 여러분에게 필요한 모든 것이 눈앞에 이미 갖추어져 있다면 분명 일하기 훨씬 수월할 것이다. 여러 아이디어,

주장, 인용문, 충분히 전개된 구절들과 함께 서지정보까지 마련되어 있다면 말이다. 게다가 곧장 사용할 수 있게 준비된 데 그치지 않고, 내용을 설명하는 표제를 달아 장(章)별로 분류되어 순서대로 정리되어 있다면? 이쯤 되면 이 일도 편집 작업 못지않게 명확한 임무가 된다. (나중에 누군가 알아서 할 테니) 완벽한 문장을 써야 한다는 걱정도, (누군가 이미 맡아서 했으니) 무언가를 찾아서 아이디어를 내야 한다는 걱정도 할 필요 없다. 여러분은 그저 일련의 아이디어를 끊김 없이 이어지는 텍스트로 바꾸는 데에만 집중하면 된다. 그래도 이 일 역시 만만치 않은 작업이라 어느 정도 노력을 기울여야 훌륭한 결과물을 얻을 수 있다. 어떤 주장에서 단계가 누락된 부분을 발견하고 채워 넣어야 할 수도 있다. 혹은 재배열하고 싶은 메모들이 눈에 띄거나 관련성이 적어 보이는 것들은 삭제하고 싶어질 수도 있다. 다시 말하지만, 설혹 그렇더라도 이는 감당하기 어려운 과제가 아니며, 다행히도 완벽하게 마무리해야 할 필요도 없다. 그러니 여기까지도 아직은 아무것도 문제 될 것이 없다.

이미 존재하는 메모들을 순서대로 정리하는 일도 마찬가지로 우리가 감당할 수 있는 작업이다. 특히나 그중 절반이 이미 순서대로 정리되어 있다면 더욱 그렇다. 믿거나 말거나지만, 여러 논쟁거리와 수많은 자료와 아이디어들로 가득한 파일 시스템을 뒤지고 검색하는 일은 퍽 재미있다. 이 일은 한 문장을 만들거나 난해한 텍스트를 이해하는 데 필요한 집중력을 요구하지 않는다. 되레 마음이 편안한 상태에 놓이면서 재미난 사고방식을 펼칠 수 있게 된다. 그리고 집중하는 폭이 넓어져야 연결성과 전체적인 패턴을 볼 수 있으며 길게 이어진 일련의 논쟁거리가 이미 축적되어 있는 것도 분명하게 보일 것이다. 이렇게 되면 좋은 출발점에 서 있는 것이다. 특정한 메모들을 찾고 싶은가? 여러분에게는 믿을 만한 색인이 있다. 그러니 지금까지는 전혀 문제 될 것이 없다.

이쯤 되면 여러분은 마법의 요정을 기다릴 필요가 없다는 사실을 분명히 알게 될 것이다. 모든 단계가 여러분의 능력을 벗어나지 않을 뿐만 아니라 간단하고 명확하기 때문이다. 메모를 모아서 순서대로 정리하고 이 메모들을 원고로 둔갑시켜 검토하면 끝이다.

자, 이 대목에서 여러분은 다음과 같은 의문들을 제기할 수 있다. 다 좋은데, 이런 메모를 **쓰는** 문제는 어떻게 처리해야 하나? 써야 할 글의 주요 부분이 이미 준비되어 있어서 선형적인 텍스트로 바꾸기만 하면 된다면, 논문 한 편 쓰는 것도 손쉬운 일임에 틀림없다. 하지만 이는 마치 돈이 모자라면 그냥 돼지 저금통에서 필요한 만큼 꺼내 쓰라는 말과 비슷하지 않은가? 누구든 주요 부분을 배제함으로써 일을 쉬워 보이게 만들 수 있다. 그렇다면 이 일을 처리해 줄 요정은 정말 어디에 있나?

그렇다. 이런 메모를 작성하는 것이 바로 우리가 해야 할 주된 일이다. 여기에는 엄청난 노력과 시간, 인내력, 의지력이 필요해서, 아마 여러분은 그 무게에 짓눌려 무릎을 꿇을지도 모른다. 걱정마시라. 이 말은 그냥 농담이니까. 사실 이 작업은 전체 가운데 가장 쉬운 부분이다. 게다가 진짜로 주된 일은 메모를 작성하는 것이 아니라, 생각하는 것이다. 읽고 이해하고 아이디어를 떠올리는 것이다. 그리고 그래야 마땅하다. 메모는 그저 만질 수 있는 형태로 구현된 생각의 결과물에 불과하기 때문이다. 여러분은 무슨 일을 하건 일하는 동안 손에 펜을 쥐고 있기만 하면 된다(혹은 손가락을 컴퓨터 자판 위에 두고 있으면 된다). 메모 작성은 주요 업무에 **수반되는** 작업이며, 메모를 제대로 작성하면 주요 업무에 도움이 된다. 이론의 여지 없이, 글쓰기는 생각하고, 읽고, 배우고, 이해하고, 아이디어를 생산하는 데 최고의 도움이 된다. 메모는 생각하고, 읽고, 이해하고, 아이디어를 창출하는 **동안** 축적된다. 여러분이 제대로 생각하고, 읽고, 이해하고, 아이디어를 만들어 내려면 여러분 손에는 펜이 들려 있어야 한다. 배운 것을 오랫동안 기억하고 싶다면 적어야 한다. 정말로 무언가를 자기 것으로 만들고 싶다면 그것을 자기만의 말로 바꾸어야 한다. 머릿속에서 생각이 일어나듯 종이 위에서도 생각이 일어난다. "종이 혹은 컴퓨터 화면 위에 메모를 끄적이는 이유는 […] 현대물리학을 비롯한 지적인 시도를 좀 더 쉽게 만들기 위해서가 아니다. 그렇게 해야 비로소 그 모든 것이 가능해지기 때문이다." 신경과학자인 닐 레비^{Neil Levy}가 수십 년의 연구를 요약한 『옥스퍼드 신경 윤리학 편람』의 서문에서 내린 결론이다. 신경과학자와 심리학자 등 인간의 사고를 연구하는 전문가들은 우리 두뇌가 작동하는 방식에 대해 매우 다양한 의견을 가지고 있다. 하지만 레비가 지적하듯 "우리 정신이 작동하는 내부 과정이 어떠하건, (우리는) 자신의 정신이

외부의 발판에 얼마나 의존하는지 깨달아야 한다."(문헌 24-p.270)

전문가들의 의견이 모두 일치하는 지점이 하나 있다면 바로 아이디어를 표면화해야 한다는 것, 즉 아이디어를 글로 써야 한다는 것이다. 이는 리처드 파인만Richard Feynman도, 벤저민 프랭클린Benjamin Franklin도 강조하는 부분이다. 글로 쓰면 읽은 것을 이해하고, 배운 것을 기억하며, 생각의 의미가 통하게 될 가능성이 커진다. 어쨌든 글을 써야 한다면, 자신의 미래 저작에 필요한 자원을 쌓는 데 글쓰기를 활용하는 것이 어떨까?

어떤 종류이든 공부를 하거나 연구하고 글을 쓰는 사람이라면 누구나 생각하고, 읽고, 배우고, 이해하고, 아이디어를 창출하는 일이 본업이다. 이 모든 활동을 향상시키는 글쓰기는 여러분을 뒤에서 밀어주는 든든한 뒷바람인 셈이다. 즉 스마트한 방식으로 메모에 공을 들인다면 여러분은 앞으로 주욱 뻗어 나갈 힘을 얻게 될 것이다.

2.1 차례차례 순서대로 써 보기

1. **임시 메모**fleeting note를 작성하라. 불현듯 머리에 떠오르는 아이디어를 놓치지 않도록 늘 필기구를 소지한다. 어떤 식으로 쓸지 혹은 어디에 적을지 너무 걱정할 필요 없다. 이것은 그저 머릿속 생각을 상기시키기 위한 임시 메모에 불과하니까. 이런 메모 때문에 집중력을 무너뜨리지 말아야 한다. 서류함을 한군데 정하고 거기에 메모를 모은 뒤 나중에 처리한다. 필자는 대개 공책을 들고 다니지

만, 수중에 냅킨이나 영수증밖에 없다면 그래도 좋다. 어떤 때는 휴대전화에 음성 녹음을 남기기도 한다. 만약 생각이 이미 정리되어서 여유가 있다면, 이 단계를 건너뛰고 아이디어를 정식 영구보관용 메모^{permanent note}로 만들어 메모 상자에 보관하도록 한다.

2. **문헌 메모**^{literature note}를 작성하라. 무언가를 읽을 때마다 그 내용을 메모하도록 한다. 꼭 기억하고 싶은 것이나 나중에 생각하거나 글을 쓸 때 활용할 수 있을 것 같은 문구들을 적어둔다. 길이는 아주 짧게, 내용은 지극히 선별적으로, 여러분만의 표현으로 적는다. 인용문의 경우, 특히 잘 선별해야 한다. 그대로 베껴 쓰느라 그 의미를 제대로 파악하는 단계를 건너뛰지 말라. 이렇게 적은 메모들은 자세한 서지정보와 함께 한군데—본인이 정한 서지정보 시스템^{reference system}—에 보관한다.

3. **영구보관용 메모**^{permanent note}를 작성하라. 이제 여러분의 메모 상자로 가자. 1단계나 2단계에서 만든 메모를 쭉 살펴보면서 (하루에 한 번, 메모에 적힌 내용의 의미를 잊어버리기 전에 살펴보는 것이 이상적이다) 이것이 자신의 연구, 생각, 혹은 관심사와 어떻게 유의미하게 관련되는지 생각해본다. 메모 상자에는 여러분의 관심거리만 들어 있기에, 이 작업은 메모 상자를 들여다보면 금방 끝난다. 관건은 아이디어, 주장, 쟁점을 수집하는 것이 아니라 발전시키는 것이다. 그러려면 메모를 살펴보면서 끊임없이 질문

해야 한다. 새로운 정보가 (메모 상자나 마음속에) 이미 가지고 있는 것과 모순이 되는가? 아니면 이를 수정하거나 뒷받침하거나, 혹은 추가되는가? 여러 아이디어를 조합해서 새로운 것을 창출할 수 있겠는가? 이런 아이디어를 통해 어떤 의문이 고개를 드는가?

영구보관용 메모는 아이디어 하나하나마다 정확히 하나의 메모지에, 그리고 다른 사람에게 편지를 쓰듯 누가 봐도 알아볼 수 있게 쓰도록 한다. 완전한 문장으로 쓰고, 출처를 밝히며, 가능한 한 짧고, 정확하고, 명확한 메모가 되도록 한다. 1단계에서 만든 임시 메모는 버리고, 2단계에서 만든 문헌 메모는 서지정보 시스템에 보관한다. 그러고 나면 이제 이 두 종류의 메모는 잊어도 된다. 중요한 것은 모두 메모 상자에 담겨 있으니.

4. 이제 새로운 영구보관용 메모를 메모 상자에 다음과 같은 방법으로 추가하라.

 a) 각 메모는 하나, 혹은 그 이상의 관련된 메모 뒤에 보관한다(디지털 프로그램을 사용하는 경우에는 하나의 메모를 여러 메모 "뒤에" 둘 수 있다. 만약 루만처럼 펜과 종이를 사용하는 경우라면, 새 메모와 가장 잘 맞는 곳이 어디인지 정하고 다른 메모들과도 연결되는 링크 번호를 수기로 추가해 적는다). 혹시 어떤 메모와 연결할지 아직 정하기 어렵다면 그냥 맨 뒤에 새로운 메모를 추가한다.

 b) 관련된 메모들에도 링크 번호를 추가한다.

c) 나중에 반드시 찾을 수 있도록 메모를 확실히 챙긴다. 색인에서 이 메모로 연결되게 하거나, 어떤 쟁점이나 주제로 진입하는 입구entry point로 활용하는 메모에 이 메모로 연결되는 링크 번호를 달도록 한다.

5. 주제, 질문, 연구 프로젝트를 시스템 내에서 상향식으로 발전시켜라. 무엇이 있고, 무엇이 없는지, 어떤 질문이 제기되는지 살펴본다. 더 많은 독서로 자신의 주장에 스스로 이의를 제기함으로써 이를 강화하고, 자신이 배우고 있는 새로운 정보에 따라 주장을 바꾸고 발전시켜나간다. 더 많은 메모를 작성하고 더 멀리 아이디어를 발전시켜 자신의 상황이 어떻게 될지 지켜보라. 그저 자신의 관심이 향하는 곳을 따르고, 항상 가장 많은 통찰을 약속하는 길을 선택하라. 여러분이 가진 것을 차곡차곡 축적하라. 아직 여러분의 메모 상자 안에 아무것도 들어 있지 않더라도, 아무 준비 없이 맨땅에서 시작하는 것은 절대 아니다. 이미 여러분의 마음속에는 테스트 대상이 될 아이디어도 있고, 이의제기 받을 의견도 있으며, 대답을 기다리는 질문도 있기 때문이다. 어떤 주제를 두고 브레인스토밍하지 말라. 그 대신 메모 상자를 들여다보면서 일련의 메모들이 발전하며 아이디어들이 쌓여 무리를 이룬 곳이 어디인지 살펴보라. 어떤 아이디어보다 더 유망한 다른 아이디어가 탄력을 받으면 처음의 아이디어에 매달리지 말라. 무언가에 대한 흥미가 커질수록, 그에 대해 더 많이 읽고 생각하며 더 많은 메모를 모으면 된다. 그로부터 더 많은 질문

을 만들어낼 가능성도 커진다. 여러분의 첫 관심사가 그대로 유지될 수도 있지만, 그보다는 여러분의 관심이 바뀌었을 공산이 크다. 통찰이란 원래 그런 것이기 때문이다.

6. 이렇게 해서 얼마가 지나면 여러분의 아이디어는 글의 주제를 정할 만큼 충분히 발전되어 있게 된다. 조만간 읽으려고 마음먹은 어떤 문헌에서 얻을지도 모를, 근거 없는 아이디어를 토대로 하지 말고, 이제 자신이 가지고 있는 것을 바탕으로 주제를 정하면 된다. 메모들의 연관성을 찬찬히 살펴보고 이 주제와 관련해서 유효한 메모(대부분 이미 부분 순서^{partial order} 관계에 있을 것이다)를 모두 모은 뒤, 이들을 아웃라이너^{outliner}(들여쓰기를 통해 상하 개념을 구분 지어 보여주는 편집 도구—역주)[5]에 복사해서 정리한다. 그런 다음 빠진 부분이나 중복된 부분이 있는지 찾는다. 모든 것을 다 갖출 때까지 그냥 기다리지 말라. 그보다는 아이디어를 시험해 보고 충분한 시간적 여유를 두고 다시 읽고 메모하면서 아이디어와 주장을 향상시키고 그 구조를 개선하도록 하라.

7. 여러분이 모은 메모를 원고 초안으로 탈바꿈시켜라. 단순히 메모 내용을 원고로 옮겨 적으라는 말이 아니다. 번역하듯이 일관성을 갖춘 글로 자신이 주장하는 맥락 안에 메모들을 이식시키면서 자신의 주장을 구축하도록 한

---

5   만약 종이와 펜을 사용한다면 실제 메모지들을 책상 위에 펼쳐놓고 이리저리 옮기면서 정리해 보면 된다.

다. 이런 과정을 통해 여러분의 주상에서 발견된 구멍을 메우거나 아예 주장을 바꿔도 좋다.

8. 원고를 편집하고 교정하라. 스스로 어깨를 두드려 격려한 뒤 다음 원고로 넘어가라.

위의 단계들은 마치 여러분이 보고서나 논문을 한 번에 한 편만 작성할 것처럼 소개하고 있다. 그러나 실제로는 단 하나의 아이디어를 가지고 작업하는 경우는 결코 없다. 그 대신 다양한 단계에 있는 많은 아이디어를 동시에 두고 작업한다. 바로 여기가 이 시스템이 진짜 저력을 발휘하는 지점이다. 우리는 한 번에 한 개 이상의 문제를 생각하기 마련이며, 앞으로도 계속 생각하고 글을 쓸 공산이 크다. 따라서 이 시스템은 학계나 출판계를 위해서가 아니라 바로 여러분의 지적 성장을 위한 것이다. 그러니 책을 읽으면서 접하게 된 것들을 모아 둠으로써 좋은 아이디어들이 헛되이 낭비되지 않게 하라. 여러분은 어떤 책을 읽으면서 그 내용이 여러분이 작성하는 여러 보고서들 가운데 하나에 유용하게 쓰이기를 희망할 수 있다. 어쩌면 여러분의 이런 생각이 틀려서 그 책이 특정 보고서에 도움이 되지 않을 수도 있지만, 그래도 그 책에는 간직할 가치가 있는 흥미로운 생각, 여러분이 미처 생각지 못한 다른 일에 유용한 생각이 담겨 있을지도 모른다.

사실, 여러분이 읽는 모든 텍스트에 정확히 여러분이 찾는 정보만 포함되어 있을 가능성은 매우 낮다. 만약 찾는 정보만 들어있다면 여러분은 책 내용이 무엇인지 이미 알고 있어야 하고 그렇다면 애초에 그 책을 읽을 이유도 없었을 것이다.[6] 무언가가 읽을 가치가 있는지 알아낼 유일한 방법은 그것을 (조금이나마) 읽는 길뿐이므로, 여기에 드는 시간을 최대로 활용하는 것이 타당하다. 우리는 책을 읽는 도중에 끊임없이 흥미로운 아이디어들을 만나지만, 그 책을 읽기 시작한 이유였던 특정 보고서에 유용한 아이디어는 그 가운데 일부에 불과하다. 그렇다면 나머지 아이디어들은 그냥 허비해버리고 말 것인가? 아니다. 그 아이디어들을 메모해서 여러분의 메모 상자에 추가하라. 그런 식으로 메모 상자는 발전한다. 아이디어 하나하나가 추가되어 임계치에 달하면 단순한 아이디어 집합체가 아이디어 발생기로 변모하는 것이다.

위의 단계들 전부는 아니더라도 많은 단계가 우리의 일반적인 작업 과정에서도 일어난다. 여러분이 읽고, 메모하고, 메모 상자 안에서 연결 관계를 구축하면 그 메모 상자 안에는 번뜩이는 새로운 아이디어들이 잉태된다. 또한 보고서를 쓰는 도중 어떤 주장에서 구멍을 발견하면 메모 시스템을 다시 한번 들여다보면서 빠진 연결 관계를 찾는다. 그렇게 각주까지 철저히 확인하고 다시 돌아가 연구하면서 여러분이 작성하고 있는 여러 보고서들 중 하나에

6 이 난제가 바로 메논의 역설이다(플라톤의 대화편 『메논』 중 80e 섹션 참조).

적절한 인용문을 추가하기도 한다.

얼마나 집중해서 책을 읽을지는 여러분이 세운 우선순위에 따라 달라진다. 가장 시급한 보고서를 끝내는 데 절대적으로 필요하다고 여겨지지 않는 것은 꼭 읽지 않아도 된다. 하지만 그런 책을 읽는 과정에서도 또 다른 아이디어와 정보를 여전히 많이 얻을 수 있다는 사실은 기억하라. 별도로 시간을 조금 투자해서 이런 아이디어와 정보를 여러분의 시스템에 추가하면 큰 효과가 나타날 것이다. 우리가 배우는 것 가운데 대다수가 이렇게 우연히 접하는 것들로 이루어지기 때문이다.

만약 우리가 배우겠다고 계획한 것만 배우면서 살았다면 어땠을지 한번 상상해보자. 모르긴 몰라도 말조차 배우지 못했을 것이다. 메모 상자 안에 있는, 오로지 우리의 관심만으로 걸러낸 모든 추가 정보는 우리가 장차 이해하고 생각하며 글을 쓰는 데 기여하게 될 것이다. 대개는 예측하지 않은 아이디어가 최고의 아이디어가 된다.

사람들은 대부분 동시에 다양한 생각의 가지들을 따른다. 잠시 한 가지 아이디어에 집중한 뒤, 장차 어떻게 할지 판단이 설 때까지 잠시 젖혀두고 다른 아이디어에 집중할 수도 있다. 그럴 때면 지금 당장은 다른 아이디어에 초점을 맞추고 나중에 다시 처음의 아이디어로 돌아갈 수 있으면 도움이 된다. 즉 융통성을 유지하는 것이 훨씬 더 현실적이다. 젖혀두었던 아이디어는 메모 상자에 보관되어 있으므로 처음부터 다시 시작해야 한다는 걱정을 할 필요도 없다.

3. 여러분이 지녀야 할 모든 것

과거 나사^{NASA}가 우주에서 쓸 수 있는 볼펜을 만들려고 무척 노력했던 때가 있다. 여러분도 볼펜을 거꾸로 보관해 본 적이 있다면, 볼펜 속 잉크를 흐르게 하는 것이 바로 중력이라는 사실을 알 것이다. 많은 시제품과 여러 차례의 테스트, 엄청난 돈을 투자한 뒤, 나사는 압축 질소가 잉크를 종이 위로 밀어내는 방식으로 작동하는 중력 독립적인 펜을 개발했다. 이 우주 볼펜 이야기에 따르면 러시아인들도 우주에서 마찬가지 문제에 봉착했는데 이들은 볼펜 대신 그냥 연필을 사용하는 방법을 택했다고 한다. (문헌 25-p.141) 안타깝게도 이 에피소드는 도시괴담처럼 지어낸 이야기로 판명났지만 거기에 담긴 교훈은 메모 상자의 핵심 아이디어를 잘 함축하고 있다. 즉 본질에 집중하고, 불필요하게 일을 복잡하고 어렵게 만들지 말라는 것이다.

학술적 글쓰기 자체는 복잡한 도구가 다양하게 요구되는 어려운 과정이 아니다. 하지만 그 과정은 집중을 방해하는 불필요한 것들로 정체될 위험이 늘 도사리고 있다. 안타깝게도 대부분의 학생들은 시간이 흐르면서 다양한 학습 기법과 메모 기법을 수집하고 받아들인다. 그 모든 기법들은 여러분의 일을 손쉽게 만들어 줄 거라고 약속하지만, 늘 역효과를 동반한다.

이런 기법들을 적용하면 무엇보다 작업 흐름 전반이 복잡하고 어려워진다. 중요한 문장에 밑줄 치고(때에 따라 다양한 색상이나 모양을 사용한다), 본문 여백에 코멘트를 달고, 발췌문을 쓰고, SQ3R[7]이나 SQ4R[8]처럼 약어를 사용하는 독서법을 활용하고, 일기를 쓰고, 한 주제에 대해 브레인스토밍하거나 다단계 질문지를 따르는 등 그 종류도 다양하다. 소위 학습과 글쓰기를 돕는다는 앱과 프로그램들을 다 헤아려 보니 1,012개 정도 되는데 이런 장치들은 그 자체만으로 특별히 복잡한 경우는 거의 없지만 대개는 실제 작업 흐름을 고려하지 않고 사용되고 있어서 금세 작업을 엉망으로 만들고 만다. 실제로 잘 맞아들어가는 것이 하나도 없기에 이런 장치 안에서 하는 작업은 지극히 복잡해지기만 할 뿐, 결국 일은 제대로 풀리지 않는다.

우연히 어떤 아이디어를 발견했는데 이 아이디어가 다른 아이디어와 연결될 수 있겠다는 생각이 든다면, 이런 다양한 기법으로 무엇을 할 수 있겠는가? 여러분이 읽은 책을 모두 뒤지면서 밑줄 친 문장 가운데 적합한 것을 찾겠는가? 여러분이 작성한 일기와 발췌문을 전부 다시 읽겠는가? 그런 다음에는 어떻게 하겠는가? 이에 관한 발췌문을 또 새로 쓸 것인가? 이 발췌문은 어디에 보관할 것이며 새로운 연관성을 만드는 데 어떻게 활용할 것인가? 그러다 보면 각각의 작은 단계가 갑자기 하나의 프로젝트로 바뀌면서 작업 전체는 큰 진전을 이루지 못하

---

7   SQ3R은 "Survey(조사), Question(질문), Read(읽기), Recite(암송), Review(검토)"를 줄인 말로, 심리학자인 프랜시스 플레전트 로빈슨 교수가 2차 대전 동안 미군을 위해 개발한 것이다(문헌 26).

8   "Survey, Question, Read, Reflect(숙고), Recite, Review"를 뜻하는 SQ4R은 머잖아 SQ5R—이것이 무슨 약어가 되건—로 대체될 것이다.

게 된다. 그렇다고 여기에 또 다른 유망한 기법을 추가하면 상황은 그저 더 악화될 뿐이다.

바로 이러한 이유로 메모 상자를 소개할 때, 이들과 같은 그저 그런 또 하나의 기법이라고 하지 않고, 작업 전반을 아우르는 중대한 흐름을 이루는 결정적인 요소라고 지칭하는 것이다. 특히 이 작업 흐름에는 중요한 것으로부터 우리의 정신을 분산시키는 모든 방해물이 제거되어 있다. 좋은 도구라면 이미 갖추어져 있는 것에 추가 기능이나 선택 사양을 덧붙이는 것이 아니라, 주요 작업에서 집중이 분산되지 않도록 도와줄 수 있어야 한다. 여기서 주요 작업은 바로 **생각하기**다. 메모 상자는 생각의 틀이 되는 외부 발판을 제공해줌으로써 우리 뇌가 그다지 잘 하지 못하는 임무들, 그중에서도 특히 객관적인 정보 저장 기능을 도와준다.

자, 이것이 전부다. 정신이 분산되지 않아 제대로 생각할 수 있는 뇌, 그리고 생각을 풀어나갈 믿을 만한 메모 모음. 우리에게 필요한 것은 이것이 전부다. 나머지는 모두 잡동사니에 불과하다.

3.1 도구 상자

우리에게 필요한 도구는 4가지다.

- 필기도구 (종이와 펜이면 된다.)
- 서지정보 시스템 (조테로^{Zotero}, 시타비^{Citavi} 등 자신에

게 잘 맞는 프로그램은 무엇이든 좋다.)

- 메모 상자 (실제 상자를 쓰든, 디지털 버전을 쓰든 둘 중 하나다.)
- 편집기 (워드^{Word}, 라텍스^{LaTex} 등 자신에게 잘 맞는 프로그램은 무엇이든 좋다.)

더도 말고 덜도 말고 이 4가지만 있으면 되는데, 하나하나 차례대로 살펴보도록 하자.

1. 우리에게는 언제 어디서든 불현듯 머릿속에 떠오르는 아이디어를 포착할 무언가가 필요하다. 무엇을 사용하건, 글로 적는 동안 주의를 요하거나 여러 단계를 거치게 해서는 안 된다. 공책도 좋고, 냅킨, 휴대폰 앱이나 아이패드도 좋다. 이렇게 적는 메모는 영구적으로 저장할 용도가 아니다. 곧 삭제하거나 내던질 메모들이다. 이런 메모는 어떤 생각을 상기시키는 역할만 하지, 그 생각을 정확히 담아낼 목적을 지닌 것은 아니다. 생각을 완전히 담아내려면 제대로 된 문장을 만들고 사실을 확인하는 데 시간을 들여야만 하기 때문이다. 필자는 여러분에게 늘 펜과 종이를 소지하라고 권하고 싶다. 간소함에 있어서 공책 만한 것이 없다. 만약 다른 도구를 사용한다면, 전부 한곳에서 마무리되게 해야 하며 수신함이나 이와 비슷한 공간에서 금세 처리할 수 있어야 한다. 특히 당일에 처리할 수 있으면 이상적이다.

2. 서지정보 시스넴의 용도는 2기지다. (당연히) 서지정보를 수집하고 독서하는 동안 적은 메모를 모으는 것이다. 필자는 조테로^{Zotero} 같은 무료 프로그램을 강하게 추천한다. 이런 프로그램은 브라우저 플러그인을 통하거나 간단히 ISBN(국제표준도서번호), 혹은 DOI(디지털 문서 식별자) 번호를 입력하는 방식으로 신규 입력을 가능하게 해준다. 또한 조테로는 마이크로소프트 워드, 리브레오피스, 혹은 다른 편집기들과 통합되면 실제로 타이핑하지 않고서도 인용문을 서지정보에 삽입할 수 있다. 그러면 일 처리만 쉬워지는 것이 아니라, 추가적으로 서지정보를 추가, 편집, 삭제할 때 일이 엉망이 될 위험도 줄어든다. 또한, 지도교수나 학술지에서 요구하는 기준에 따라 포맷을 쉽게 바꿀 수도 있으며 언제든 메모를 추가할 수도 있다. 그런데 만약 여러분이 수기로 작업하는 것을 선호한다면 이 단계에서 손으로 직접 메모를 적어서 서지정보와 연결하는 것도 괜찮다. 이럴 경우, 메모에 "저자/출판년도" 같은 표준화된 제목을 달고 알파벳 순서에 따라 한곳에 보관하기만 하면 된다. 조테로는 zotero.org에서 무료로 다운로드 받을 수 있다(윈도우, 맥, 리눅스 모두 가능). 필자가 추천하는 모든 프로그램의 링크는 takesmartnotes.com에 올라와 있다. 혹시 이미 이 정도로 간단한 다른 프로그램을 사용 중이거나 또 다른 프로그램을 더 선호한다면, 굳이 그 프로그램을 버리

고 새로운 프로그램에 적응할 필요는 없다.

3. 메모 상자. 어떤 이들은 나무 상자에 펜과 종이를 사용하는 옛날 버전을 좋아한다. 그것도 괜찮다. 컴퓨터는 링크를 추가하거나 서지정보 포맷을 만드는 것처럼 비교적 중요하지 않은 부분의 작업 속도를 높이는 역할만 할 뿐, 작업의 핵심 부분을 이루는 생각하고 읽고 이해하는 속도를 높일 수는 없다. 여러분에게 필요한 것은 우편엽서 크기의 종이(루만이 사용한 종이는 DIN A6 사이즈, 148×105mm, 또는 5.83×4.13인치 크기다)들과 이들을 보관할 상자 하나가 전부다. 손으로 쓸 때의 장점이 분명한 것은 사실이지만(10.1장 참조), 이동할 때만큼은 디지털 버전 사용을 추천한다. (에버노트나 위키처럼) 링크와 태그 기능이 있는 프로그램을 사용한다면 기본적으로 모두 메모 상자를 모방할 수 있는데, 필자는 백링크$^{back-linking}$가 가능한 옵시디언^{Obsidian}이나 롬리서치^{Roamresearch}, 혹은 제텔카스텐 시스템을 위해 특별히 설계된 Zettlr이나 ZKN3를 적극 추천한다. 이런 추천 프로그램들의 목록은 필자의 웹페이지에서 계속 업데이트 될 예정이다.

4. 마지막으로 편집기. 조테로를 사용한다면 이와 호환 가능한 편집기(마이크로소프트 워드, 오픈오피스, 리브레오피스, 네오오피스)를 사용할 것을 추천한다. 서지정보를 일일이 손으로 입력할 필요가 없으면 공부하는 삶이 한결 편해지는 걸 느낄 수 있을 것이다. 이런

장점만 빼면, 어떤 것을 사용해도 좋다. 어떤 편집기도 여러분을 대신해서 주장을 전개할 수는 없으니 다 마찬가지다.

이렇게 종이와 펜, 편집기, 메모 상자, 서지정보 시스템이 마련되었으면 이제 시작할 준비가 다 된 것이다.

4. 명심해야 할 한두 가지

이런 도구들을 준비하는 데 소요되는 시간이 5~10분을 넘으면
안 된다. 올바른 도구를 갖추는 것은 방정식의 일부에 불과하
다. 흔히 우리는 도구의 단순함에 쉽게 속아서 활용법을 제대
로 이해하지도 못한 채 "시험 삼아 도구를 써보고" 그 결과에
실망하고는 한다. 도구란 이를 사용하는 사람의 능력만큼만
유효한 법이다. 누구든 플루트를 어떻게 다루는지는 안다(한
쪽 끝으로 바람을 불어넣으면서 연주할 음표에 따라 손가락으
로 구멍을 누르면 된다). 하지만 그 누구도 시험 삼아 한 번 불
었을 때 들리는 소리로 이 악기를 판단하지는 않는다.[9]

그런데 우리는 메모 상자와 같은 도구를 사용할 때면 도구를
다루는 것이 도구 자체의 가능성만큼 중요하다는 사실을 종종
잊어버린다. 우리가 어떤 도구를 사용하면서 작업할 때 그 작
업방식에 대해 고민하지 않는다면, 아무리 최고의 도구라도 크
게 도움이 되지 못한다. 예를 들어 메모 상자는 기껏해야 메모
를 보관하는 저장고로 쓰이거나 최악의 경우 생각의 무덤으로
전락하게 된다(말라르메의 색인카드 Mallarmé's index cards에 관한 홀
리어 Hollier의 연구 참조).(문헌 27-p.40) 인터넷상에는 루만의 기법
을 소개하는 몇 안 되는 정보가 있는데, 안타깝게도 이들은 메

---

9   Monty Python의 "How to Play the Flute"을 구글로 검색해보기 바
    란다.

모 상자의 전문적인 세부사항에만 집중하는 오류를 범하고 있다. 이로 인해 메모 상자의 저력에 대한 잘못된 인식이 양산되고 말았다. 하지만 이제 상황이 달라지고 있다. 현재 루만의 메모 상자는 빌레펠트 대학교에서 장기 연구 프로젝트 대상으로 다루어지고 있다. 이미 첫 번째 연구 결과가 발표되어, 루만이 메모 상자를 활용해서 실제로 어떻게 작업했는지 포괄적으로 알려지는 계기가 되었다. 여러분도 이 연구 결과가 소개된 웹사이트에서 루만의 메모를 직접 확인할 수 있다.[10] 머잖아 디지털화된 그의 메모 상자 전체를 온라인으로 접할 수 있는 날이 올 것이다. 이를 통해 우리는 학습, 창의력, 사고력에 관한 최근의 심리학적 통찰들을 이해하게 될 뿐만 아니라, 과연 왜 메모 상자가 효과적인지 아주 잘 파악할 수 있게 될 것이다. 메모 상자가 어떻게 작동하는지, 또는 메모 상자로 어떻게 작업해야 하는지 뿐만 아니라, 왜 메모 상자가 효과가 있는지 아는 것도 지극히 중요하다. 그래야만 여러분의 필요에 맞게 메모 상자를 변경해서 사용할 수 있기 때문이다. 그리고 바로 여기에 이 책의 목적이 있다. 즉, 사용할 수 있는 최고의 기법을 활용해서 가능한 최상의 방식으로 작업하는 데 필요한 모든 자원을 여러분에게 제공하는 것이다. 몇 가지 기본 원칙을 마음에 새기고 이 메모 시스템에 숨어 있는 논리를 이해함으로써, 누구든 성공적인 학습, 글쓰기, 연구를 위해 루만의 공식을 모방하지 않을 이유는 없으니까.

---

10 안타깝게도 그의 메모는 대부분 독일어로 되어 있다. http://www.uni-bielefeld.de/soz/luhmann-archiv/

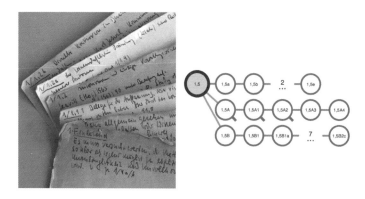

왼쪽 상단에 번호가 적힌 루만의 메모들과 디지털 아카이브의 검색표 예시

출처: 독일 빌레펠트 대학교 제텔카스텐 아카이브

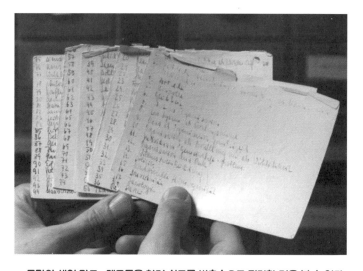

루만의 색인 카드- 메모들을 찾기 쉽도록 번호순으로 정리한 것을 볼 수 있다.

출처: 독일 빌레펠트 대학교 제텔카스텐 아카이브

네 가지 기본 원칙

5. 유일한 관건은 글쓰기

학생들에게 글쓰기가 필요한 순간은 주로 시험을 볼 때다. 이 경우, 글로 표현된 결과물은 선행 수학능력, 이른바 학습력, 이해력, 다른 텍스트에 대한 비판적 분석력 등을 나타낸다. 학생들은 글쓰기를 통해 학습한 내용을 증명해 보이고, 비판적 사고력과 아이디어를 발전시키는 능력을 보여주는 것이다. 독자적인 연구를 준비하는 사람을 '학생'이라고 부른다면 보고서 작성은 그저 학습해야 할 또 하나의 기술^{skill}에 불과하다. 다른 과제들과 구분된 개별적인 여러 과제 가운데 하나로만 여겨지는 것이다. 학생들은 보고서 쓰는 법만 배워야 하는 것이 아니라, 다른 여러 사실들도 습득해야 하고, 세미나에서 자신의 견해도 논할 수 있어야 하며, 강의도 경청해야 하므로 보고서 쓰기는 그 자체로 시작과 끝이 있는 하나의 과제로 존재할 뿐이다. 학술적 글쓰기에 관한 책은 거의 모두가 이런 전제에서 출발한다. 그리고 이런 전제에 따라 모종의 연속적인 단계로 이상적인 글쓰기 과정을 기술한다.

여기서 잠시 이러한 과정을 살펴보도록 하자. 먼저 글쓰기 과제가 주어지면, 주제를 찾거나 어떤 문제에 대한 특정한 시각을 찾아야 한다. 자료조사도 해야 하는데, 관련된 문헌을 수집하는 것으로 시작해서 자료를 읽고 처리하여 결론에 도달하는 식이다. 이 경우 글쓰기란 다음과 같다. 시작 부분에 답해야 할 질문이 오고, 뒤이어 참고문헌 개요, 쟁점, 결론이 뒤따른다. 즉 여러분은 이런 과정들을 통해 독자적 연구를 준비하는 셈이 되는 것이다. 그러나 안타깝게도 일은 그렇게 돌아가지 않는다. 만약 여러분의 연구가 성공하게 된다면, 그것은 이런 식의 글쓰기 접근법을 배운 덕분이 아니라, 이런 접근법에도 **불구하고** 운 좋게 괜찮은 결과를 얻은 것이라고 보아야 한다.

이 책은 위에서 소개한 것과는 다른 전제를 바탕으로 한다. 즉, 학생들은 공부를 통해 독자적인 연구를 수행할 준비를 하는 것이 아니라, 공부 그 자체가 바로 독자적인 연구라는 것이다. 사전준비 없이 맨땅에서 시작하는 사람은 아무도 없으며, 누구든 이미 스스로 생각할 줄 안다. 제대로 된 공부가 바로 연구이며 연구에서는 공적 정밀조사를 거쳐 학계 안에서 공유되는 어떤 예측할 수 없었던 새로운 통찰을 얻는 것이 가장 중요하기 때문에, 학계 안에서는 사적 지식 같은 것은 존재하지 않는다. 개인적인 차원에서만 유지되는 아이디어는 아예 그런 아이디어가 존재하지 않는 것과 같다. 누구도 재현할 수 없는 사실은 결코 사실이 아니다. 무언가를 공적인 것으로 만든다는 것은 그것을 글로 적어 읽힐 수 있게 만든다는 것을 의미한다. 따라서 글로 표현되지 않은 아이디어의 역사 같은 것은 존재하지 않는다.

하지만 어린 학생들이 다니는 학교는 이야기가 좀 다르다. 어린 학생들에게는 교사가 가르치는 모든 것들에 대해 의문을 품고 논할 수 있는 자신만의 학습방식을 가지라고 권하지 않는다. 또한, 흥미 있는 통찰을 얻을 수 없을 것 같으면 다른 주제로 넘어가라고 권장하지도 않는다. 초중등학교 교사는 배움이 필요한 어린 학생들을 위해 그곳에 존재한다. 반면 위대한 탐험가 알렉산더 폰 훔볼트 Alexander von Humbolt의 형이자 베를린 훔볼트 대학교 설립자인 빌헬름 폰 훔볼트 Wilhelm von Humbolt가 말했듯, 대학교수는 학생을 위해 존재하지 않으며 학생도 교수를 위해 존재하지 않는다. 양쪽 모두 오직 진리를 추구하기 위해 존재한다. 그런데 진리는 **언제나** 공적인 것이다. 대학 울타리 안의 모든 것은 공개(혹은 발표)를 목표로 한다. 그렇다고 한 편의 글이 반드시 국제 학술지에 발표되어야 공적인 것이 되는 것은 아니다. 실제로 글로 씌어지고 논의되는 것들 가운데 절대다수는 학술지 게재처럼 좁은 의미에서 공개되지 않는다. 논문검토 과정은 그 자체가 동료들에게 공개적으로 아이디어를 발표하는 것이며, 학생이 교수나 강사에게 글을 제출하는 것도 마찬가지로 공개하는 행위에 해당한다. 심지어 동료 학생들끼리 토론 발표할 때 만든 인쇄물도 공적으로 작성된 글에 해당한다. 이것이 공적인 이유는 토론 중에는 인쇄물을 만든 저자의 **의도**가 더 이상 중요하지 않고 오직 글에 담긴 내용만이 중요하기 때문이다. 저자가 전면에서 지워질 수 있는 순간, 그 글은 진리에 대한 공적 주장이 된다. 저자가 누구건, 출판사의 위상이 어떠하건, 설득력 있는 주장이 되는 기준은 항상 같다. 일관성이 있어야 하며 사실을 바탕으로 해야 한다. 진리는 누구의 소유도 아니다. 진리는 글로 표현된 아이디어를 과학적으로 교류한 결과다. 바로 이러한 이유로 지식의 생산과 발표는 분리될 수 없을 뿐더러, 동전의 양면과 같다.(문헌 28-p.9) 글쓰기가 연구의 매개체이고 공부가 바로 연구라면, 글쓰기를 제일 중요하게 다루지 않을 이유가 없다.

글쓰기보다 중한 것은 없는 것처럼 작업한다는 의미는 다른 모든 것을 희생하면서 글 쓰는 데 더 많은 시간을 쏟는다는 말이 아니다. 우리가 하는 작업을 서로 다른 고립된 일들 중 하나로 구분하는 경우에는 글쓰기에 집중하느라 다른 일에 쏟는 시간이 줄어드는 것처럼 보일 것이다. 하지만 글쓰기를 제일 중요시하는 것이 책을 적게 읽는 것을 의미하지는 않는다. 독서는 글쓰기에 필요한 자료를 제공하는 주요 원천이기 때문이다. 강의나 세미나에 적게 참석한다는 뜻도 아니다. 강의나 세미나를 통해 글로 쓸 아이디어와 대답할 가치가 있는 질문들을 얻을 수 있기 때문이다. 강의 출석은 질문과 토론 능력을 기르는 방법임은 말할 것도 없고, 실제 연구 진행 상황에 대한 아이디어를 얻는 최고의 방법 가운데 하나다. 글쓰기에 초점을 맞춘다는 말은 발표를 그만하거나 여러분의 생각을 공개할 다른 방법을 찾는 일을 그만둔다는 뜻도 아니다. 그렇게 하지 않으면 대체 어디서 여러분의 아이디어에 대한 피드백을 얻을 수 있겠는가?

마치 다른 일은 중하지 않은 것처럼 글쓰기에만 집중한다는 말은 그 외의 일들에는 덜 능숙해져야 한다는 의미 또한 아니다. 다만 이렇게 글쓰기에 집중하면 여러분은 나머지 모든 일들도 다르게 대하게 될 것이다. 강의나 토론, 세미나에 참석할 때 명백하고 분명한 동기가 있으면 더 열심히 참여하게 되고 집중력도 높아진다. "꼭" 배워야 하는 일이 무엇인지 파악하느라 시간을 허비하지 않고, 오히려 최대한 효과적으로 배우려 노력함으로써, 아직 답을 찾지 못한 질문들이 제기된 지점에 신속히 도달하게 된다. 유일하게 글감이 될 만한 질문들은 바로 이런 질문들이기 때문이다. 글쓰기를 통해 여러분은 그럴싸하게 들리는 주장과 실제로 좋은 주장을 판별하는 법도 금세 배우게 될 것이다. 주장들을 글로 적어서 기존 지식과 연결하려 할 때마다 철저히 따져봐야 할 테니 말이다. 이뿐만 아니라 여러분의 독서 방식도 달라질 것이다. 모든 것을 다 적을 수는 없다는 사실을 알기에 가장 유효하고 관련성 있는 측면에만 더 집중하게 될 것이고, 무슨 내용인지 이해하지 못하면 아무것도 자기 말로 바꾸어쓸 수 없기에 훨씬 더 열심히 몰두해서 읽게 될 것이다. 이렇게 되면 그 의미를 더 상세히 설명하게 되면서 더 잘 기억하게 될 가능성도 커진다. 자신이 읽은 것을 새로운 무언가로 만들어야 한다는 자세를 가지면, 읽은 내용 너머 그 이상을 생각하게 된다. 글감으로 삼겠노라는 명확한 동기를 품고 모든 일에 임하면 우리는 하는 일마다 깊이 생각해서 **의도적으로** 하게 된다. 의도적으로 하는 것만이 우리가 하는 일을 더 잘 할 수 있는 유일한 방법이다.(문헌 29) 글쓰기의 중요성에 대한 마음가짐을 바꾸면 다른 모든 것들에 대한 마음가짐도 달라진다. 여러분이 절대 원고 한 줄 쓰지 않겠다고 결심하더라도, 모든 일을 마치 글쓰기 외에 중요한 것은 없다는 듯이 대하는 것만으로도 독서법, 사고방식, 그리고 그 외 다른 지적 기량skill도 모두 향상될 것이다.

6. 가장 중요한 것은 단순함

사람들은 대개 커다란 변화는 그만큼 커다란 아이디어에서 출발해야 한다고 생각하는 경향이 있다. 하지만 아이디어의 힘은 (흔히 처음에는 간과되지만) 단순함에서 나오는 경우가 더 많다. 단순한 것의 일례로 상자를 들 수 있다. 트럭 운송회사 사주이자 그 자신이 전직 트럭 운전사였던 말콤 맥린^{Malcom McLean}은 하루가 멀다 하게 붐비는 해안 고속도로에 갇혀 교통체증에 시달려야 했다. 꽉 막힌 도로를 피하기 위한 그의 묘안은 단순했다. 당시 그는 자신의 아이디어가 세상을 새로운 방향으로 이끌 것이라고는 꿈에도 짐작하지 못했다. 자신의 단순한 아이디어가 정치적 지형을 바꾸고, 어떤 국가는 앞서 나가게 하고 또 어떤 국가는 뒤처지게 하며, 백 년 넘은 역사를 가진 직업들을 쓸모없게 만들고, 새로운 산업을 탄생시켜 지구상의 거의 모든 사람에게 영향을 주게 될 것이란 걸 전혀 예상치 못했던 것이다. 물론 지금 필자가 언급하고 있는 것은 선적 컨테이너다. 그런데 컨테이너도 기본적으로는 그저 하나의 상자다. 맥린은 유조선이었던 아이디얼 X호를 58개의 컨테이너를 선적할 수 있는 운송선으로 개조하여 1956년 4월 26일 출항시켰다. 그가 이렇게 한 이유는 대형 트럭을 통째로 선적하는 것보다는 트럭의 일부를 선적하는 편이 더 타당했기 때문이다. 또한, 트럭을 며칠이고 꽉 막힌 도로 위에 세워두는 것보다는 이렇게 컨테이너를 내려놓고 또 다른 곳으로 이동시키는 편이 더 타당했기 때문이다. 분명 그 당시 그의 목표는 세계 무역 구도를 뒤 바꾸고, 아시아를 차세대 경제 강국으로 만드는 길을 닦는 것이 아니었다. 그저 더는 교통체증으로 옴짝달싹하기 싫었을 뿐이다.

누구도 이 상자처럼 단순한 물건이 가져올 파급효과를 예상하지 못한 것만이 문제가 아니었다. 사실, 선주들 대부분은 다양한 종류의 상품을 같은 크기의 상자에 넣는다는 아이디어를 정말 이해할 수 없다고 여겼다. 경험 많은 선적 일꾼들은 화물을 알맞게 정리해서 선박 창고를 최대로 활용할 줄 알았고, 모든 화물은 각자 최적의 포장 상태로 도착하고 있는데 누가 봐도 최선이 아닌 이런 해법으로 굳이 대체할 이유가 있을까? 더구나 차선책일 뿐인데 누가 굳이 네모난 상자를 유선형 선체에 맞추려고 애쓰겠는가? 또한 선주들에게는 컨테이너 하나에 정확히 맞는 양의 화물을 선적하려는 고객이 그리 많지 않았기 때문에 어떤 때는 컨테이너가 반쯤 빈 상태로, 또 어떤 때는 한 컨테이너에 여러 고객의 화물을 실은 채 선적해야 했다. 그러면 모든 항구에 정착할 때마다 다양한 주문을 처리하기 위해 컨테이너 속 화물을 꺼내고 다시 정리해야 한다는 의미였다. 이것은 경험 많은 해운사들의 귀에는 그리 효율적으로 들리지 않았다. 더 나아가 그 상자들 자체도 문제였다. 일단 하역해서 트럭에 실어 보낸 다음 다시 돌려받을 방안을 찾아야 했다. 이런 식으로 맥린도 수많은 컨테이너를 분실했다. 그야말로 악몽 같은 물류 참사였다.

그런데 선박에 컨테이너를 선적하는 아이디어를 낸 것은 맥린만이 아니었다. 다른 사람들도 많이 시도해보았지만 얼마 지나지 않아 거의 모두 포기하고 말았다. 그 이유는 관련업계 사람들이 너무 완고해서 훌륭한 아이디어를 수용하지 못했기 때문이 아니라, 그러느라 너무 많은 돈을 잃었기 때문이다.(문헌 30-p.45f) 아이디어는 단순했지만 이를 효율적으로 실천하기란 쉽지 않았다.

지금 시점에서 돌아보면 우리는 왜 그들이 실패했는지 안다. 선주들은 기존의 인프라나 관례를 바꾸지 않은 채 컨테이너를 그들의 통상적인 작업방식에 통합하려 했기 때문에 실패했다. 과거에 하던 것은 버리지 않고서, 컨테이너를 배에 싣는다는 명백한 단순함만으로 이득을 보려 했기 때문이다. 처음에는 예전에 효과가 있었던 것을 중심으로 상황을 인식했고, 가장 즉각적으로 나타나는 효과만 눈에 들어왔다. 선주들은 이미 주머니와 상자에 각각 포장된 화물들을 보면서 왜 한 번 더 다른 상자에 포장해야 하는지 의문을 가졌다. 또한 그들은 화물을 항구에 하역할 때가 되면 기뻐하며 얼른 다음 곳으로 출발하고 싶어 했기 때문에 대체 왜 컨테이너를 다시 찾으러 가야 하는지 이해하지 못했다. 그들은 자신이 보유한 선박들을 보면서 컨테이너를 어떻게 선박에 맞출 수 있을지 의아해 했다. 반면, 맥린은 선주들의 시각이 중요한 것이 아니라, 생산자로부터 최종 목적지까지 화물을 옮기는 무역 전반의 목적이 중요하다는 사실을 그 누구보다 잘 알고 있었다. 결국 포장부터 배송, 선박 디자인부터 항만 디자인에 이르기까지 배송 체인을 이루는 모든 부분을 하나하나 조정한 뒤에야 컨테이너의 잠재력이 완전히 발휘되기 시작했다.

장점이 명확해지자 2차 효과가 발동되면서 자기 강화적이고 긍정적인 피드백 루프feedback loop가 시작되었다. 컨테이너를 처리할 수 있는 항만이 늘어날수록 컨테이너 선박을 더 많이 건조해야 할 필요가 생긴 것이다. 그 결과 해상운송 비용이 저렴해졌고 해상 운송할 가치가 있는 화물의 범위가 넓어졌다. 이에 따라 운송량이 증가하고, 대형 컨테이너 선박의 경제성이 높아졌으며, 인프라에 대한 수요가 증가하는 등의 결과를 낳았다. 그저 또 하나의 해상운송 방식이 생긴 것이 아니라, 완전히 새로운 비즈니스 방식이 탄생한 것이다.

메모에 관한 한, 많은 학생들과 학술적 글을 쓰는 작가들은 초기 선주들처럼 생각한다. 이들은 자신의 아이디어와 연구 결과가 즉각적인 의미를 지니도록 처리한다. 가령, 흥미로운 문장을 읽으면 밑줄을 치고, 코멘트할 내용이 있으면 여백에 적는다. 아이디어가 떠오르면 공책에 적고, 어떤 논문이 꽤 중요해 보이면 열심히 발췌문을 만든다. 그런데 이런 식으로 작업하면 여러 장소에 각기 다른 수많은 메모가 남겨지고 막상 글을 쓸 때면 언제 어디서 이 메모들을 적었는지 기억해내느라 두뇌에 크게 의존해야 하는 상황이 된다. 또한 텍스트를 구상할 때도 이 메모들과는 별개로 독자적으로 처리해야만 하는데 많은 사람들이 미리 구상했던 아이디어에 따라 나중에 자료들을 정리하느라 브레인스토밍에 의지하는 이유가 바로 이 때문이다. 이런 텍스트 인프라, 즉 우리가 익히 배운 작업 흐름을 고수하면서 메모들을 상자에 보관하는 이유기 오로지 나중에 글을 쓸 때 인용문이나 서지정보가 필요한 경우 다시 꺼내보기 위해서 라면, 이는 참으로 부질없는 일이다.

예전 시스템에서는 어떤 주제 아래에 이 메모를 저장하느냐가 관건이었다면, 새 시스템에서는 과연 내가 어떤 맥락에서 이 메모를 다시 만나게 될까를 고민한다. 대부분의 학생들은 어떤 주제, 각각의 세미나, 혹은 학기별로 자료를 분류한다. 반면 글 쓰는 사람의 관점에서 보면 연구자료 분류법은 심부름한 것을 구입 날짜와 상점에 따라 분류하는 것과 같다. 새로 산 바지가 어디 있는지 찾지 못하겠는가? 아마 같은 날 백화점에서 구입한 표백제 옆에 있을 것이다.

메모 상자는 말하자면 학계의 선적 컨테이너에 해당한다. 다양한 아이디어를 서로 다른 창고에 저장하는 대신, 모두 같은 메모 상자에 넣고 같은 포맷으로 표준화하는 것이다. 중간 단계에 초점을 맞추거나 밑줄 치는 시스템, 독서 기법, 발췌문 작성을 하나의 학문으로 만들려 하지 않고, 모든 것을 간소화해서 오직 하나, 즉 공개될 수 있는 통찰에 이르게 하는 것이다. 주제별로 정리된 하향식 저장 시스템과 비교했을 때 메모 상자의 가장 큰 장점은 규모가 커질수록 혼란스러워지거나 뒤죽박죽 되지 않고 점점 더 가치가 높아진다는 것이다. 주제별로 분류하면 한 주제에 메모를 계속 추가할지 아니면 다른 주제나 부주제를 추가할지 딜레마에 직면하게 된다. 전자의 경우 메모를 찾기 점점 힘들어지고, 후자의 경우 엉망진창인 상황을 또 다른 차원으로 옮기는 것밖에 되지 않는다. 누군가 의도한 바대로 찾는 것을 발견하도록 디자인된 예전 시스템은 모든 책임을 여러분의 두뇌에 전가한다. 이에 반해 메모 상자는 이미 잊어버린 아이디어를 다시 제시해 줌으로써 여러분의 두뇌를 기억이 아닌 생각에 집중시키도록 고안되었다.

상향식으로 정리되는 메모 상자는 너무 많거나 너무 적은 주제 사이의 균형 문제에 직면하지도 않는다. 그렇더라도 무차별적으로 메모가 추가되면 메모 상자 역시 가치를 잃을 수 있다. 메모 상자는 우리가 메모의 **임계치**[critical mass] 달성을 목표로 삼을 때 그 저력을 발휘할 수 있다. 임계치는 메모의 개수뿐만 아니라 메모의 질과 메모 처리방식에 따라서도 좌우된다.

임계치를 달성하려면 다음 3가지 메모 유형을 명확히 구별하는 것이 절대적으로 중요하다.

1. **임시 메모**[fleeting notes]는 오로지 정보를 상기시키는 역할만 하기에 어떤 식으로든 써도 되고 하루나 이틀 뒤면 폐기한다.

2. **영구보관용 메모**[permanent notes]는 절대 버리지 않는 메모이며 필요한 정보를 영구적으로 이해할 수 있는 방식으로 적는다. 늘 같은 곳에, 같은 식으로 저장하는데, 바로 인쇄가 가능할 정도로 정확하게 기록하여 서지정보 시스템이나 메모 상자에 저장한다.

3. **프로젝트 메모**[project notes]는 특정한 단 한 가지 프로젝트에만 관련된 메모다. 프로젝트별 폴더에 보관하며, 프로젝트 완료 후에 폐기할 수도 있고 보관할 수도 있다.

이렇게 3가지 유형으로 메모들이 잘 구분되어 있어야만 메모 상자 안에 **임계치**에 달하는 아이디어가 모일 수 있다. 충분히 많은 글을 남기지 못하거나 출판물을 생산하지 못하는 주된 이유 가운데 하나가 바로 이런 유형들을 혼동하기 때문이다.

이런 혼동 때문에 저지르는 첫 번째 전형적인 실수가 있다. 이 실수는 학습 일지를 쓰라는 조언을 충실히 따르는 성실한 학생들이 많이 저지른다. 필자의 친구들 중에도 우연히 마주친 아이디어나 흥미로운 발견, 인용문을 단 하나도 놓치지 않고 전부 적어두는 친구가 있다. 그 친구는 늘 공책을 들고 다니며, 종종 대화하다가도 재빨리 몇 가지 메모를 적는다. 이 경우 장점은 뚜렷하다. 절대 어떤 아이디어도 놓치지 않는다는 것이다. 그런데 단점이 심각하다. 모든 메모를 "영구보관용" 메모로 취급하기 때문에 절대로 임계치에 다다르지 못한다. 특정 프로젝트에만 적합한 메모건, 다시 보면 그리 썩 좋지 않은 메모건, 모두 다 남겨두는 탓에 좋은 메모를 모아놓은 것이 희석되면서 무의미해진다. 설상가상으로, 엄격한 시간 순서로 정리하면 생산적인 의미에서 아이디어를 찾고 조합하고 다시 정리하는 데 아무 도움도 되지 않는다. 그러니 멋진 아이디어로 가득한 공책으로 책장은 채운 그 친구가 정작 내놓을 만한 출판물은 단 한 권도 없다는 사실이 그리 놀랄 일도 아니다.

두 번째 전형적인 실수는 특정 프로젝트에 관련된 메모만 모으는 것이다. 언뜻 보면 매우 그럴싸한 것 같다. 무엇을 쓸 것인지 정한 다음 거기에 도움이 되는 것을 전부 모은다는 뜻이니 말이다. 그런데 단점이 있다. 프로젝트를 마칠 때마다 처음부터 다 다시 시작해야 하고, 프로젝트와 관련이 없다는 이유로 다른 유망한 사고방식들을 모두 가지치기해야만 한다. 여러분이 어떤 프로젝트에 임하는 동안 발견하고 생각하고 만났던 모든 것을 잃게 된다는 뜻이다. 만약 여러분이 이런 부정적인 영향을 완화하기 위해 흥미로울 수 있는 무언가를 마주칠 때마다 새로운 잠재적 프로젝트용 폴더를 매번 새로 만든다면, 결국 머지않아 어마어마한 양의 미완성 프로젝트에 압도당할 것이다. 이것 자체는 여러분의 지적 욕구에 장애가 되지 않더라도, 미완의 프로젝트를 계속 기록하고 추적하는 일은 언젠가 반드시 걸림돌이 될 것이다. 하지만 가장 중요한 사실은 영구적인 아이디어 저장고가 없는 한, 여러분은 어떠한 주요 아이디어도 장기간에 걸쳐 발전시킬 수 없다는 점이다. 아이디어를 발전시킬 수 있는 범위를 여러분 스스로 하나의 프로젝트나 자신의 기억력으로 제한하기 때문이다. 하지만 특출난 아이디어에는 그 이상이 필요한 법이다.

세 번째 전형적인 실수는 당연히 모든 메모를 임시 메모로 취급하는 것이다. 이런 접근방식은 쉽게 눈에 띈다. 금세 메모 뭉치가 엉망진창이 되거나, 반대로 주기적으로 대청소하고 싶은 충동 때문에 자료 더미가 오히려 더디게 쌓이기 때문이다. 처리되지 않은 임시 메모를 모으기만 하면 혼돈을 피할 수 없다. 책상 주변에 불명확하고 관련성 없는 메모가 조금만 돌아다녀도 차라리 사전준비 없이 시작하고 싶다는 마음이 금세 생길 것이다.

메모 유형을 혼란스럽게 하는 이런 모든 접근방식에는 공통점이 있다. 여러분이 보관하는 메모 수가 늘어날수록 메모에서 얻는 이득이 줄어든다는 것이다. 메모가 많아지면 적합한 메모를 검색하고 관련성 있는 메모를 재미있는 방식으로 한데 모으기가 더 어려워진다. 사실, 메모를 작성하면 정반대의 결과가 나와야 마땅하다. 많이 배우고 모을수록 메모가 더 유익해져야 하고, 더 많은 아이디어가 어우러져서 새로운 아이디어를 탄생시킬 수 있어야 한다. 그리고 지적 텍스트를 작성하는 데 드는 노력도 점점 더 수월해져야 한다.

여기서 이렇게 메모를 3가지 유형으로 구분한 목적이 무엇인지 곱씹어 생각해보는 것이 중요하다. 임시 메모는 다른 일을 하느라 바쁜 와중에 떠오른 아이디어를 재빨리 포착하기 위한 용도다. 다른 사람과 대화하거나 강의를 듣고 있는데 메모할 가치가 있는 말이 들리거나, 심부름하는 동안 문득 아이디어가 떠오를 때, 하던 일을 멈추지 않고 할 수 있는 최선은 재빨리 메모를 휘갈겨 쓰는 것이다. 이 방법은 책을 읽는 흐름을 끊지 않으면서 어떤 텍스트에 초점을 맞추고 싶을 때도 적용할 수 있다. 그럴 때 그냥 문장에 줄을 치거나 여백에 코멘트를 적고 싶을 수 있다. 그런데 문장에 밑줄을 치거나 여백에 코멘트를 적는 것 역시 임시 메모에 불과할 뿐이며 텍스트를 상세히 설명하는 것과는 거리가 멀다는 사실을 알아야 한다. 이런 메모를 가지고 아무것도 하지 않는다면 금세 완전히 무용지물이 된다. 애초에 이 메모를 다시 찾아보지 않을 것 같다면 아예 처음부터 이런 종류의 메모는 적지 말기 바란다. 그 대신 제대로 된 메모를 작성하도록 하라. 임시 메모가 유용하려면 하루 이틀 안에 다시 검토해서 나중에 활용할 수 있는 제대로 된 메모로 바꿀 수 있어야만 한다. 임시 문헌 메모는 어떤 아이디어를 파악하거나 이해하는 데 추가적인 단계가 필요한 경우에는 의미 있을 수 있다. 그러나 나중에 글쓰기 과정에서는 도움이 되지는 않는다. 주장을 발전시키는 동안 예전에 밑줄 쳤던 문장이 필요하더라도 막상 그 어떤 문장도 쉽게 떠오르지 않는 것처럼 말이다. 이런 종류의 메모는 아직 시간이 없어서 자세히 설명하지 못한 생각을 그저 상기시키는 역할만 한다. 반면, 영구보관용 메모는 나중에 어떤 맥락에서 적었는지 잊게 되더라도 그 내용을 완벽히 이해할 수 있도록 자세히 적어야 한다.

대부분의 아이디어는 세월을 이기지 못하지만, 주요 프로젝트를 싹 틔우는 씨앗이 되는 아이디어도 있다. 그러나 안타깝게도 이들을 즉각 구별해내기는 쉽지 않으므로 어떤 아이디어를 적어야 할지 말아야 할지 판단하는 문턱은 가능한 한 낮아야 한다. 마찬가지로 하루 이틀 안에 그 아이디어를 자세히 설명하는 것도 매우 중요하다. 어떤 메모가 의미하는 바가 더는 이해되지 않거나 그 메모가 시시해 보인다면, 이는 그 메모가 너무 오랫동안 처리되지 않은 상태로 남아 있다는 좋은 지표다. 전자의 경우, 메모가 무엇을 떠올려주어야 하는지 잊어버린 것이다. 후자는 메모에 의미를 부여한 맥락을 잊어버린 경우다.

유일하게 영구적으로 저장되는 메모는 서지정보 시스템 안의 문헌 메모와 메모 상자 안의 본(本) 메모다. 문헌 메모는 메모에서 언급하는 텍스트가 바로 맥락이기 때문에 아주 짧게 쓸 수 있다. 이와 달리 본 메모는 따로 설명하지 않아도 바로 이해할 수 있어야 하기 때문에 더 정성스럽고 자세하게 적어야 한다. 루만은 그가 읽은 텍스트에 밑줄을 긋거나 여백에 코멘트를 쓴 적이 한 번도 없다. 그가 한 것이라고는 텍스트를 읽다가 관심이 가는 아이디어가 나오면 별도의 종이에 그에 대해 짧게 메모한 것이 전부다. "저는 메모지 한쪽 면에 상세한 서지정보를 적습니다. 그리고 뒷면에는 'x페이지 내용은 이것이고 y페이지 내용은 저것'이라고 적지요. 그런 다음, 제가 읽은 모든 것을 모아두는 서지 메모 상자에 이 메모를 보관한답니다."[11] (문헌 31) 그런데 그는 메모를 이렇게 저장하기 전에, 낮 동안 메모했던 것을 다시 읽으면서 그것이 자신의 사고방식과 관련성이 있는지 생각해 보고 이에 관해 다시 메모를 적어 영구보관용 메모로 발전시켰으며 이런 메모는 하나도 버려지지 않았다. 그중에는 뒤로 밀려나서 다시는 그의 주목을 받지 못한 메모도 있는가 하면, 다양한 추론방식을 잇는 연결점이 되어 여러 맥락에서 꼬박꼬박 다시 등장한 메모도 있었다.

메모 상자가 어떻게 전개되어나갈지 예측하는 것은 불가능하기에 메모의 운명을 우리가 걱정할 필요는 없다. 임시 메모와는 대조적으로 메모 상자에 보관되는 영구보관용 메모는 하나하

---

11 독일어 원문을 번역한 영문 출판물을 구할 수 없을 때마다 필자가 직접 번역했다.

나가 충분하고 자세히 설명되어 있어서 모두가 어떤 글의 최종본에 영감을 주거나 그 일부가 될 잠재력이 있다. 그러나 어떤 메모가 더 적절한지는 앞으로 전개될 생각의 흐름과 어떻게 일이 진행되어 가느냐에 따라 달라지기 때문에 메모의 잠재력이 어떻게 발휘될지 미리 정할 수는 없다. 영구보관용 메모가 되면 이제는 생각이나 아이디어를 단순히 상기시키는 역할을 하는 것이 아니라 글의 형태로 구현된 생각이나 아이디어 그 자체가 된다. 바로 이것이 임시 메모와 결정적으로 다른 점이다.

한곳에 메모가 쌓여 임계치에 도달하려면 표준화된 포맷이 필요하다. 포맷과 저장 장소가 많아지면 그만큼 불필요한 결정을 해야 하거나 상황을 복잡하게 만드는 문제들이 발생할 뿐이다. 반면 포맷을 표준화하면 이런 문제가 제거되어 생각하고 글 쓰는 과정이 쉬워지는 계기가 된다. 모든 메모가 같은 장소에 같은 포맷으로 보관되는 것만으로도 이들 메모는 나중에 모이고 합쳐져서 새로운 것이 될 수 있다. 또한, 어디에 보관하거나 적어둘까 하는 문제로 생각을 허비할 필요도 없게 된다.

마지막 세 번째 유형의 메모는 앞서 살펴보았듯이 단 하나의 특정 프로젝트에만 관련된 메모다. 이런 메모는 각각 프로젝트별 폴더에 그 프로젝트와 관련된 다른 메모들과 함께 보관한다. 이런 메모는 해당 프로젝트가 끝나면 쓰레기통(또는 기록 보관소—다른 말로 우유부단한 자들을 위한 쓰레기통)에 던져질 운명이기 때문에 어떤 포맷으로 만들어도 상관없다.

프로젝트 관련 메모에 해당될 수 있는 메모는 아래와 같다.

- 원고에 적힌 코멘트
- 프로젝트 관련 문헌 모음
- 개요
- 단편적인 초안들
- 상기시키는 글
- 해야 할 일 목록
- 그리고 당연히 원고 초안

대부분의 디지털 프로그램들에는 프로젝트별 페이지를 생성할 수 있는 기능이 내장되어 있다. 이 페이지들에서 우리는 생각의 구조를 짜고 원고 초안의 각 장을 구상할 수 있을 뿐만 아니라, 특정 프로젝트용 메모를 모으고 분류할 수 있다. 그러면서도 이런 프로젝트 메모가 메모 상자 자체의 효과에 지장을 주거나 반감시키지 않을까 걱정하지 않아도 된다. 더 나아가 메모 상자 속 메모들에 영향을 주지 않으면서도 프로젝트에 따라 메모를 바꿀 수도 있다.

서지정보 시스템도 마찬가지다. 조테로를 사용하는 경우, 참고문헌을 서지정보 시스템에서 꺼내지 않고서도 프로젝트별 폴더에 모을 수 있다. 이렇게 하면 영구보관용 메모를 프로젝트 관련 메모와 명확히 분리해놓을 수 있다. 그리고 실제 메모 상자에 지장을 주지 않으면서 각 프로젝트 범위 안에서 마음껏 메모를 다듬고 실험할 수 있다. 한편 필자는 손으로 쓴 메모와 출력물들은 모두 프로젝트별 바인더에 따로 보관하라고 제안하고 싶다.

하루가 저물어 여러분이 현재 진행 중인 프로젝트용 폴더를 닫았을 때 책상 위에 종이와 펜 말고는 아무것도 남아 있지 않다면 그건 여러분이 임시 메모와 영구보관용 메모, 그리고 프로젝트 관련 메모를 깔끔히 구분했다는 뜻이 된다.

7. 맨땅에서 시작하는 사람은 없는 법

> "백지—또는 오늘날로 치면 빈 화면—에서 출발한다는 생각은
> 근본적으로 잘못된 것이다. —나세히 (문헌 32-p.185)

사람들은 글쓰기 과정을 단단히 오해하고 있다. 책장에서 글쓰기에 관한 학습서나 자기개발서를 손에 잡히는 대로 집어서 처음 몇 페이지를 훑어보면 다음과 같은 구절이 나올 확률이 높다. "연구의 효율성을 높이려면 집중할 측면을 좁히고 연구 분석 대상이 될 명시적 질문을 만드는 것이 그 첫걸음이 되어야 한다."[12] 거의 모든 책이 이처럼 주제 선정을 첫 번째로 필요한 단계로 꼽고 다른 것은 모두 그 뒤에 해야 한다고 가르친다. 가령 "당신에게 적합한 주제를 선정했으면, 개인적인 관심사와 앞으로 필요할지도 모를 배경지식을 고려한 뒤 자료를 구할 수 있는지 가늠하라"[13]는 식이다. 그런 다음에는 여러분이 밟아야 할 다단계 계획이 제시될 것이 틀림없다. 호주국립대학교 학술 기능 및 학습 센터 Academic Skills & Learning Center에 따르면 12단계가 될 수도 있고, 위스콘신 대학교 글쓰기 센터 Writing Center의 권고를 따르면 8단계가 될 수도 있지만, 대략적인 순서는 늘 똑같다. 무엇을 쓸 것인지 정하고, 연구 계획을 세우고, 연구한 다

---

12 『학술적 글쓰기 안내』, 영미학과, 바이로이트 대학교.

13 『대학 보고서와 과제물 작성에 필요한 글쓰기 및 문체 안내서』, 제1판, 프랑수아-피에르 긴그라스(François-Pierre Gingras) (1998), 정치학과, 사회과학대, 오타와 대학교.

음, 글을 쓰는 것이다. 퍽 흥미롭게도 대개 이런 로드맵에는 이것이 그저 이상적인 계획에 불과할 뿐이며 현실에서는 계획대로 되는 경우가 거의 없다는 사실을 인정하는 기조가 깔려있다. 그렇다. 옳은 말이다. 글쓰기는 그렇게 선형적이고 순차적인 것이 될 수 없다. 그렇다면 명백한 의문이 떠오른다. 만약 이것이 사실이라면, 이상이 아닌 현실에 뿌리를 둔 행동방침을 정하면 되지 않는가?

글감이 될 좋은 질문을 발전시키거나 과제를 작성하기에 가장 좋은 관점을 찾기 위해, 우리는 이미 어떤 주제에 대해 어느 정도 생각해 두었을 것이 틀림없다. 주제를 선정할 수 있으려면 이미 꽤 많은 독서가 선행되어 있을 것이며, 그건 한 가지 주제에만 국한되지 않았을 것이다. 다른 것은 젖혀두고 어떤 특정한 것을 읽기로 마음을 정했더라도 분명 사전에 이해한 것에 뿌리를 둔 결정이지 난데없이 생겨난 생각은 아니다. 모든 지적 시도는 기존 선개념preconception에서 출발한다. 그런 다음, 심화 조사가 이루어지는 동안 선개념은 바뀔 수도 있고 그 뒤로 이어지는 시도의 출발점이 될 수도 있다. 기본적으로 이것이 바로 한스 게오르그 가다머Hans Georg Gadamer 교수가 명명한 해석학적 순환hermeneutic circle이다.(문헌 33) 그런데 대학교에서는 이 해석학적 순환은 학생들에게 꾸준히 가르치면서도, 유독 글쓰기만큼은 마치 맨땅에서 시작해서 직선으로 전진할 수 있는 것처럼 여전히 가르치고 있다. 마치 허공에서 좋은 질문을 끄집어낸 뒤 마냥 책을 읽으며 기다리면 문헌 조사를 끝내는 게 가능하기라도 한 것처럼 말이다. 따라서 실용적으로 보이고 현실적인 것처럼 들리는 조언—글쓰기를 시작하기 전에 무엇을 쓸지 정하라—은 오해의 소지가 다분하거나 아니면 그저 평범한 말일 뿐이다. 이 조언이 뜻하는 바가 그저 종이에 글을 쓰기 전에 생각하라는 것이라면 이는 평범하기 그지없는 충고다. 만약 이것이 수중에 있는 여러 주제에 몰입하기 전에 무엇을 쓸 것인지에 대해 꽤 괜찮은 계획을 세울 수 있다는 뜻이라면 이는 오해의 소지가 있다. 사실 이렇게 몰입하는 것 자체도 글쓰기를 통해 이뤄진다. 글쓰기에는 모든 것이 수반된다. 손에 펜을 쥔 채 읽어야 하고, 종이 위에 적으면서 아이디어를 전개해야 하며, 공개적으로 표면화한 생각 더미를 계속 늘려가며 쌓아야 한다. 우리는 신뢰할 수 없는 우리의 머리에서 무턱대고 골라 만든 계획의 인도를 받는 것이 아니라, 우리의 관심사와 호기심, 직관에 따라 인도된다. 이 같은 관심, 호기심, 직관은 읽고, 생각하고, 토론하고, 글 쓰고, 아이디어를 발전시키는 실질적인 작업을 통해 정보를 얻어 형성된다. 그리고 계속해서 성장하며 우리의 지식과 이해력을 외부로 투영한다.

관심이 가는 대상에 초점을 맞추고 자신의 지적 활동이 어떻게 전개되는지 계속 추적하며 기록을 남기면, 힘들이지 않아도 다양한 주제와 질문, 주장이 자료에서 모습을 드러낸다. 이는 이제 우리 머리로 감당하기 힘든 몇몇 아이디어로부터 연구 주제나 문제를 쥐어 짜낼 필요 없이 좀 더 손쉽게 그것들을 찾을 수 있다는 의미만이 아니다. 이것은 메모 상자에서 나온 모든 문제에는 작업할 자료가 자연스럽고도 손쉽게 딸려 나온다는 뜻이기도 하다. 특정 메모 더미^clusters가 어디에 쌓였는지 보기 위해 메모 상자를 살펴보면, **가능성 있는** 주제만 보이는 것이 아니라 이미 작업 대상으로 삼은 바 있는 주제들도 보인다. 비록 사전에 알 수는 없더라도 말이다. 누구도 사전준비 없이 맨땅에서 시작하지는 않는다고 했던 주장이 불현듯 매우 구체적으로 다가온다. 이런 의견을 진지하게 받아들여 그에 맞추어 작업한다면, 우리는 **문자 그대로** 결코 다시는 맨땅에서 시작할 필요가 없어진다.

물론, 자신은 사전준비 없이 맨땅에서 시작한다고 **믿는** 사람들이 있는데, 실제로 이들도 맨땅에서 시작하는 것이 아니다. 이들 역시 먼저 배웠거나 접했던 것에 의존할 수밖에 없기 때문이다. 하지만 이들은 이런 사실을 바탕으로 **실행하지** 않았기에, 아이디어의 근원이 어디인지 되짚어 돌아갈 수도 없고 뒷받침 자료를 수중에 넣거나 아이디어 자료를 정리할 수도 없다. 앞선 작업에 글쓰기가 동반되지 않은 탓에, 이들은 완전히 새로운 것에서 시작하거나(여기에는 위험이 따른다) 아이디어의 발자취를 추적해야 한다(참으로 지루한 작업이 될 것이다).

제대로 메모하는 법을 가르치거나 논하는 경우가 드물기에, 대부분의 글쓰기 안내서가 **브레인스토밍**으로 시작하라고 추천하는 것도 놀라운 일은 아니다. 그동안 글을 쓰지 않았다면, 유일하게 믿을 데라고는 머릿밖에 없다. 그러나 우리의 뇌만 단독으로 놓고 보면, 이것은 썩 좋은 선택이 아니다. 뇌는 객관적이지도 신뢰할 만하지도 않기 때문이다. 그런데 객관성과 신뢰성, 이 두 가지 측면은 학술적 글쓰기나 비소설 글쓰기에서 매우 중요하다. 브레인스토밍을 출발점으로 삼으라고 장려하는 것이 더욱 의문스럽게 여겨지는 이유는 대다수 아이디어는 그 근원이 우리 뇌가 아니기 때문이다. 여러분이 브레인스토밍을 통해 머릿속에서 찾게 될 것들은 대개 여러분의 머릿속이 그 근원이 아니라 오히려 여러분의 머리 밖에서 온 것들이다. 이런 아이디어들은 책을 읽고, 토론하고, 다른 사람의 말을 경청하는 등 글을 쓰면서 함께 할 수 있는 활동, 더 나아가 글쓰기를 통해 발전시킬 수 있는 활동들을 할 때 생겨난다. 글을 쓰기 전에 무엇을 쓸지 생각하라는 충고는 어떤 경우에는 시기상조가 되고, 또 어떤 경우에는 뒤늦은 충고가 된다. 백지나 빈 화면을 마주할 때면 이미 글쓰기 자료들을 쌓을 기회가 지나버린 상태이므로 뒤늦은 조언이 된다. 만약 여러분이 주제를 선정할 때까지 글의 내용과 관련한 모든 중대한 작업을 뒤로 미루려 한다면 이때는 주제를 미리 정하라는 조언이 시기상조가 되는 것이다.

무엇이건 너무 이르기도 하고 동시에 너무 늦기도 하다면, 순서를 다시 조정하는 방법으로 이를 고치기는 불가능하다. 허구적 선형성fictional linearity 그 자체가 문제이기 때문이다. 이런 선형적 순서와 단절하기 위한 전제조건은 스마트한 메모를 하는 것이다. 글쓰기가 선형적 과정이 아닌 순환적 과정이라는 사실을 토대로 작업 흐름의 구조를 짜면, 피부로 느껴지는 변화가 감지될 것이다. 그러면 주제를 찾는 일이 문제가 되는 것이 아니라, 오히려 너무 많은 주제가 생겨서 문제가 된다. 대부분의 학습안내서는 적합한 주제를 찾느라 애먹는 것은 글쓰기에서 피할 수 없는 골칫거리이자 출발점이라고 주입한다. 하지만 사실은 그렇지 않다. 만약 그렇다면 그것은 뇌의 한계에 과중하게 의존하는 잘못된 시도를 하고 있다는 징후다. 반면, 글을 쓰면서 생각을 발전시킨다면, 아직 답을 얻지 못한 열린 질문들이 선명하게 드러날 것이며 계속 글을 써나가는 동안 상세히 발전시킬 풍부한 주제들이 떠오를 것이다.

수년간 학생들과 함께 작업해 온 필자는 확신한다. 글쓰기와 같은 비선형적 과정을 억지로 선형적 순서로 끼워 맞추려는 학습안내서들의 시도는 되레 그들이 해결해주겠다고 약속한 바로 그 문제들과 좌절감의 주요 원인이 된다. 무언가를 연구하기도, 읽기도, 배우기도 전에 주제를 하나 정해야 한다고 믿는다면, 주제를 찾는 것이 어찌 어렵지 않을 수 있겠는가? 수중에 빈 종이를 채울 만한 것이 그야말로 하나도 없다면, 어떻게 빈 종이에 위협받는 느낌이 들지 않겠는가? 무턱대고 정한 주제를 억지로 떠맡은 데다 마감일이 다가오는 탓에 이 주제로 계속 밀고 나갈 수밖에 없는 상황이라면, 작업을 뒤로 미룬다고 그 누가 여러분을 비난할 수 있겠는가? 몇 달이고 몇 년이고 읽고 토론하고 연구했던 것을 실제로 사용할 수 있는 자료로 바꾸는 법을 배우지 않은 학생이라면, 글쓰기 과제에 압도당하는 것처럼 느끼는 것이 어찌 놀라운 일이겠는가?

글쓰기 과제를 받기 전에 있었던 모든 것을 등한시하는 이런 학습안내서들은 65세 노인에게 은퇴 대비 저축법을 이야기하는 금융상담원과 비슷하다. 이미 이 시점이 되면 열정을 자제하는 편이 더 나을 것이기 때문이다(독일에서 가장 많이 팔린 학습안내서 중 하나가 추천하는 바도 정확히 이와 같다. 이 책은 가장 먼저 글의 품질과 통찰에 대한 기대치를 낮추라고 말한다).[14]

그러나 메모라는 글쓰기 작업을 통해 이미 생각을 발전시킨 사람들은 그들의 현재 관심사에 계속 집중할 수 있고, 가장 하고 싶은 일을 하는 것만으로도 상당한 자료를 축적할 수 있다. 가장 빈번하게 다시 찾는 문제들을 중심으로 자료가 무리clusters를 이루게 될 것이라, 이들은 자신의 관심사와 너무 동떨어진 지점에서 출발할 위험도 없다. 만약 여러분이 제일 먼저 골랐던 주제가 생각만큼 흥미롭지 않은 것으로 드러난다면, 여러분은 그냥 다른 주제로 넘어가게 되고 여러분의 메모도 다른 것을 중심으로 모이게 될 것이다. 어쩌면 여러분은 처음의 문제가 흥미롭지 않은 이유마저도 메모로 작성한 다음, 이것을 공식 발표할 만한 가치가 있는 통찰로 발전시킬지도 모른다. 그러다가 최종적으로 무엇을 쓸지 정해야 하는 시간이 다가오면, 여러분의 마음은 이미 정해져 있을 것이다. 그동안 매일 다시, 그리고 또다시 결정을 반복하면서 조금씩 자신의 생각을 발전시켰을 것이기 때문이다. 여러분은 적절한 주제를 찾을 수 있을지 걱정하는 대신, 실제로 여러분의 기존 관심사를 바탕으로 작업하고, **정보에 입각한** 결정을 내리는 데 필요한 일—책

---

14   물론 이 책이 다루고 있는 주제는 "백지에 대한 두려움"이다.(문헌 34)

읽기, 생각하기, 글쓰기—을 하는 데 시간을 쓸 것이다. 이런 작업을 함으로써 여러분은 흥미로운 문제들이 나타나리라 믿게 될 것이다. 여러분의 작업이 어떻게 마무리될지는 아직 모른다(그리고 알아야 할 필요도 없다). 원래 통찰은 미리 생각해둔 방향으로 억지로 끌고 갈 수 없는 법이기 때문이다. 그래도 제대로 된 정보 없이 선택했던 주제에 흥미를 잃을 위험이나 처음부터 전부 다시 시작해야 할 위험은 최소화할 수 있다.

비록 학술적 글쓰기는 선형적 과정이 아니지만, 그렇다고 이것이 막가파식 접근방식을 따라야 한다는 의미는 아니다. 오히려 이와 반대로 명확하고 신뢰할 수 있는 구조가 학술적 글쓰기에서는 대단히 중요하다.

8. 흐름을 타고 나아가기

학교에서 배웠던 에너지방출반응과 에너지흡수반응의 차이를 기억하는가? 에너지방출반응은 그 과정을 지속시키려면 끊임없이 에너지를 추가해야 한다. 이와 달리 에너지흡수반응은 한 번 시작되면 저절로 계속되고 도리어 에너지를 내뿜기까지 한다. 일의 역학도 이와 크게 다르지 않다. 때로는 일이 우리 에너지를 빨아먹는 것 같고, 점점 많은 에너지를 쏟아 넣어야 진전이 있을 것처럼 느껴지기도 한다. 하지만 정반대 느낌이 드는 때도 있다. 일단 흐름을 타면 마치 일이 스스로 탄력을 얻어 우리를 앞으로 이끌며, 더 나아가 우리에게 에너지를 불어넣기도 하는 것 같다. 우리가 찾는 것이 바로 이런 종류의 역학이다.

좋은 작업 흐름은 선순환으로 쉽게 바뀐다. 긍정적 경험이 동기부여가 되어 다음 일을 편하게 착수할 수 있게 되고, 현재 하는 일을 더 잘 하게 되면 그 작업을 즐길 가능성이 더 커지는 등 희망적인 상황이 이어진다. 하지만 늘 일이 정체된 듯 느껴지면 의욕을 잃고 일을 뒤로 미룰 공산이 훨씬 커진다. 그러면 긍정적 경험은 거의 남지 않고 마감일을 맞추지 못하는 등의 나쁜 경험만 쌓여 결국, 실패의 악순환에 빠질 수 있다.[문헌 35]

(한 장(章)을 끝낸 뒤 좋아하는 것 하기 등) 외부의 보상을 이용해서 자기 자신을 속여 일하게 만들려는 시도는 긍정적인

피드백 루프를 구축할 전망이 없는 단기적 해법에 불과하다. 이런 시도는 매우 취약한 동기를 구축할 뿐인 반면, 작업 자체를 보상이라 여길 수 있으면 동기부여와 보상의 역학이 스스로 지속 가능해지고 전체 과정의 진전에 추진력을 불어넣을 수 있다. (문헌 36)

성공적인 운동 동기부여 코치로 유명한 미셸 세가^{Michelle Segar}는 이런 역학을 이용해서 세상에서 제일 움직이기 싫어하는 방콕족들조차 운동 마니아로 바꾼다. (문헌 37) 그녀는 정말로 운동을 싫어하지만 해야 한다는 것을 아는 사람들이 지속 가능한 운동 루틴을 세우도록 딱 한 가지에만 초점을 맞춘다. 바로 만족스럽고 반복할 수 있는 스포츠 경험을 창조하는 것이다. 그녀의 고객이 어떤 종류의 운동을 하느냐는 중요치 않다. 달리기, 걷기, 팀 스포츠, 헬스, 아니면 자전거로 출퇴근하기도 좋다. 다만, 다시 체험하고 싶은 좋은 경험이 될 무언가를 발견하는 것이 중요하다. 고객들은 일단 그 **무언가**를 발견하면, 그 밖의 다른 것도 시도할 만큼 고무된다. 자신이 하고 싶은 일을 하는 것이기 때문에 이제는 의지력이 따로 필요 없는 선순환에 들어가는 것이다. 만약 그들에게 운동 후에는 소파에 누워 TV를 시청하며 편안한 저녁을 보낼 수 있다는 보상을 제시하며 운동하게 만들려 했다면, 얼마 지나지 않아 아예 운동은 건너뛰고 소파로 직행했을 것이다. 그런 생활 방식이 우리에겐 더 자연스럽기 때문이다.

피드백 루프는 동기부여의 역학에서만 절대적으로 중요한 것이 아니라, 모든 학습 과정에서도 핵심적인 요소다. 자신이 하는 일을 더 잘하게 되는 경험보다 농기부여가 많이 되는 것은 없다. 시의적절하고 구체적인 피드백을 받을 때만이 어떤 능력을 향상시킬 유일한 기회가 된다. 피드백을 피하지 않고 추구하는 것, 이것이 바로 배우고자 하는 사람, 혹은 심리학자 캐럴 드웩Carol Dweck의 용어를 빌자면, **성장하고자**grow 하는 사람이 갖추어야 할 첫 번째 덕목이다. 드웩 교수는 장기적 성공의 가장 확실한 예측변수는 "성장적 사고방식growth mindset"이라는 것을 설득력 있게 보여준다. 긍정적인 피드백이건 부정적인 피드백이건, 적극적으로 피드백을 추구하고 환영하는 것이 바로 장기적 성공(과 행복)의 가장 중요한 요인 중 하나라는 것이다. 역으로, "고정된 사고방식fixed mindset"보다 개인의 성장에 걸림돌이 되는 것은 없다. 사람들 가운데는 피드백이 자신의 소중한 긍정적 이미지를 해칠 수도 있다는 이유로 피드백을 두려워하고 피하는 이들이 있다. 이들은 단기적으로는 기분이 낫겠지만, 실제 수행능력은 금세 뒤처지고 만다.(문헌 38; 39) 칭찬을 많이 받는, 영재성이 높은 학생들이 역설적으로 고정된 사고방식이 발달하고 정체될 위험이 큰 이유가 바로 여기에 있다. 이들은 자신이 하는 일보다는 (영재성을 지닌) 자신의 모습에 대한 칭찬을 받은 탓에, 실패를 통해 배울 가능성과 새로운 도전에 나서기보다 자신의 기존 인상을 사수하는 데 집중하는 경향이 있다. 성장적 사고방식을 받아들인다는 의미는 칭찬받는 것(외면적 보상)에 기쁨을 느끼는 대신 더 나은 모습으로 변화하는 데(내면적 보상)에서 기쁨을 얻는다는 것이다. 전자를 지향하다 보면 안전하고 입증된 영역에만 고착되고 만다. 후자를 지향하면 발전이 가장 필요한 영역에 주목하게 된다. 가장 확실한 장기적 성장 전략은 가능한 한 많은 배움의 기회를 추구하는 것이다. 만약 성장과 성공만으로는 충분한 이유가 되지 않는다면, 실패에 대한 두려움이 모든 공포증 가운데 가장 기괴한 이름, 즉 Kakorrhaphiophobia실패 공포증으로 불린다는 사실이 어쩌면 배움의 기회를 추구할 충분한 이유가 될 수 있겠다.

성장적 사고방식을 지니는 것은 절대적으로 중요하지만, 이것만으로는 방정식이 완성되지 않는다. 제자리에 준비된 학습시스템을 갖추는 것 역시 중요하다. 그래야 피드백 루프가 **실질적으로 작동**한다. 이미 끝낸 일에 대해 여러분이 얻을 수 있는 유일한 피드백이 몇 달에 한 번 온다면, 개방된 자세로 피드백을 수용하는 것도 큰 도움이 되지 못한다. 선형적 모형의 학술적 글쓰기에서는 피드백 받을 기회가 거의 생기지 않는다. 그나마도 이런 얼마 안 되는 기회를 얻으려면 오랜 시간 기다려야 한다.(문헌 40) 만약 여러분이 과제 주제를 선택해서 선형적 모형에 따라 작업한다면, 여러 단계의 연구를 거친 뒤에야 여러분의 선택이 현명했는지 알 수 있다. 여러분이 읽은 것을 이해했는지 그리고 어떤 주장에 대한 여러분의 생각이 타당한지 알게 되는 것도 마찬가지로 여러 단계를 거쳐야 한다.

반대로, 순환적 접근방식을 따르면 많은 피드백 루프를 실행할 수 있게 되고 그러는 동안 여러분의 작업을 향상시킬 가능성이 생긴다. 이것은 단지 배울 기회가 수적으로 증가한다는 말이 아니라, 우리가 불가피하게 저지르는 실수를 교정할 수 있게 된다는 뜻이다. 대체로 피드백 루프는 마지막에 쌓이는 커다란 피드백 더미보다 덩어리가 작은 탓에 훨씬 겁을 덜 먹게 되고 받아들이기도 쉽다.

가령, 손에 펜을 들고 책을 읽으면 그 내용에 대해 생각하고 이해한 것을 적어보면서 확인하지 않을 수 없게 된다. 이는 가장 간단한 테스트를 하는 셈이 된다. 우리는 자신이 읽은 내용을 자기 말로 다시 써보기 전까지는 자신이 그 내용을 잘 이해하고 있다고 쉽게 생각하는 경향이 있다. 그래서 자신의 언어로 그 내용을 다시 써보면 훨씬 더 자신의 이해력을 잘 파악하게 될 뿐만 아니라, 자신이 이해한 내용을 선명하고 간결하게 표현하는 능력도 키울 수 있다. 그 결과, 좋은 아이디어들을 더 빨리 파악하는 능력도 향상된다. 만약 이 단계에서 자신을 속이면서 스스로도 도저히 이해할 수 없는 글을 적었더라도 문헌 메모를 영구보관용 메모로 바꾸고 이들을 다른 메모들과 연결하는 다음 단계에서는 이 사실을 감지할 수 있다.

이해한 것을 자기만의 언어로 표현하는 능력은 글을 쓰는 모든 사람에게 기본적으로 필요한 능력이다. 이렇게 해야만 자신의 이해력 부족을 깨달을 기회를 얻을 수 있으며, 자기 말로 더 잘 표현하는 연습을 하다보면 더 쉽고 빠르게 메모할 수 있어서 그만큼 학습 경험 횟수도 증가한다. 이런 원리는 어떤 텍스트에서 중요한 부분과 덜 중요한 부분을 구별할 줄 아는 능력에도 마찬가지로 적용된다. 이 두 가지를 잘 구별할수록 효과적인 독서가 이루어지고, 그러면 더 많이 읽을 수 있게 되어 더 많이 배우게 된다. 이렇게 아름다운 선순환에 진입하게 된 여러분은 의욕으로 충만하지 않을 수 없게 된다.

영구보관용 메모 쓰기도 마찬가지다. 단지 이 과정에는 위와는 또 다른 피드백 루프가 내장되어 있다. 자기 생각을 글로 표현하다 보면 정말로 철저히 생각한 것인지 스스로 깨닫게 된다. 새로 적은 생각을 먼저 적은 메모들과 합치려는 순간, 시스템을 통해 모순과 일관성 부재, 그리고 반복이 명백히 드러나는 것이다. 이런 내장된 피드백 루프가 동료나 감독자의 피드백을 쓸모없는 것으로 만들지는 않지만, **항상** 곁에서 하루에도 몇 번씩 우리가 조금씩 발전하도록 도와줄 수 있는 건 바로 이런 내장된 피드백 루프가 유일하다. 여기서 가장 큰 장점은 우리가 더 배우고 더 능숙해지는 동안 우리의 메모 상자 역시 박식해진다는 것이다. 즉 메모 상자 스스로 성장하고 발전해서 우리에게 더 유용해지고, 그 안에서 새로운 연결 관계를 만들기도 쉬워진다는 뜻이다.

메모 상자는 단순한 메모 모음이 아니다. 메모 상자를 활용한 작업은 특정한 메모를 찾아낸다기보다는 관련 있는 사실들을 안내받는 것에 가깝다. 여러 아이디어들을 어우러지게 만듦으로써 통찰을 생성하는 것이다. 메모 상자의 유용성은 상자의 규모와 함께 커진다. 그것도 그저 선형적으로 증가하는 것이 아니라 기하급수적으로 커진다. 우리가 참조하는 메모 상자가 내적으로 연결된 덕분에 우리는 따로 떨어져 있는 사실들뿐만 아니라 그동안 발전되어온 사고방식들도 얻을 수 있다. 게다가

한 연구에 따르면 메모 상자의 내적 복잡성 때문에 우리는 메모 상자를 통해 우리가 찾지 않았던 관련 메모와도 마주치게 된다고 한다. 이처럼 매우 의미심장한 차이는 시간이 지날수록 더욱 유의미해진다. 메모 상자는 그 안에 점점 더 많은 내용이 담길수록 더 많은 연결 관계를 우리에게 제공할 수 있기 때문이다. 이뿐만 아니라 우리가 스마트한 방법으로 새로운 항목을 추가하고 유용한 제안을 더 쉽게 받아들이도록 만들기 때문이다.

상호연결이라는 측면에서 우리 뇌의 작동 방식도 이와 크게 다르지 않다. 과거에 심리학자들은 뇌를 제한된 저장 공간으로 생각했으며 이 저장 공간은 천천히 채워져서 인생 말년이 되면 저장 공간 부족으로 학습이 어려워진다고 믿었다. 그러나 오늘날에는 뇌 속에 연결된 정보가 많을수록 학습하기는 더 쉬워지는 것으로 알려져 있다. 연결된 정보에 새로운 정보가 결합할 수 있기 때문이다. 그렇다. 고립된 사실들을 배울 수 있는 능력은 실로 제한적이며 아마도 나이가 들면서 감소하는 것 같다. 하지만 만약 여러 사실들이 서로 분리된 상태로 있거나 고립된 방식으로 학습되는 것이 아니라, 아이디어 네트워크 또는 "격자형 정신 모형latticework of mental models" (문헌 41) 안에서 서로 뭉친다면, 새로운 정보를 이해하기가 더 쉬워지고 학습 능력과 기억력이 향상될 뿐만 아니라, 나중에 필요한 맥락에서 그 정보를 가져오기도 쉬워진다.

모든 메모의 저자는 바로 우리 자신이기 때문에, 우리는 메모 상자와 정확히 보조를 맞추어 배우게 된다. 이것은 위키피디아와 같은 백과사전을 활용하는 것과는 또 다른 큰 차이점이다. 우리는 메모 상자 안에 들어 있는 것과 똑같은 정신 모형, 이론, 용어를 사용하여 머릿속에서 생각을 정리한다. 또한 메모 상자가 흘러넘칠 정도로 많은 가능성을 발생시키는 덕분에 우리는 놀라움과 영감을 얻어 새로운 아이디어를 생성하고 자신의 이론을 심화 및 발전시킬 수 있게 된다. 메모 상자를 활용한 작업이 이토록 생산적일 수 있는 이유는 메모 상자나 우리의 뇌가 단독으로 작용하는 것이 아니라 그 안에서 상호 역학이 이뤄지기 때문이다.

성공적인 글쓰기에 이르는 여섯 단계

9. 분리하기와 연결하기

9.1 과제 하나하나에 전적으로 집중하기

널리 인용된 바 있는 한 연구에 따르면, 끊임없이 이메일과 문자 메시지로 방해를 받으면 생산성이 약 40% 떨어지고, IQ는 적어도 마이너스 10만큼 떨어진다고 한다. 이 연구 결과는 끝내 출간되지 못했을 뿐만 아니라, 지능에 관한 주장도 근거 없고 통계적으로도 무의미한 것으로 밝혀졌다. 하지만 우리 대부분이 믿고 있는 대로 우리에게 주의력 결핍 문제가 있을지 모른다는 우려를 확인해준 것 같다. 이 연구는 증명되지도 못했고 착오였음에도 "이메일이 마리화나보다 IQ에 치명적"(CNN) 등의 제목으로 급속도로 퍼져나갈 수 있었다는 사실만으로도 의미하는 바가 크다. 그런데 이 문제를 다룬 실제 입증된 다른 연구들도 많다. 가령, TV 시청이 어린이들의 주의 집중 시간을 감소시킨다는 사실은 잘 알려져 있다.(문헌 42) 또한, TV 사운드바이트^soundbites(TV 뉴스에서 인터뷰 주요 내용을 짧게 모아 내보내는 장면—역주) 평균 시간은 지난 수십 년 동안 꾸준히 줄어들고 있다.(문헌 43) 1968년 미국 대선 기간의 평균 사운드바이트—한 후보가 끊김 없이 말하는 장면—시간은 40초보다 조금 길었던 데 비해, 1980년대 말에는 10초 미만으로 뚝 떨어졌고(문헌 44), 2000년에는 7.8초를 기록했다.(문헌 45) 최근 선거들에서도 이런 경향은 뒤집히지 않았을 것이 틀림없다. 이런 결과가 의미하는 바는 무엇일까? 줄어들고 있는 우리의 집중 시간에 미디어가 적응하고 있는 것인지, 아니면 미디어가 그 원인인지는 딱 잘라 말하기 어렵다.[15] 하지만 어느 편이 되었건, 한 가지 분명한 사실은 현재 우리 주변에 주의를 분산시킬 것들은 많아지고 있지만 집중력 지속 시간을 훈련할 기회는 줄어들고 있다는 것이다.

9.2 멀티태스킹은 좋은 생각이 아니다

주의를 끄는 것이 한 가지 이상이 되면, 동시에 한 가지 이상을 보고 싶은—멀티태스킹 하고 싶은—유혹이 커진다. 많은 사람들이 자신은 멀티태스킹을 잘한다고 주장한다. 심지어 어떤 이들은 이것을 오늘날의 정보 과부하 상황에 대처하기 위한 가장 중요한 기량 가운데 하나로 여긴다. 어린 세대가 멀티태스킹에 더 능하며, 관심을 끌려고 애쓰는 뉴미디어 사이에서 자란 탓에 이런 능력이 자연스럽게

---

15 라이프(Ryfe)와 켐멜마이어(Kemmelmeier)는 이런 변화가 훨씬 오래 전으로 거슬러 올라가 신문에서 처음 나타났음(정치인 발언 인용문 길이가 1892년부터 1968년 사이에 거의 절반으로 줄었다)을 보여주었다. 이뿐만 아니라 정치인들이 하고 싶은 말을 다 하도록 내버려 두지 않는 것은 미디어의 전문성이 고도화된 것으로 해석될 수 있지 않느냐라는 질문도 던졌다(문헌 46). 크레이그 페르만(Craig Fehrman)은 이 미묘한 뉘앙스를 지닌 연구가 알려지는 과정에서의 아이러니—이 연구 자체도 미디어에서 사운드바이트로 짧게 편집되었다는 사실—를 지적하기도 했다(문헌 43).

생긴다고까지 생각하는 것이 일반적인 것 같다. 여러 연구 결과를 보면, 멀티태스킹을 자주 한다고 주장하는 사람들은 자신이 멀티태스킹 능력이 아주 높다는 주장도 함께 한다. 이들 연구의 인터뷰에 응했던 사람들은 자신의 생산성이 멀티태스킹 때문에 손상되었다고 보지 않는다. 오히려 생산성이 향상되었다고 생각한다. 그런데 대개 이들은 스스로 대조군과 비교해서 테스트 받아보지 않았다는 맹점이 있다.

하지만 심리학자들은 그냥 묻기만 하지 않고 실제로 테스트를 실시하여 멀티태스킹하는 사람들에게 다양한 과제를 주고, 한 번에 한 가지만 하라는 지시를 받은 다른 그룹과 과제 결과를 비교했다. 결과는 명백했다. 멀티태스킹했던 사람들은 스스로 느끼기에는 생산성이 증가한 것 같았지만, 실제 그들의 생산성은 감소했다. 그것도 많이.^(문헌 47; 48; 49) 성과물의 양뿐만 아니라 질 역시 대조군에 크게 뒤졌다.

문자 보내며 운전하기처럼 어떤 영역에서는 멀티태스킹의 부정적인 면이 뼈저리게 명백해 보인다. 하지만 이들 연구에서 가장 흥미로운 부분은 멀티태스킹이 작업의 질과 생산성을 떨어뜨린다는 사실이 아니라, **한 번에 한 가지 이상의 일을 처리하는 능력 자체도 손상시킨다는 점이다!**

보통 우리는 어떤 일을 자주 할수록 더 잘하게 된다고 예상하기 때문에, 이런 연구 결과는 놀랍다. 하지만 좀 더 자세히 들여다보면 고개가 끄덕여진다. 사실, 멀티태스킹은 우리가 생각하는 것과는 다른 것이다. 애초에 한 번에 한 가지 이상의 일에 주의를 집중하는 것이 아니라는 말이다. 누구도 그렇게 할 수는 없다. 우리가 멀티태스킹한다고 생각할 때 실제로 우리는 두 가지 (혹은 그 이상의) 일을 오가며 우리의 주의력을 재빨리 옮기는 일을 하는 것이다. 이렇게 바꿀 때마다 주의력을 옮기는 능력은 고갈되고, 가까스로 집중력을 회복한다 해도 그 시간이 지체된다. 멀티태스킹하려고 애쓸수록 피곤해지고 한 가지 이상의 과제를 처리하는 능력이 도리어 떨어져버리는 것이다.

그럼에도 사람들은 멀티태스킹을 더 잘하게 될 수 있고 생산성을 증대시킬 수 있다고 믿는다. 이런 사실은 두 가지 요인으로 쉽게 설명된다. 첫째, 대조군이 부족하거나 학습에 필요한 피드백을 제공해줄 객관적인 외부 측정장치가 없기 때문이다. 둘째, 심리학에서 말하는 단순노출효과 때문이다. 어떤 일을 많이 하면—실제 수행능력과는 완전히 별개로—그 일을 잘 하게 되었다고 믿게 되기 때문이다.(문헌 50) 안타깝게도 우리는 친숙함과 기량을 혼동하는 경향이 있다.

멀티태스킹 문제를 언급한 유일한 이유가 운전 중에 논문이나 책을 쓰지 말라고 권고하기 위한 것이라면, 너무 시시한 이야기가 될 것이다(그래도 이런 권고는 여전히 좋은 권고이긴 하다). 하지만 "글쓰기"의 진정한 의미를 찬찬히 생각해본다면 멀티태스킹이 우리 작업방식에 실제 영향을 미친다는 것을 알 수 있다. 우리가 다양한 과제들을 의식적으로, 실제로 분리하지 않으면 결국에는 모든 것을 동시에 하려고 애쓰게 될 수밖에 없다.

보고서를 작성하려면 그저 키보드만 치면 되는 것이 아니다. 그 외에도 책을 읽고, 이해하고, 곰곰이 생각하고, 아이디어를 떠올리고, 서로 연결짓고, 용어를 구별하고, 적절한 단어를 찾고, 구조를 짜고, 정리하고, 편집하고, 수정하고, 다시 쓰는 과정이 모두 포함되어 있다. 이런 여러 작업은 그냥 서로 다른 과제가 아니라, 다른 종류의 집중을 요하는 과제다. 우리는 한 번에 한 가지 이상에 집중할 수 없을 뿐만 아니라, 한 번에 한 가지 이상의 일에 **다른 종류의 주의**를 집중시킬 수도 없다.

일반적으로 사람들은 주의라고 하면—지속하는 데 의지력이 필요한—초점 주의$^{focused\ attention}$만을 생각한다. 이는 그리 놀라운 일이 아니다. 예전에는 심리학자와 철학자, 신경과학자들도 주의를 언급할 때 대부분 초점 주의만을 염두에 두었기 때문이다.(문헌 51-p.5) 하지만 오늘날에는 연구자들이 다양한 형태의 주의를 구별하고 있다. 1970년대에 미하이 칙센트미하이$^{Mihaly\ Csikszentmihalyi}$ 교수가 "몰입^{flow}", 즉 힘들이지 않고도 고도의 집중이 유지되는 상태를 기술한 이래,[16] (문헌 10) 의지와 노력에 좌우되는 정도가 적은 다른 형태의 주의가 연구자들의 관심을 끌게 되었다.

초점 주의라고 하면 딱 한 가지에만 집중하는 것을 말하는데, 이런 상태는 단 몇 초만 지속할 수 있다. 초점 주의의 최대 지속시간은 세월이 지나도 변하지 않은 것 같다.^{(문헌 52-} ^{p.91)} "이런 점에서 더 오랜 시간 동안 한 가지 과제에 집중된 상태를 유지해야 하는 지속적 주의^{sustained attention}는 초점 주의와 확연히 구별된다. 지속적 주의는 무언가를 배우거나 이해할 때, 또는 어떤 일을 이루려 할 때 필요한데, 집중을 분산시키는 것들이 늘어나면서 여러 종류의 주의 가운데 가장 확실히 위협받고 있는 것이 바로 이 지속적 주의다. 세월이 지나면서 평균적인 주의 지속시간은 상당히 줄어든 것으로 보인다. 우리가 예전보다 훨씬 적게 초점 주의력을 발휘하고 있는 것만 보아도 그렇다.^(문헌 52)

그래도 희소식은 있다. 멀티태스킹을 피하고, 주의를 분산시킬 수 있는 것들을 제거하고, 다양한 종류의 과제가 서로 간섭을 일으키지 않도록 최대한 이들을 분리한다면, 더 오랫동안 한 가지 일에 집중한 상태를 유지하도록 훈련할 수 있다. 이를 위해서는 적절한 사고방식을 지니는 것

---

16 칙센트미하이 교수의 몰입 개념은 이제 일상 언어가 되었지만, 한 번도 철저히 검토된 바 없다. 그런데 1960년대 구소련에서는 "후기자발적 주의 (postvoluntary attention)"에 초점을 둔 몇몇 연구가 진행되었다. 여기서 후기자발적 주의란 기본적으로 칙센트미하이의 몰입과 같은 것을 의미한다. 즉, 자발적이지도 비자발적이지도 않은, 아무 노력도 필요 없는 주의를 말한다. 하지만 거의 모든 연구 결과가 러시아어로만 발표되어 있어서 국제적인 심리학 담론이 되지 못하고 말았다(문헌 51-p.4 와 문헌 53 참조).

뿐만 아니라 작업 흐름을 어떻게 조직하느냐 하는 문제도 마찬가지로 중요하다. 구조가 결핍되어 있으면 장시간 집중을 유지하는 일이 훨씬 더 도전적인 숙제가 된다. 메모 상자는 선명한 작업 구조를 제공할 뿐만 아니라, 우리가 다음 과제로 넘어가기 전에 합리적인 시간 동안 과제를 완수할 수 있도록 의식적으로 주의를 옮기게 만든다. 글쓰기는 그 자체로 분산되지 않는 주의력을 요구한다. 그래서 모든 과제가 글쓰기와 함께 한다는 점을 고려할 때, 메모 상자는 쉼 없이 활동하는 우리 마음의 안식처가 될 수 있다.

9.3 과제에 맞는 주의력 발휘하기

좀 더 자세히 들여다보면, 대개 "글쓰기"라는 항목 아래 요약되는 과제들이 얼마나 다양한지, 그리고 이런 과제들이 얼마나 다양한 종류의 주의력을 요구하는지가 명백해진다.

예를 들면, 교정 작업은 분명 글쓰기의 한 부분이지만 글을 쓰면서 적절한 표현을 찾을 때와는 매우 다른 정신 상태를 요구한다. 원고를 교정할 때 우리는 한 걸음 뒤로 물러서서 냉정한 독자의 눈으로 텍스트를 보는 비평가 역할을 한다. 텍스트를 죽 훑어보면서 오자를 골라내고, 껄끄러운 부분을 부드럽게 다듬으려 애쓰고, 구조를 점검한다. 우리는 우리 머릿속이 아니라 실제 종이 위에 적혀 있는 것이 무엇인지 객관적으로 보기 위해 의도적으로 텍스트와 거리를 둔다. 즉 우리가 쓴 내용만 볼 수 있도록, 우리가 말하려 했던 바에 대해 알고 있는 모든 것을 차단하는 것이다.

비평가 역할을 하는 것이 치우침 없는 독자가 되는 것과 똑같지는 않지만, 앞서 놓쳤던 것 대부분을 찾아내기에는 충분하다. 자신의 주장에 난 구멍들, 자기 자신에게는 설명할 필요가 없어서 미처 설명하지 않았던 부분들 말이다. 작가와 비평가 사이에서 역할을 전환할 수 있으려면, 이 두 과제를 분명하게 분리해야 한다. 그런데 이 작업은 경험이 쌓이면 점점 쉬워진다. 만약 원고를 교정하면서 저자인 자신과의 거리를 충분히 두지 못하면 실제 텍스트가 아니라 우리의 생각만 보게 될 뿐이다. 이것은 필자가 학생들과 토론하는 동안 흔히 접하는 문제다. 필자가 어떤 학생의 주장 안에서 잘못 규정된 용어나 모호한 문단 같은 문제점들을 발견해서 지적하면, 그 학생은 대개 자신이 하고자 하는 말이 무엇인지 가장 먼저 언급한다. 그러다가 자신이 말하고자 하는 바가 학계에서는 완전히 무의미하다는 사실을 충분히 납득하고 나면 그때서야 자신이 써 놓은 것으로 초점을 옮긴다.

내면의 비평가가 저자에게 간섭하도록 놔두는 것도 도움이 되지 않기는 마찬가지다. 저자로서 우리는 생각에 주의를 집중해야 한다. 아직 한 문장도 완벽하게 완성되지 않았는데 그때마다 비평가가 끊임없이 섣부르게 간섭한다면, 정작 종이 위에 남는 것은 아무것도 없게 될 것이다. 먼저 종이 위에 생각을 적어 그 생각을 볼 수 있게 만든 다음 **바로 그 종이 위에서** 생각을 향상시켜야 한다. 특히 복잡하게 얽혀 있는 아이디어들은 머릿속 생각만으로 선형적인 텍스트로 바꾸기 어렵다. 우리가 당장 비판적인 독자의 마음에 들려고 애쓴다면, 우리의 작업 흐름은 정지 상태에 처하게 될 것이다. 모든 메모를 당장 인쇄라도 할 것처럼 공들여 쓰는, 극단적으로 느린 작가들을 흔히 완벽주의자라고 부르는 경향이 있다. 이 말은 극도의 전문성을 가지고 있다는 칭찬으로 들릴 수도 있겠지만, 사실은 그렇지 않다. 진정한 프로라면 교정을 위한 시간이 올 때까지 기다리며 한 번에 한 가지 일에만 집중한다. 교정 작업에는 초점 주의력이 더 많이 요구되는 반면, 글 쓰는 동안 적절한 단어를 찾는 작업에는 유동적 주의력^{floating attention}이 훨씬 더 요구된다.

글을 쓰면서 텍스트의 구조까지 동시에 생각할 필요가 없으면 적절한 단어를 찾는 일에 집중하기도 쉬워진다. 이는 우리 눈앞에 늘 원고 개요를 적은 출력물이 있어야 하는 이유이기도 하다. **지금 당장 써야 할 필요가 없는 것이 무엇인지 알려면 원고 개요가 필요하다.** 원고 개요를 보면 지금 발견한 어떤 문제를 텍스트의 다른 부분에서 다룰 예정임을 알게 되기 때문이다.

개요를 잡거나 개요를 바꾸는 작업 역시 매우 다른 과제다. 이것은 한 가지 생각이 아니라 전체 주장에 초점을 맞추어야 하는 매우 다른 집중을 요구하는 과제. 중요한 것은 개요 잡기를 글쓰기 준비과정이나 글쓰기 계획쯤으로 생각해서는 안 되고 글쓰기 과정 내내 규칙적으로 살펴야 하는 별도 과제로 이해해야 한다는 것이다. 구조는 항상 필요한 것이긴 하나, 특히 상향식 작업 방식에서는 구조가 자주 바뀌지 않을 수 없다. 구조를 업데이트해야 할 때가 되면, 한 걸음 뒤로 물러나서 큰 그림을 보고 그에 따라 구조를 바꾸어야 한다.

이처럼 교정, 집필, 개요 잡기는 생각을 결합하고 발전시키는 것과는 다른 과제다. 메모 상자를 활용해 작업한다는 것은 아이디어를 가지고 놀면서 흥미로운 연결 관계와 비교 관계를 찾는 것을 의미한다. 이것은 메모 무리clusters를 만들고, 여러 메모 무리를 다른 무리와 결합하고, 프로젝트에 맞게 메모 순서를 준비하는 것을 뜻한다. 이때 우리는 여러 메모들을 가지고 머리를 짜내어 가장 잘 맞는 것을 찾아야 한다. 이 작업은 다른 과제들보다 연상에 훨씬 더 많이 의존하며, 재미있고, 창조적이고, 다른 과제들과는 매우 다른 종류의 주의력을 요구한다.

물론, 읽기 역시 다른 작업이다. 게다가 텍스트에 따라 읽기 자체로도 매우 다양한 종류의 주의력이 요구된다. 천천히 주의를 기울여 읽어야 하는 텍스트가 있는가 하면, 스치듯 훑어보기만 해도 되는 텍스트도 있다. 그러므로 많은 학습안내서나 속독강좌에서 가르치는 것처럼 일반적인 공식에 집착해서 모든 텍스트를 같은 방식으로 읽는 것은 말도 안 되는 일이다. 한 가지 기술을 완전히 익혀서 아무 데나 다 가져다 붙인다고 전문가가 되는 것은 아니다. 유연성을 가지고 텍스트가 요구하는 대로 읽기 속도와 접근 방식을 **조절하는** 사람이 진정한 프로다.

요약하자면, 학술적 글쓰기에는 전 영역의 주의력이 필요하다. 글쓰기의 기술을 완전히 익히려면 어떤 종류의 주의력과 집중력이 요구되더라도 다 적용할 수 있어야 한다.

과거 심리학자들은 과학적 작업은 오로지 초점 주의력과 연결 짓고, 이보다 유동적인 종류의 주의력은 예술 같은 창의적 작업하고만 연결 지었다. 그러나 오늘날에는 예술과 과학 모두 이 두 가지 주의력이 함께 필요하다는 사실을 알게 되었다. 그러므로 가장 특출한 과학자들 모두는 아니더라도 대부분에서 이런 유연성이 발견된다는 사실은 그리 놀라운 일이 아니다. 오신 바르타니안^{Oshin Vartanian}은 노벨상 수상자들을 비롯한 걸출한 과학자들의 일상적 작업 흐름을 비교 분석했다. 그 결과, 다른 사람들과 이들을 구별하는 것은 집요한 집중이 아니라 유연한 집중이라는 결론을 내렸다. "구체적으로 말하자면, 뛰어난 과학자들이 문제를 해결하는 행동방식을 보면 특정 개념에 대해 비범한 수준으로 집중하는 모습과 장난스럽게 다른 아이디어를 탐색하는 모습 사이를 오고가는 것으로 보인다. 이것으로 보아 성공적인 문제해결은 직무 요구에 따른 유연한 전략 적용과 함수관계에 있는 것으로 추정할 수 있다."(문헌 54-p.57)

이러한 연구 결과는 창의적인 사람들을 연구하는 심리학자들을 괴롭혀 왔던 퍼즐을 풀 수 있게 도와준다. "한편으로는, 딴생각하고 집중하지 못하고 어린아이 같은 사고를 하는 사람들이 가장 창의적인 것처럼 보인다. 다른 한편으로는, 분석과 응용이 중요한 것 같기도 하다. 이 난제의 정답은 창의적인 사람들에게는 두 가지 모두 필요하다는 것이다 … 창의성의 열쇠는 활짝 열려 있는 장난스러운 사고방식과 좁은 분석적 프레임 사이를 자유자재로 전환할 수 있는 능력에 있다."(문헌 55-p.152)

그런데 심리학자들이 논하지 않은 것이 있다. 처음부터 우리를 유연하게 만들어 주는 **외부** 조건 말이다. 한순간 극단적으로 집중했다가 다음 순간에는 장난스럽게 아이디어를 탐색하는 정신적 유연성은 방정식으로 비유하면 한 변에 불과하다. 유연해지려면, 사전에 구상된 계획을 매번 벗어난다고 해도 무너지지 않는 유연한 작업 구조가 필요하다. 이를테면 빠른 순발력을 지니면 다양한 도로와 기상 조건에 유연하게 적응할 수 있는 베스트 드라이버가 될 수 있지만 그 운전자가 철로 위에 갇혀 있다면 아무리 순발력이 있어도 전혀 도움이 되지 않는다. 이와 마찬가지로 우리가 엄격한 구조 안에 갇혀 있다면, 어떤 작업에 유연하게 대처할 수 있는 훌륭한 통찰력을 가지고 있어도 아무 소용 없게 된다.

안타깝게도 사람들이 글쓰기를 준비하는 가장 일반적인 방법은 계획을 세우는 것이다. 보편적으로 거의 모든 학습안내서가 계획 세우기를 권장하고 있지만, 이것은 스스로 철로에 갇히는 운전자가 되는 것과 같다.

그러니 계획을 세우지 말라. 그 대신 전문가가 돼라.

9.4 계획의 달인보다는 전문가가 되기

> "분석적 합리성만 사용하면 인간의 수행능력 향상이 저해되는 경향이 있다. 분석적 합리성은 추론 속도가 느리고 규칙과 원칙, 보편적 해법을 강조하기 때문이다. 그 대신 몸으로 체화하고, 추론 속도를 높이고, 좋은 사례들을 통해 구체적인 상황에 대해 정통한 지식을 가지는 것이 바로 진정한 전문가가 되는 데 필요한 전제조건이다."
>
> —플루비야 (문헌 56-p.15)

계획 세우기를 멈추는 순간, 비로소 학습이 시작된다. 주어진 상황 속에서 가장 중요하고 유망한 과제들을 골라 이들 사이를 유연하게 옮겨 다니고, 그 결과 훌륭한 텍스트를 쓰고 새로운 통찰을 낳으려면 연습이 중요하다. 이것은 우리가 보조 바퀴를 떼고 자전거 타는 법을 배우기 시작했던 순간과 비슷하다. 처음에는 조금 불안한 느낌이 들었을지 모르지만, 그래도 보조 바퀴를 그대로 두었더라면 우리는 자전거 타는 법을 결코 제대로 배우지 못한 채 평생 보조 바퀴를 달고 다녔을 것이다.

이와 마찬가지로, 계획이나 선형적인 다단계 규정을 따르기만 해서는 누구도 생산적인 글쓰기 기술을 배울 수 없다. 그저 계속 계획이나 규정을 따르는 법만 배우게 될 뿐이다. 계획 세우기가 널리 칭송되는 바탕에는 오해가 깔려 있다. 학술적 글쓰기처럼 인지력과 사고력에 대한 의존도가 높은 과정에서는 의식적인 의사결정만 하면 된다는 오해 말이다. 그러나 학술적 글쓰기 또한 하나의 기술임을 염두에 두자. 즉, 여타 기술들처럼 경험을 쌓고 의도적으로 연습하면 더 잘할 수 있게 되는 일이라는 뜻이다.

일반적으로 전문가는 **체화된** 경험에 의존하여 탁월한 기량에 도달한다. 학술적 글쓰기 전문가의 경우에는 글쓰기 과정에 대한 감(感)을 지니고 있다. 어떤 과제를 하면 최종 원고에 가까워지는지, 무엇이 집중을 방해하기만 하는지 알 수 있는 직관력을 후천적으로 습득해서 가지고 있다는 뜻이다. 그런데 언제 어떤 단계를 밟아야 한다는 보편적으로 적용 가능한 규칙은 없다. 새로운 프로젝트들은 저마다 다르고 각각의 단계들도 상황이 다 다르기 때문이다. 어떤 것을 철저히 연구하는 편이 좋은 경우가 있는가 하면, 어떤 특정 단락을 검토해야 하는 경우도 있고, 어떤 아이디어에 대해 토론해야 하는 경우, 원고 개요를 바꾸는 것이 최선인 경우도 있다. 따라서 어떤 단계에서는 아이디어나 모순 가능성 있는 내용, 혹은 각주를 계속해서 파고드는 것이 무의미하다고 미리 알려줄 수 있는 보편적인 규칙이란 존재하지 않는다.

전문가가 되려면, 자유롭게 의사결정하고 실수를 통해 배울 수 있어야 한다. 자전거 타기와 마찬가지로 실제로 해봐야만 배울 수 있다는 말이다. 하지만 학습안내서나 학술적 글쓰기를 가르치는 선생님은 대부분 무엇을 언제 어떻게 써야 할지 알려주면서 여러분이 이런 경험을 하지 않아도 되도록 무척이나 열심히 노력한다. 이런 방법은 학문 연구와 글쓰기 과정에서 가장 중요한 부분인 통찰을 얻고 이것을 세상에 내놓는 법을 배우지 못하게 막는 셈이 된다.

물론 거의 일어나지 않을 상황이긴 하지만, 만약 여러분이 심폐소생술 시술자를 직접 선택할 수 있는 상황이라면, 누구를 고를지 응급의료 강사에게는 절대 물어보면 안 되는 것도 바로 이런 이유에서다.

응급의료 초보자, 전문가, 그리고 이들을 가르치는 강사에게 경험 많은 구급요원과 이제 막 훈련과정을 마친 구급요원의 심폐소생술 시술 장면을 보여주는 실험을 진행했다.[17] (문헌 56)

여러분의 예상대로, 전문 구급요원들은 거의 모든 사례에서(~90%) 그들과 같은 베테랑을 정확히 찾아낼 수 있었다. 반면, 초보 구급요원들은 겨우 추측하는 경우가 많았다(~50%). 여기까지는 좋다. 그런데 강사들에게 영상을 보여주자, 이들은 초보자를 베테랑으로, 베테랑을 초보자로 오인하는 경우가 많았다. 이런 결과는 꽤 체계적으로 나타나서, 이들은 대부분의 사례에서 틀린 선택을 하는 모습을 보였다(약 1/3의 사례에서만 맞았다).

전문성을 연구하는 허버트와 스튜어트 드레퓌스^{Hubert & Stuart Dreyfus} 형제는 이런 결과가 나온 이유를 간단히 설명한다. 강사들은 (그들이 가르친) 규칙을 따르는 능력과 실제 상황에서 올바른 선택을 하는 능력을 오인하는 경향이 있다는 것이다. 응급의료 전문가들과는 달리, 이들은 상황의 특이성이나 영상 속 구급요원이 개별 상황마다 가능한 최선을 다했는지 점검하지 않았다. 그 대신, 영상 속 인물이 그들이 가르친 규칙에 따라 행동했는지에만 초점을 맞추었다.

교육생들은 상황을 정확하고 자신 있게 판단할 경험이 부족했던 탓에, 강사들의 마음에 흡족하게도 그들이 배웠던 규칙에만 매달려야 했던 것이다. 드레퓌스 형제에 따르면, 가르쳐서 배울 수 있는 규칙을 올바로 적용하면 능숙

---

17 플루비야(Flyvbjerg) 교수는 이 실험과 사례를 기술하면서 드레퓌스(Dreyfus) 형제의 저서 내용만 참고한 것이 아니라, 두 사람과 나눈 폭넓은 대화들을 바탕으로 했다. 따라서 필자는 플루비야 교수의 2001년 기술 내용을 고수하고자 한다.

한 "실행자^{performer}"(전문성 평가에서 5점 만점에 "3"점에 해당)는 될 수 있지만, "통달자^{master}"(4점)는 될 수 없을 뿐만 아니라 "전문가^{expert}"(5점)는 더더욱 되지 못할 것이 분명하다.

전문가들은 필요한 지식을 이미 내면화했기에 열심히 규칙을 기억하거나 자신의 선택에 대해 의식적으로 생각할 필요가 없다. 또한 이들은 다양한 상황에서 충분히 많은 경험을 쌓았기 때문에 자신의 직관에 의존하여 어떤 상황에서 무엇을 해야 할지 알 수 있다. 복잡하게 얽혀 있는 상황 속에서 오랜 합리적-분석적 숙고 끝에 의사결정을 하는 것이 아니라 직감으로 결정하는 것이다.^(문헌 57)

여기서 말하는 직감은 어떤 신비한 힘이 아니라 통합된 경험의 역사를 뜻한다. 직감이란 성공과 실패에 대한 수많은 피드백 루프를 통해 마음속 깊이 각인된 연습의 퇴적물이다.[18] 과학과 같은 합리적이고 분석적인 시도 또한 전문성, 직관, 경험 없이는 작동하지 못한다. 이는 실험실에서 일하는 자연 과학자들을 대상으로 실증적 연구를 진행해서 얻은 가장 흥미로운 결과다.^(문헌 58) 한편, 체스 고수들도 초보자보다 생각을 적게 하는 것처럼 보이는데 그들은 먼 미래의 순서를 계산하려 하지 않고, 자신의 과거 경험을 따라 어떤 패턴을 보기 때문이다.

---

18 심지어 고도로 전문적인 외과 전문의의 경우도 마찬가지다(문헌 59).

프로 체스와 마찬가지로, 전문적인 학술적 글쓰기와 비소설 글쓰기에 필요한 직관을 기르려면 피드백 루프와 경험에 체계적으로 노출되어야 한다. 다시 말해, 학술적 글쓰기의 성공 여부는 실제적인 면을 어떻게 체계화하느냐에 크게 좌우된다. 메모 상자를 중심으로 한 작업 흐름은 어느 글쓰기 단계에서 무엇을 하라고 알려주는 처방전 같은 것이 아니다. 오히려 그 반대다. 메모 상자는 뚜렷이 분리할 수 있는 과제들로 이루어진 구조체를 제공한다. 이런 구조체 속 과제들은 합리적인 시간 안에 완료될 수 있고 상호연결된 글쓰기 과제들을 통해 즉각적인 피드백도 제공한다. 또한 메모 상자는 의도적으로 연습할 기회를 제공함으로써 우리의 실력을 향상시키며, 그렇게 경험을 쌓을수록 다음 순서에 무엇을 해야 할지 결정할 때 직관에 더 많이 의존할 수 있게 된다. "직관을 떠나 전문적 글쓰기 전략으로", 이런 전형적인 학습안내서 제목과는 달리 상황을 직관적으로 판단하는 기량과 경험을 쌓는 것이 전문가가 되는 가장 중요한 요건이다. 그러면 여러분은 오해의 소지가 많은 학습안내서를 영원히 내다버릴 수 있게 된다. 플루비야 교수가 명확히 지적하듯, 진정한 전문가는 계획을 세우지 않는 법이다. (문헌 56-p.19)

9.5 마무리 짓기

우리에게는 주의력만 제한적인 자원이 아니다. 단기 기억 역시 제한되어 있기는 마찬가지다. 그러므로 외부 시스템에 충분히 위임할 수도 있는 생각들 때문에 우리의 단기 기억 능력을 낭비하지 않도록 전략을 세워야 한다. 장기 기억력 평가치는 학자마다 굉장히 다양하고, 추측에 근거하고 있기 때문에 불확실하기도 하다. 반면 단기 기억력에 대해서는 심리학자들의 의견이 특정 수치를 중심으로 하나로 모이는 경향을 보였다. 즉, 우리는 최대 7±2가지를 머릿속에 동시에 담아둘 수 있다는 의견이 지배적이었다.(문헌 60)

정보는 USB에 저장하듯 단기 기억 속에 저장되지 않는다. 그보다는 우리 머릿속에서 이리저리 떠다니면서 우리의 주의를 끌려고 애쓰며 소중한 정신적 자원을 차지한다. 그러다가 그 정보는 잊히거나 (우리 뇌의 판단에 따라) 더 중요한 정보로 대체되거나 아니면 장기 기억으로 옮겨진다. 우리는 무언가를 기억하려 애쓸 때, 가령 쇼핑 목록을 기억하려 할 때, 그저 머릿속에서 목록을 계속 반복하기만 한다. 나중에 꺼내 쓸 수 있도록 우리 뇌 한편에 임시로 저장해두고 그동안에는 더 흥미로운 일을 생각하면 되는데 그렇게 하지 못하는 것이다.

하지만 기억력의 대가들은 어떠한가? 메모 기법을 활용하면 우리가 기억할 수 있는 가짓수를 늘릴 수 있는 것처럼 보일 수도 있다. 그것도 조금이 아니라 상당히 많이. 그러나 메모 기법을 사용할 때 우리가 실제로 하는 일은 의미 있는 방식으로 여러 아이템을 하나로 묶어서 그 묶음들을 기억하는 것이다. 약 7개까지 말이다.(문헌 61) 하지만 최근의 연구 결과가 맞고, 앞선 실험의 참가자들이 이미 항상 묶음을 만들던 사람들이었다면, 우리의 기억 능력은 최대 7±2가 아니라 **최대 4**가 더 맞는 것 같다.(문헌 62)

여러분도 직접 실험해볼 수 있다. 다음의 연속된 숫자들을 딱 한 번만 보고 즉시 기억해보기 바란다.

11 95 82 19 62 31 96 64 19 70 51 97 4

숫자 개수가 명백히 7개가 넘으니 기억하기 어려울 것이다. 하지만 이 숫자들이 그저 월드컵 개최연도 5개 앞에 연속된 번호를 매겨 배열한 것임을 깨달으면 문제는 당장 쉬워진다. 이렇게 되면 개별 항목은 7개보다 훨씬 적어진다. 배열 규칙과 시작 연도, 이렇게 단 2개의 항목만 기억하면 되는 것이다.[19]

이해되지 않는 것보다 이해되는 것을 기억하기가 훨씬 더 쉬운 이유가 바로 이것이다. 그렇다고 학습에 집중할지, 이해에 집중할지 선택해야 한다는 말은 아니다. 언제나 중요한 것은 이해하기다. 물론 그것 또한 결국 학습을 위한 것일 뿐이지만 말이다. 우리가 이해하고 있는 것들은 규칙

---

19 여기서 11 95 82 19 62 31 96 64 19 70 51 97 4는 1.1958 2.1962 3.1966 4.1970 5.1974가 된다.

을 통해 연결되거나 이론, 서사, 순수 논리, 정신 모형, 설명 등을 통해 **연결된다.** 이런 종류의 의미 있는 연결 관계를 찬찬히 쌓는 것이 바로 메모 상자가 하는 일이다.

메모 상자 시스템의 모든 단계에는 다음과 같은 질문들이 동반된다. 어떻게 이 사실이 ○○라는 내 아이디어에 들어맞을까? 저런 이론으로 이런 현상을 어떻게 설명할 수 있을까? 이 두 가지 아이디어는 서로 모순될까 아니면 서로를 보완할까? 이 주장은 저 주장과 비슷하지 않은가? 이것을 전에도 들어본 적이 있던가? 그리고 무엇보다도 이런 질문을 한다. y에게 x는 무엇을 의미할까? 이와 같은 질문을 통해 우리는 이해력을 높일 뿐만 아니라 학습력을 증진할 수 있게 된다. 어떤 아이디어나 사실을 의미 있는 연결 관계로 이어두면, 그 연결점을 생각할 때마다 자연스럽게 그 아이디어나 사실이 떠오르게 될 테니 말이다.

우리는 무언가를 가능한 한 오래 기억하고 싶어 하지만, 그렇다고 뜬금없이 무의미한 정보로 뇌를 꽉 막히게 만들고 싶지는 않다. 이때, 우리가 매일 정보를 정리하는 방식에 따라 장기 기억뿐만 아니라 단기 기억도 크게 달라진다.

이 대목에서 우리는 구소련 출신 심리학자 블루마 자이가르닉Bluma Zaigarnik의 통찰력과 관찰력에 감사해야 한다. 이야기의 전말은 이렇다. 어느 날 동료들과 함께 점심을 먹으러 식당을 찾은 자이가르닉은 주문 내용을 하나도 적지 않았는데도 누가 무엇을 시켰는지 정확히 기억해내는 웨이터를 보고 강한 인상을 받았다. 그 후 식사를 마치고 식당을 나섰다가 재킷을 두고 왔다는 것을 깨닫고 다시 식당으로 돌아가야 하는 일이 발생했다. 그런데 너무도 놀랍게도, 그녀가 조금 전까지만 해도 놀라운 기억력에 감탄해 마지않았던 바로 그 웨이터가 그녀를 알아보지도 못하는 것이 아닌가. 그녀에게는 모순처럼 보였던 이 상황에 대해 어떻게 된 일인지 웨이터에게 물었더니 다음과 같은 설명이 돌아왔다. 웨이터들에게는 주문 내용을 기억해서 테이블에 있는 손님들에게 정확히 전달하는 것은 아무 문제도 되지 않지만, 일단 손님이 식당을 떠나면 그 순간 지난 손님은 완전히 잊어버리고 다음 손님들에 집중한다는 것이다.

이것이 바로 오늘날 자이가르닉 효과^{Zaigarnik effect}라 부르는 현상이다. 즉, 미완의 과제는 과제가 완료될 때까지 우리의 단기 기억을 차지하는 경향이 있다는 것이다. 우리가 과제의 중요도와는 상관없이 끝내지 못한 과제를 생각하느라 쉽게 정신이 분산되는 이유가 바로 이것이다. 하지만 자이가르닉의 후속연구 덕분에, 우리 뇌가 미완의 과제에 대한 생각을 멈추게 하려면 반드시 그 과제를 완성해야 하는 것은 아니라는 사실도 알려졌다. 그저 나중에 그 과제를 관리할 것이라는 확신이 들도록 글로 적어두기만 하면 된다. 그렇다. 우리 뇌는 실제 완료한 과제와 메모를 적어 뒤로 미룬 과제를 구별하지 못한다. 우리는 무언가를 적음으로써 그것을 문자 그대로 우리 머리 밖으로 내보낸다. 데이비드 알렌의 "GTD" 시스템이 효과가 있는 이유도 이 때문이다. "물처럼 흐르는 마음"을 지니는 비결은 **모든** 사소한 일을 단기 기억 밖으로 내보내는 것이다. 우리는 지금 당장 모든 일을 최종적으로 관리할 수는 없다. 그렇게 할 수 있는 유일한 방법은 신뢰할 수 있는 외부 시스템을 갖추는 것이다. 그렇게 한 다음, 해야 할 많은 일들에 대한 끊임없는 생각을 모두 그곳에 보관해 두고 그 일들을 잃지 않을 것이라 믿어야 한다.

메모 상자를 활용한 작업도 이와 마찬가지다. 당면 과제에 집중할 수 있으려면, **다른** 미완의 과제가 우리 머릿속을 떠돌며 귀중한 정신 자원을 허비하지 않게 해야 한다.

첫 단계는 형체를 알 수 없는 모호한 "글쓰기"라는 과제를 한 번에 끝낼 수 있는 작은 규모의 다양한 과제로 쪼개는 것이다. 두 번째 단계는 생각의 결과를 항상 적는 것이다. 여기에는 심층탐구로 이어갈 수 있는 연결 관계도 포함된다. 그러면 과제마다 결과가 기록되고 가능한 연결 관계가 드러나기 때문에, 남겨두었던 일을 마음에 계속 품을 필요 없이 남겨두었던 바로 그곳에서 언제든 쉽게 꺼낼 수 있게 된다.[20] 이렇게 생긴 새로운 과제들, 즉 답을 얻지 못한 열린 질문이나 다른 메모와의 연결 관계에 대해서는 추후 상술elaborate할 수도 있고 그렇지 않을 수도 있다. 또는 해당 프로젝트 폴더 안에 "이 장(章)을 다시 검토하고 숭복된 부분은 없는지 점검할 것"이라고 명시적으로 메모를 남겨도 된다. 그것도 아니면 나중에 영구보관용 메모로 바꿀 임시 메모 자격으로 수신함에 그냥 넣어둘 수도 있다. 공책에 재빨리 흘겨 쓴 뒤 아직 지우지 않은 메모나 아직 서지정보 시스템에 보관하지 않은 임시 문헌 메모로 말이다.

이 모든 것 덕분에 우리는 아직 해야 할 일이 있다는 생각을 계속 "명심"할 필요 없이, 중단했던 과제를 중단했던 그 지점에서 나중에 다시 꺼내 들 수 있다. 이것이 바로 글 쓰면서 생각하기의 주요 장점 가운데 하나다. 글쓰기를 통해 어떻게든 모든 것이 외면화되기 때문이다.

그런데 역으로 답을 구하지 못한 질문을 의도적으로 마음에 계속 품는 방법으로, 자이가르닉 효과를 우리에게 유리하게 이용할 수도 있다. 우리는 일과 아무 상관 없는 행위를 하거나 더 이상적이라면 온전한 주의력을 요구하지 않는 행위를 할 때, 어떤 질문들을 곰곰이 생각할 수 있다. 집중하지 않고 이런 생각들을 그냥 떠돌게 하면, 우리 뇌에는 놀라울 정도로 생산적이고 다양한 방식으로 문제

---

20 작은 일을 관리하는 것이 중요하다는 사실은 아무리 강조해도 지나치지 않다. 우리는 일상적인 생각에 쉽게 정신이 분산될 뿐만 아니라 작지만 중요한 일들을 외면화하지 않으면 결국 잊어버리기 십상이다. 그래서 무언가 심각한 일이 걸려 있을 때마다 체크리스트를 만드는 것이 매우 중요하다(문헌 63).

를 처리할 기회들이 생긴다. 산책이나 샤워, 청소를 하는 동안, 우리 뇌는 마지막으로 접했던 풀리지 않은 문제를 가지고 놀지 않을 수 없게 되는 것도, 우리가 편안한 상황에서 오래 묵혔던 질문의 답을 찾는 경우가 종종 있는 것도 바로 이런 이유다.

우리 뇌의 작동 방식에 대한 이러한 작은 통찰들을 참작함으로써, 우리는 책상 앞에 앉아 있는 동안 슈퍼마켓에 가서 사야 할 것들을 생각하느라 집중이 분산되는 일을 막을 수 있다. 아니면 반대로 심부름하는 동안 중차대한 어떤 문제를 풀게 될지도 모른다.

9.6 결정거리 줄이기

한 번에 한 가지만 겨냥하는 주의력, 한 번에 일곱 가지만 기억하는 단기 기억력, 이들과 함께 제한된 자원으로 꼽히는 세 번째가 바로 의욕, 또는 의지력이다. 이 경우에도 작업 흐름 환경을 어떻게 디자인하느냐에 따라 판도가 완전히 달라진다. 이제는 메모 상자를 긴밀히 활용하는 것이 그 어떤 정교한 계획을 세우는 것보다 훨씬 더 낫다는 사실을 의외라고 받아들여서는 안 된다.

아주 오랫동안 의지력은 자원이라기보다는 하나의 성격적 특성으로 여겨졌다. 그러나 이제 상황은 달라졌다. 오늘날에는 의지력을 근육에 비유한다. 금세 고갈되고 회복하는 데 시간이 걸리는 하나의 제한된 자원으로 인식하는 것이다. 의지력은 어느 정도까지는 훈련을 통해 향상할 수 있지만, 그러려면 시간과 노력이 든다. 대개 이 현상을 논할 때 **자아 고갈**^{ego depletion}이라는 용어를 사용한다. "이전에 이미 의지를 발휘한 탓에, 의지적 행동(환경 통제, 자기 통제, 선택, 행동 착수)에 들어가는 자아의 능력이나 의향이 일시적으로 감소하는 것을 가리킬 때 자아 고갈이라는 용어가 등장한다."^(문헌 4- p.1253)

자아 고갈에 관한 연구 결과, 가장 흥미로운 발견 가운데 하나는 매우 다양한 것들이 고갈 효과를 일으킨다는 사실이다.

> "연구 결과, 광범위하고 다양한 행동을 하는 데 같은 자원이 사용되는 것을 알 수 있다. 자기 통제, 책임 있는 의사결정, 적극적인 선택과 같은 행위들은 곧이어 뒤따르는 같은 유형의 행위들을 방해하는 것처럼 보인다. 이는 지극히 중요한 자아의 자원이 이런 의지 행위 때문에 감소한다는 것을 의미한다. 우리는 이 자원의 정확한 본질도, 자원의 보충을 서두르거나 미루는 요인이 무엇인지도 아직 모른다. 그래도 일반적으로 이 자원이 보충될 수 있다는 점은 확실히 추정할 수 있다."^(문헌 4-p.1263f)

심지어 편견의 희생자가 되는 것처럼 관련이 없어 보이는 일도 자아 고갈에 중대한 영향을 미칠 수 있다.^(문헌 64) "사람들은 자기 조절을 위해 한정된 힘을 지닌 자원을 사용하는데, 고정관념의 영향력을 통제하는 일도 이때 사용하는 것과 똑같은 자원에 의존할 수 있기 때문이다."^(문헌 65-p.112)

이 같은 한계에 대처하는 가장 똑똑한 방법은 일종의 속임수를 쓰는 것이다. 우리는 내키지 않는 일을 억지로 하는 대신, 스스로 자신의 프로젝트를 진전시키고 싶게 만들 방법을 찾아야 한다. 과도한 의지력을 발휘하지 않고도 해야 할 일을 할 수 있으려면 어떤 기법이나 계략이 필요한 것이다.

이와 관련된 여러 연구 결과에 대해서는 현재 철저한 검토가 진행 중이므로, 아직은 연구 결과를 곧이곧대로 받아들이지는 말아야 한다.(문헌 66; 67; 68) 그래도 신뢰할 수 있고 표준화된 작업 환경이 우리의 주의력과 집중력, 의지력, 혹은 이런 표현도 괜찮다면, 자아에 부담을 덜 준다는 주장은 마음 놓고 해도 된다. 의사결정이 세상에서 가장 지치고 피곤하게 만드는 일 가운데 하나라는 것은 널리 알려진 사실이다. 그래서 버락 오바마나 빌 게이츠 같은 사람들은 오직 두 가지 색상, 즉 짙은 파란색이나 짙은 회색 정장만 입는다. 이렇게 하면 아침에 해야 하는 결정 거리가 하나 줄어들어서 정말로 중요한 다른 일에 쓸 수 있는 정신적 자원을 더 확보할 수 있기 때문이다.

이와 마찬가지로 우리는 연구와 글쓰기를 체계화하는 방식으로 자신이 내려야 하는 결정의 양을 상당히 줄일 수 있다. (논문에서 어떤 부분이 더 중요하고 덜 중요한지에 대한 결정, 여러 메모 사이의 연결 관계, 텍스트의 구성 등) 내용에 관련된 결정은 그때마다 꼭 해야 하지만, 체계와 관련된 부분은 하나의 시스템을 정함으로써 대부분 미리 최종적으로 결정해둘 수 있다. 이를테면 재빨리 몇 자 메모할 때는 항상 같은 공책을 사용한다든가, 늘 같은 방식으로 텍스트의 주제를 뽑아낸다든가, 선택된 주제를 항상 같은 종류의 영구보관용 메모로 만들어 늘 똑같은 방식으로 처리하는 식이다. 이렇게 하면 작업 시간 중에 결정해야 하는 가짓수를 크게 줄일 수 있기 때문에 정신적 에너지를 아낄 수 있고 이를 더욱 더 유익한 과제에 쏟아부을 수 있다. 가령, 우리가 중점적으로 다루는 문제들을 푸는 데 더 집중할 수 있다.

시기적절하게 어떤 과제를 완수하고 이전에 남겨두었던 일을 정확히 그 지점부터 다시 시작할 수 있을 때 누릴 수 있는 또 다른 장점은 주의력 회복에 도움이 된다는 것이다. 즉, 행여 맥락을 놓칠까 걱정할 필요 없이 휴식을 즐길 수 있다는 말인데 여기서 휴식의 의미는 그저 회복할 기회를 얻는 것 그 이상이다. 휴식은 학습 과정에서 결정적인 역할을 한다. 우리의 뇌는 휴식을 취해야만 그동안 쌓인 정보들을 처리해서 장기 기억으로 옮기고 새로운 정보를 받아들일 준비를 할 수 있다.[21] **(문헌 52-p.69)** 열정 때문이건 하던 일을 잊을까 걱정되어서건, 작업 시간 사이에 잠깐이라도 쉬지 않는다면 우리의 노력은 도리어 독이 될 수 있다. 산책을 하거나**(문헌 69)** 잠시 낮잠[22]만 자도 학습과 사고력에 큰 도움이 된다는 점을 명심하길![23]

10. 이해를 위한 읽기

"책을 읽을 때는 한 손에 펜을 들고 있다가, 책 내용 중에 보편적이거나 유용해 보이는 부분이 나오면 공책에 짧게 몇 자라도 힌트를 적으라고 조언하고 싶다. 이렇게 하는 것이 여러분의 기억 속에 그 내용을 강렬하게 각인시키는 가장 좋은 방법이기 때문이다." —벤저민 프랭클린(문헌 74-p.250)

10.1 한 손에 펜을 든 채 읽기

훌륭한 보고서를 작성하려면 훌륭한 원고초안을 다시 고쳐쓰기만 하면 된다. 훌륭한 원고초안을 작성하려면 일련의 메모를 연속된 하나의 텍스트로 바꾸기만 하면 된다. 그런데 일련의 메모는 이미 메모 상자 안에 들어 있던 메모를 다시 정리한 것에 불과하므로, 여러분이 정말로 해야 할 일은 책을 읽을 때 펜을 들고 메모하는 것이 전부다.

읽고 이해한 내용을 원문과는 다른 맥락을 지닌 자신만의 사고방식으로 구체화하면, 다른 사람의 연구 결과와 생각이 새롭게 자기 것으로 탈바꿈될 수밖에 없다. 이 작업은 양방향으로 이루어진다. 우선, 메모 상자 속 일련의

---

21 이것은 새로운 발견은 아니지만, 최근에 신경과학자들과 실험심리학자들에 의해 확증되었다(문헌 52과 문헌 70 참조).

22 신경과학자들은 이를 가리켜 장기 상승작용이라 부를 것이다(문헌 71 참조).

23 수면이 암기에 도움을 주고(문헌 72참조) 문제 해결책을 찾는 데도 도움이 된다는(문헌 73 참조) 증거는 차고 넘친다.

메모들에서 발전된 주장은 이론과 아이디어, 그리고 여러분 머릿속의 정신 모형에 의해 형성된다. 또 한 편으로, 이론과 아이디어, 머릿속 정신 모형은 여러분이 읽은 것에 의해 형성된다. 이 모든 것은 메모 상자 안에서 여러분이 발견하는 놀라운 연결 관계에 따라 끊임없이 변화하고 도전받는다. 메모 상자가 풍부해질수록 자신만의 사고방식도 풍부해진다. 메모 상자는 여러분의 지적 발달과 함께 나란히 발전하는 일종의 아이디어 발전소이기 때문이다. 그런 메모 상자와 함께 힘을 합쳐 여러분은 예전에 분리되었거나 고립되었던 사실들을 상호연결된 아이디어들로 변모시킬 수 있다.

메모 상자에서 최종 텍스트로 넘어가는 단계는 매우 간단하다. 메모 상자 속에는 이미 충분한 고민을 거쳤고, 대부분 잘 연결된 메모들이 들어있으니 그 메모들을 선형적 순서로 바꾸기만 하면 된다. 메모는 그 자체만 보아도 이해할 수 있게 작성되었지만, 그와 동시에 하나 이상의 맥락 안에 이식되어 의미가 풍부해진다. 메모 상자에서 메모를 꺼내어 원고로 발전시키는 것은 기계적인 행위라기보다는 메모 상자와 대화를 나누는 것에 더 가깝다. 따라서 그 결과물은 절대로 이전 작업을 그대로 베낀 것이 아니라 늘 새로운 놀라움을 동반한다. 메모 상자 안에는 여러분이 예측할 수 없었던 무언가가 언제나 존재하며 이런 예측할 수 없는 측면은 이보다 앞선 모든 단계에서도 마찬가지로 경험하게 된다. 손에 펜을 쥐고 적을 준비가 된 상태에서 책을 읽을 때도 그 결과를 예측하는 것은 불가능하다. 책 내용을 그대로 베끼려는 것이 아니라 텍스트와 의미 있는 대화를 나누는 것이 목적이기 때문이다.

텍스트의 특정 맥락 안에서 발췌하는 아이디어들은 특정한 목적에 부합하거나 특정한 주장을 지지한다. 즉 그것은 자신의 것도 아니고 자신의 언어로 쓰여진 것도 아니다. 바로 이것이 이런 아이디어들을 자기만의 언어로 옮겨서 자기만의 사고방식이 담긴 새로운 맥락, 즉 메모 상자 속 다양한 맥락 안에 이식시켜야 하는 이유다. 다른 말로 옮긴다는 것, 즉 번역translating은 다른 언어로 원작 내용을 최대한 진실하게 전달한다는 의미이지 어떤 것을 마음대로 끼워 맞출 수 있다는 뜻은 아니다. 마찬가지로 앞뒤 맥락을 자르고 인용문을 그냥 베끼기만 하면 단어 자체는 달라지지 않아도 그 의미는 거의 언제나 변질된다. 이것은 초보자들이 흔히 저지르는 실수다. 그러다 보면 아이디어를 짜깁기한 결과만 얻을 뿐, 일관성 있는 생각에는 절대 도달하지 못한다.

문헌 메모는 상세한 서지정보와 함께 서지정보 시스템에 저장되어 메모 상자와는 분리되는 반면, 원문 맥락과는 여전히 긴밀히 이어진다. 물론 이런 문헌 메모를 작성하는 과정도 이미 메모 상자 안에 눈길을 준 채 이뤄지긴 하지만 말이다. 루만은 이 단계를 다음과 같이 설명한다. "저는 항상 종이 쪽지를 들고 다니면서 책을 읽다가 중간중간 아이디어를 적습니다. 그리고 뒷면에는 상세한 서지정보를 적지요. 책을 다 읽은 다음에는 제가 적은 메모들을 살펴보면서 어떻게 하면 메모 상자에 보관된 기존 메모들과 의미 있게 관련지을지 고민합니다. 다시 말해, 저는 메모 상자 안에서 어떤 연결 관계가 가능할지 늘 고려하면서 책을 읽는다는 뜻입니다."(문헌 19-p.150)

문헌 메모에 얼마나 광범위한 내용이 담길 것인가는 그 텍스트가 어떤 것인지, 그리고 우리가 이것을 어디에 쓸 것인지에 따라 실제로 달라진다. 또한, 우리의 간결한 메모 작성 능력, 텍스트의 복잡성, 텍스트의 난이도에 따라서도 좌우된다. 문헌 메모는 텍스트 내용을 완전히 파악하기 위한 도구이기도 하다. 그래서 상대적으로 까다로운 텍스트일 경우에는 메모에 정성을 더 많이 들이는 것이 합당하며, 반대로 상대적으로 쉬운 텍스트에는 키워드 몇 자만 끄적여도 충분할 수 있다. 확실히 루만은 전문가 그 이상이었기에 아주 짧은 메모만으로도 원문의 의미를 왜곡하지 않은 채 이 메모들을 귀중한 영구보관 메모로 바꿀 수 있었다. 신속히 주요 아이디어들을 알아보고 기술하려면 머릿속에 광범위하게 얽혀 있는 격자형 정신 모형이나 이론을 지니는 것이 관건이다.(문헌 75) 새롭고 친숙하지 않은 주제를 탐구할 때마다 메모가 더 광범위해지는 경향이 있겠지만, 그렇다고 긴장해서는 안 된다. 이렇게 메모를 적을 때마다 우리는 의도적으로 이해력을 기르는 연습을 하게 되기 때문이다. 어떤 때는 어려운 텍스트를 만나 천천히 작업을 진행해야 하고, 또 어떤 때는 책 전체 내용을 단 한 문장으로 줄여도 충분할 때가 있다. 오로지 중요한 것은 이 메모들이 그 다음 단계, 즉 실제 메모 상자용 메모를 작성할 때 최선의 도움이 되느냐 하는 점이다. 그러려면 우리가 읽은 텍스트의 틀, 이론적 배경, 방법론적 접근방식이나 관점을 곰곰이 생각해보는 것이 가장 큰 도움이 된다. 이는 언급되지 않은 내용도 언급된 내용만큼 깊이 생각해야 한다는 의미다.

이 같은 문헌 메모 작성 방식은 대부분의 학생들이 하는 문헌 작성법과는 매우 다르다. 학생들의 문헌 작성법은 충분히 체계적이지 않거나 아니면 과도하게 체계적이다. 가장 흔한 것은 잘못된 방식으로 그저 체계적이기만 한 경우다. 이들은 SQ3R(Survey, Question, Read, Recite, Review의 5단계로 진행하는 독서훈련법—역주)이나 SQ4R(Survey, Question, Read, Recite, Relate, Review의 6단계로 진행하는 독서훈련법—역주)처럼 가장 많이 추천되는 독서법을 활용하면서 모든 텍스트를 그 내용과는 상관없이 똑같이 다룬다. 이들은 메모의 구성과 체계를 어떻게 잡을지 명확히 정하지도 않고, 나중에 이 메모들을 가지고 무엇을 할지 계획도 없다. 메모를 작성하는 뚜렷한 목적이 없으면 메모를 적는 것이 큰 프로젝트에 속한 중요한 한 단계가 아니라 허드렛일쯤으로 느껴진다. 어떤 경우에는 좋은 의도로 장문의 발췌문을 작성하기도 하지만, 이것은 지속 가능한 일이 아니다. 어떤 경우에는 문장에 밑줄을 긋고 책 여백에 코멘트를 쓰기만 할 때가 있는데, 이것은 아무 메모도 하지 않는 것과 별반 다르지 않다. 사실 대개는 책을 읽을 때 아무 메모도 하지 않는 경우가 더 많지만 말이다. 글쓰기 측면에서 보면 이것은 독서를 전혀 하지 않는 것과 거의 비슷하다. 여기서 가장 중요한 것은 메모 상자 안에 임계치가 넘는 유용한 메모를 축적하는 일이다. 그렇게 하면 어떻게 책을 읽어야 할지, 어떻게 문헌 메모를 작성해야 할지 뚜렷이 알게 된다.

문헌 메모를 작성하는 목적은 그 절차만큼 분명하지만, 독해와 유용한 메모를 작성하는 데 가장 많은 도움이 되는 메모법이라면 무엇이든 자유롭게 사용해도 된다. 심지어 10가지 색으로 밑줄을 친다거나 SQ8R 독서법을 활용한다 하더라도 좋다. 그러나 이 모두는 정말로 중요한 단하나의 단계를 밟기 전에 거치는 부차적인 단계일 뿐이다. 그 유일한 단계란 바로 현재의 메모 상자에 가치를 더할 영구보관용 메모를 작성하는 것이다. 여러분은 텍스트를 읽으며 이해한 내용을 담기 위해 어떤 형태로든 문헌 메모를 작성해야 한다. 그러면 메모 상자용 메모를 작성하는 동안 무언가 눈앞에 펼쳐지는 게 있을 것이다. 그렇다고 이 일 자체를 하나의 프로젝트로 만들지는 말라. 문헌 메모는 길이도 짧고 영구보관 메모 작성에 도움을 주는 용도만 가질 뿐이다. 이 지점에 도달하는 데 도움이 되지 않는 그 외의 것들은 모두 집중을 방해하는 요소가 된다.

문헌 메모를 직접 조테로에 입력해도 된다. 그러면 상세한 서지정보도 함께 저장된다. 하지만 누군가는 그냥 손글씨로 메모를 적고 싶을 수도 있을 것이다. 독자적인 여러 연구에 따르면, 손글씨로 적었을 때 이해력이 더 높아진다고 한다. 이와 관련해서 두 명의 심리학자가 규모는 작지만 대단히 흥미로운 내용으로 연구를 진행했다. 이 연구의 목표는 강의를 듣는 학생들이 손글씨로 필기할 때와 노트북에 입력해서 필기할 때 차이가 생기는지 알아보는 것이었다.(문헌 76) 학생들이 몇 가지 사실을 기억할 수 있는지 그 개수를 따졌을 때는 아무런 차이도 발견하지 못했다. 하지만 강의 내용의 **이해도** 측면에서는 이야기가 달랐다. 손글씨로 필기한 학생들이 훨씬 더 뛰어난 것으로 드러났으며 일주일이 지난 후에도 이런 이해도 차이는 변함없이 명백했다.

이런 결과의 이면에는 숨겨진 비밀 따위는 없다. 그 이유는 아주 단순하다. 손글씨로 쓰는 것이 더 느리고, 디지털 메모만큼 신속하게 수정할 수 없기 때문이다. 학생들은 강의 내용을 오롯이 따라잡을 만큼 빠르게 쓰지 못하기 때문에 세세한 부분이 아니라 강의의 골자에 집중하지 않을 수 없게 된다. 강의의 요지를 적을 수 있으려면 먼저 그 내용을 이해해야 한다. 따라서 손글씨로 필기를 하면 귀에 들리는 (또는 눈으로 읽는) 내용에 대해 **생각하지 않을 수 없게 된다**. 그렇게 하지 않으면 어떤 주장의 구조와 아이디어, 근본원리를 완전히 파악할 수 없기 때문이다. 또한 손글씨로 쓰면 순전히 베껴 쓰는 것이 불가능해지는 대신, 들리는 내용(또는 적힌 내용)을 자기만의 말로 옮기기가 쉬워진다. 반면 노트북에 입력한 학생들은 상대적으로 필기 속도가 무척 빨라서 강의 내용을 더 자세히 옮길 수는 있었지만, 이는 그 내용을 실제로 이해하는 데에는 방해가 되었다. 노트북으로 필기하는 학생들은 강의 내용을 한 마디도 놓치지 않겠다는 마음으로 완성도에 집중했다. 그렇게 들리는 그대로를 다 받아적는 메모는 거의 아무 생각 없이도 할 수 있다. 마치 말이 뇌를 거치지 않고 귀에서 손으로 직행하는 지름길을 찾기라도 한 것처럼 말이다.

손글씨로 문헌 메모를 쓰기로 정했다면, 메모들을 한곳에 모아 일반적인 방식대로 "저자명/출간년도"에 따라 알파벳 순서로 분류하면 된다. 그러면 서지정보 시스템에 저장된 상세한 서지정보와 쉽게 연결할 수 있다. 그런데 손글씨를 쓰든 말든 명심해야 할 사실은 따로 있다. 바로 본질이 가장 중요하다는 것이다. 즉, 이해하기와 다음 단계를 준비하는 것—메모 상자 안에 있는 자신만의 사고방식이라는 맥락 속으로 아이디어를 옮기는 것—이 중요하다는 말이다.

10.2 마음을 열어 두기

앞서 살펴본 것처럼 스마트한 메모 작성의 열쇠는 선별능력에 있다. 결국 스마트한 선택이 중요하다는 의미지만 안타깝게도 우리 뇌는 기본적으로 정보를 선택할 때 그다지 스마트하지 못하다. 정보를 고를 때는 자신의 사고방식에 도전하는 반증적 주장과 사실을 찾아야 하지만, 우리는 자기 마음에 드는 것, 즉 우리가 이미 안다고 믿고 있는 내용을 확증해주는 정보에 더 자연스럽게 끌리기 때문이다.

우리가 가설을 정하는 바로 그 순간, 우리의 뇌는 자동으로 검색 모드로 전환해서 우리 주변을 스캐닝하며 그 가설을 뒷받침할 데이터를 찾는다. 이것은 좋은 학습 방법도, 좋은 연구 방법도 아니다. 그런데 더 뼈아픈 사실이 있다. 은밀히 우리 삶에 끼어드는 이런 **확증편향**(또는 내편 편향[24])을 우리는 대개 의식도 하지 못한다는 점이다. 왠지 모르지만 어쩌다 보니 우리 주변에는 비슷한 생각을 가진 사람들만 있는 것 같다. (물론 일부러 그런 것은 아니다. 우리는 그저 자기가 좋아하는 사람들과 어울릴 뿐이다. 그런데 우리가 그들을 좋아하는 이유는 무엇일까? 그렇다. 그 사람들의 생각이 **우리**와 비슷하기 때문이다.) 어쩌다 보니 우리는 이미 아는 내용을 확증해주는 성향

---

24 문헌 77 참조.

의 출판물을 주로 읽는 것 같다. (물론 고의는 아니다. 우리는 그저 훌륭하고 지적인 텍스트를 충실히 읽을 뿐이니까. 그런데 우리가 이런 텍스트들을 훌륭하고 지적이라고 생각하는 이유는 무엇일까? 그렇다. 우리 눈에 타당해 보이기 때문이다.) 우리는 주위를 둘러보면서 우리가 무엇을 못 보고 있는지도 모른 채 반증적 사실을 가지치기하듯 싹둑 잘라내 버린다. 늘 같은 도시에 살면서도 자신의 기분에 따라 어느 날은 이 도시가 행복한 사람들로, 또 어느 날은 온통 불행한 사람들로 가득한 것처럼 느끼는 것과 매우 비슷한 이치다.

이러한 확증편향은 감지하기는 어려우나 매우 강력하다. 심리학자 레이먼드 니커슨[Raymond Nickerson]이 표현하듯, "누군가 인간의 추론 양상 가운데 가장 큰 관심을 기울일 만한 것을 딱 하나 골라서 그 정체를 밝히겠다고 나선다면, 확증편향도 그 대상 후보군에 들어가야 한다."(문헌 78-p.175)

세계 최고의 과학자나 사상가도 확증편향으로부터는 자유롭지 못하다. 다만, 그들이 일반인과 다른 점은 이 문제를 의식하고 이를 해결하기 위해 무언가를 한다는 것이다. 전형적인 롤모델로 찰스 다윈을 꼽을 수 있다. 그는 자신의 이론에 가장 비판적인 주장들을 억지로라도 기록(하며 상세히 기술)했다. "내가 [⋯] 다년간 지켰던 황금률이 하나 있다. 일반적인 내 연구 결과와 반대되는 사실이 발표되거나 새로운 관찰 결과나 생각을 접하게 될 때마다, 나는 어김없이 그 즉시 메모했다. 내 입장과 배치되는 사실과 생각은 내게 호의적인 것들보다 훨씬 더 쉽게 기억에서 달아난다는 것을 경험을 통해 배웠기 때문이다. 이런 습관 덕분에 내 견해에 대해서, 적어도 내가 답변해야 할 만큼 눈에 띄는 이의 제기는 거의 남지 않게 되었다.〞[문헌 79-p.123]

이 같은 다윈의 방법은 (주로 정신적인 측면에서) 훌륭한 확증편향 대처법이다. 하지만 지금 우리는 외부 시스템 안에서 우리의 심리적 한계를 꿰뚫어 볼 방법을 찾는 중이다. 우리가 원하는 것은 과도한 정신적 노력을 기울이지 않고도 올바른 결정을 하는 것이다. 사이렌의 유혹에 넘어가지 않기 위해 스스로 자기 배의 돛대에 몸을 묶어 유혹을 원천차단했던 오디세우스처럼 말이다. 훌륭한 시스템이 갖춰져 있으면, 작업에 몰입해야 한다는 필요성만으로도 명인의 반열에 오른 것처럼 행동할 수밖에 없게 된다. 실제로는 그런 수준에 들 정도로 기량이 늘지 않았는데도 말이다. 이 과정에서 확증편향에 대한 방어는 두 단계로 진행된다. 먼저, 전체 글쓰기 과정을 거꾸로 뒤집는다. 그런 다음, 확증적 사실만 찾는 것을 멈추고, 자신의 주장을 지지하든 반박하든 상관하지 않고 모든 관련성 있는 정보를 무차별적으로 모으는 작업에 박차를 가한다.

수많은 학습안내서들에서 주장하는 선형적 과정은 비정상적이게도 가설이나 글의 주제를 정하는 데서 출발한다. 이것은 확증편향이 걷잡을 수 없이 만연하도록 만드는 가장 확실한 방법이다. 그 과정은 어떻게 진행되는 걸까? 먼저, 여러분은 기본적으로 현재 이해하고 있는 내용을 출발점으로 삼지 않고 그것을 결과로 확정해버림으로써 한쪽으로 편향된 인식을 할 준비를 마치게 된다. 그런 다음, 작업을 완수하는 것(미리 생각해 둔 주장을 뒷받침하는 내용 찾기)과 통찰을 도출하는 것 사이에 인위적으로 이해충돌 상황을 만들어낸다. 이렇게 되면 미리 생각해 둔 계획을 출발점으로 삼는 것이 프로젝트의 성공을 막는 반란행위로 바뀐다. 경험으로 보건대, 통찰이 여러분의 학술적 성공이나 성공적인 글쓰기에 오히려 위협이 되고 있다면, 그것은 여러분이 뭔가 잘못하고 있다는 뜻이다.

주장과 아이디어를 하향식이 아닌 상향식으로 발전시키는 것, 이것이 바로 열린 마음으로 통찰을 얻기 위한 제일 중요한 첫 단계다. 우리는 우연히 접한 통찰력 넘치는 아이디어들에 집중할 수 있어야 한다. 또한, 의외의 사건 전개라도 우리 프로젝트의 진전을 위협하지 않으면, 또는 그 덕분에 우리 프로젝트가 진척될 수 있으면 두 손 들고 환영해야 한다. 무엇을 쓸지 구체적으로 글감을 정하는 일은 뒤로 미루고, 메모 상자 안에 임계치에 달하는 메모를 구축하는 데 집중해야 한다. 우리가 원하는 것은 마음속에 늘 가설을 품는 것이 아니다. 그 대신 우리는,

- 우리가 해야 하는 과제들이 나뉘어 있다는 것을 확인하고, 우리가 읽는 텍스트를 이해하는 데 집중해야 한다.

- 우리가 그 텍스트 내용을 제대로 설명했는지 확인해야 한다.

- 텍스트 내용의 관련성을 발견하고 연결 관계를 만들어야 한다.

그런 다음에야 한 걸음 뒤로 물러서서 그간의 발전을 자세히 살피고, 여기서 어떤 결론을 도출할지 결정할 수 있다.

메모 상자는 우리가 읽고 메모하는 동안 선택을 하지 않을 수 없게 만든다. 이때 유일한 선택 기준은 그것을 선택함으로써 메모 상자 속의 어떤 논의에 추가되는 것이 있느냐 하는 점이다. 그것이 연결되는지 또는 연결될 가능성이 있는지, 이 점만이 중요한 것이다. 그 무엇이 되었건 메모 상자 속 생각의 발전에 기여할 수 있다. 찬성 의견도 좋고 반박 의견도 좋다. 얼핏 명백해 보이는 아이디어에 대해 의문을 제기해도 좋고 주장을 차별화하는 것도 좋다. 우리가 찾는 것은 메모 상자에 **무언가**를 추가해줄 수 있고 그렇게 함으로써 메모 상자를 풍요롭게 만들 수 있는 사실이나 정보다. 메모 상자를 활용한 작업을 시작하면서 생기는 가장 중요한 변화 가운데 하나는 관심 대상이 달라진다는 것이다. 즉, 그전에는 미리 생각해둔 아이디어들로 이루어진 개별 프로젝트에 주의를 집중했다면 이제는 메모 상자 안에서 열린 연결 관계에 집중한다.

관심사를 정리한 뒤에는 한 걸음 더 나아가 반증적 사실을 찾을 순비를 하면 된다. 한쪽으로 편향된 아이디어만 수집해서는 글의 내용이 그리 풍부해질 수 없기 때문이다. 물론 선택은 해야 하지만, 찬성과 반대 의견 중에 선택하는 것이 아니라 관련성이 있고 없고를 따져 선택해야 한다. 그런데 메모 상자 속 내용에 초점을 맞추기 시작하면 그때부터 갑자기 반증적 데이터가 매력적으로 느껴진다. 확증적이기만 한 데이터와는 달리, 반증적 데이터는 메모 상자 안에서 더 많은 연결 가능성과 논의 가능성을 열어주기 때문이다. 반증적 데이터 찾기는 연습하다 보면 쉬워질 뿐만 아니라 강한 중독성을 발휘하기도 한다. 하나의 정보가 어떤 문제에 대한 전반적인 관점을 바꾸어버리는 경험은 그야말로 짜릿하다. 메모 상자의 내용이 다양하면 다양할수록—사고의 방향이 미리 정해지지 않았다면—우리의 사고는 더 멀리까지 뻗어 나갈 수 있다. 메모 상자 안에 보관된 반박 의견은 후속 메모, 혹은 더 나아가 최종 보고서에서 논의될 수 있다. 흥미로운 텍스트는 편향적인 메모와 외견상 적합해 보이는 인용문을 모아둔 곳보다는 찬반 의견이 생생히 오가는 논의의 장에서 훨씬 쉽게 발전한다. 사실, 어떤 문제를 상세히 설명하지 않고서 미리 떠올릴 수 있는 아이디어만으로 쓴 글에 흥미롭고 공표할 가치가 있는 (그래서 집필 의욕을 높이는) 내용이 담기기란 불가능에 가깝다.

메모 상자를 채우는 내용이 어떻게 전개될지는 누구도 알 수 없다. 그저 메모 상자는 기존에 담긴 메모들과 **관련성**

있는 메모를 선호한다고만 이야기할 수 있다. 관련 데이터를 읽고, 수집하고, 생각과 생각을 연결하고, 이런 생각들이 어떻게 서로 맞물리는지 논의한 뒤에야 비로소 결론 도출과 주장 전개에 필요한 선형적 구조를 발전시킬 차례가 된다.

10.3 핵심 파악하기

관련성이 큰 정보와 작은 정보를 구별하는 능력 역시 직접 해봐야만 습득할 수 있다. 그러므로 어떤 텍스트의 골자가 무엇인지 찾아내고 이를 뒷받침하는 세부사항과 구별하는 법을 연습해야 한다. 그런데 언제든 메모할 준비를 한 채 자료를 읽으면서 꼬리에 꼬리를 문 영구보관용 메모를 남기는 일은 그저 단순한 연습이라기보다는 하루에도 여러 번 의도적으로 반복되는 행위라는 표현이 더 어울린다. 학자가 어떤 텍스트나 아이디어에서 핵심을 뽑아 글로 설명하는 일은 피아니스트가 매일 반복적으로 피아노를 치는 것과 비슷하다. 더 자주, 더 집중해서 연습할수록, 기량은 일취월장한다.

전체적으로 패턴을 볼 줄 알면 텍스트와 담론을 두루 살펴보는 데 도움이 된다. 그런데 패턴을 이루는 것은 이론이나 개념, 또는 그 이론이나 개념 관련 용어만이 아니다. 어떤 주장을 무의식적으로 훑어볼 때 생기는 전형적인 실수, 우리가 적용하는 일반적인 범주, 특정 학파를 나타내는 문체도 패턴이 된다. 이뿐만 아니라 다양한 통찰로부터 배우거나 발전시키는 정신 모형도 패턴에 해당하는데, 이런 패턴은 마치 사고 도구를 늘리듯 끝없이 모을 수 있다. 이러한 도구와 기준점이 없으면 전문적으로 읽고 이해하는 것은 불가능하며, 모든 텍스트를 마치 소설 읽듯 똑같은 식으로 읽게 될 것이다. 반면 패턴을 알아보는 능력을 습득하면 우리는 선순환에 들어설 수 있다. 독서가 쉬워지고, 요지를 더 빨리 파악하고, 짧은 시간 안에 더 많이 읽을 수 있으며, 패턴을 더 쉽게 알아보고, 패턴에 대한 이해력이 향상되는 것이다. 그 과정에서 사고 도구 또한 늘어남으로써, 학술 작업뿐만 아니라 전반적인 사고력과 이해력 향상에도 도움이 된다. 버크셔 해서웨이^{Berkshire Hathaway}의 찰리 멍거^{Charlie Munger} 부회장이 이 같은 광범위한 사고 도구를 지니고 적용할 줄 아는 사람을 가리켜 세상 물정에 밝은 사람^{worldly-wise someone}이라고 칭한 이유도 바로 이 때문이다.

위와 같은 지적 역동성은 우리 스스로가 읽으면서 선택하는 작업을 의도적으로 떠맡기로 할 때 발휘되기 시작한다. 그리고 이런 선택 과정에서는 무엇이 중요하고 덜 중요한지 판별하는 자신만의 판단력에 의존해야 한다. 일반적으로 교과서나 참고서는 이런 힘을 키워주지 않아서, 이런 책에만 의존하는 학생에게는 "세상 물정에 밝은 사람"이 될 기회가 없다. 이것은 철학자 임마누엘 칸트가 계몽에 관한 그의 유명한 저서에서 기술한 내용과 크게 다르지 않다. "미성년 [미숙한] 상태는 다른 사람의 지도 없이 자신만의 이해력(또는 지성)을 사용할 수 없는 상태를 말한다. 그 원인이 이해력이 부족한 탓이 아니라, 다른 사람의 지도 없이는 자신만의 사고방식을 발휘할 용기가 부족하고 망설여지기 때문이라면, 이런 미성년 상태는 스스로 자초하는 것이다. 그러니 두려워 말고 알려고 하라(Sapere aude: 이 라틴어 문구는 고대 로마의 시인 호레이스가 원작자이며 이후 칸트가 자신의 에세이 『계몽이란 무엇인가?』에 인용하면서 널리 알려졌다—역주)! 이렇듯 '과감히 자신의 지성을 사용할 용기를 지니라'는 것이 계몽주의의 모토다."(문헌 80)

필자는 칸트의 이 말을 고스란히 받아들이라고 권고한다. 자신의 지성을 사용하는 능력은 이미 주어진 당연한 것이 아니라, 성취해야 하는 하나의 도전이다. 이런 관점에서 루만은 영구보관용 메모의 중요성을 다음과 같이 강조한다.

"학술 텍스트를 읽는 경우, 중요한 것과 덜 중요한 것, 새로운 정보와 그저 반복된 정보를 구별하려면 기준점이 필요하다. 그런데 이런 기준점을 개발할 때 단기 기억이 아니라 장기 기억이 필요하다는 것이 문제인 것 같다. 모든 것을 기억하기란 당연히 불가능하다. 그렇게 되면 단순 암기밖에 되지 않는다. 달리 표현하자면, 책을 읽을 때는 지극히 선별적으로 읽으면서도 광범위하게 연결된 참고 사항을 뽑아내야 한다. 또한, 반복되는 부분을 따라갈 수 있어야 한다. 그런데 아무도 지도해줄 수 없다면 이것을 어떻게 배워야 할까? [...] 아마도 가장 좋은 방법은 메모하는 것일 테다. 메모할 때는 발췌문이 아니라, 텍스트 내용을 간결하게 재구성한 설명문을 써야 한다. 이미 글로 표현된 것을 새로 다시 쓰면, 논평이나 전제/추정문을 볼 때 거의 자동적으로 틀과 패턴, 범주에 주의를 집중하는 훈련이 되어 더 확실한 글쓰기가 가능해진다. 항상 다음과 같은 질문을 자신에게 던져보면 좋다. 어떤 주장이 제기되었을 때 배제된 내용은 무엇이며 의도되지 않은 것은 무엇인가? 가령, '인권'에 대한 이야기를 하는 경우, 다음과 같이 차이점을 만드는 것은 무엇인가에 대한 질문을 던져야 한다. '인권'이란 '인간의 권리와 비인간의 권리'를 구별한 것일까? '인간의 의무'와 구별한 것일까? 문화에 따라 비교한 것일까, 아니면 인권 개념 없이도 다 함께 잘 살았던 일부 역사적 인류와 비교한 것일까? 대개 텍스트에서는 이런 질문에 대한 답이나 명확한 정답을 찾을 수 없다. 그래서 자신만의 상상력에 의존해야 한다."(문헌 81-p.154f)

이런 작업을 잘하게 될수록, 메모 작성은 더 신속해져서 우리의 작업 흐름에 도움이 된다. 루만의 메모는 매우 간결하다.(문헌 82) 무언가를 최선의 방식으로 표현할 최적의 단어를 찾는 능력은 연습으로 길러진다. 여기서 최선의 방식이란 간단하되 단순화되지 않은 방식을 말한다. 여러분에게 명확히 설명하는 능력이 생기면, 여러분이 쓴 텍스트를 읽는 독자들만 그 능력을 높이 평가하는 것이 아니라 여러분과 대화하는 사람들 역시 그 능력의 덕을 보게 된다. 간결한 메모 능력은 비단 글쓰기에만 제한되는 것이 아니라, 말하고 사고하는 데에도 영향을 주기 때문이다. 책의 저자와 강연의 연사가 정확하고 간단명료하게 표현할수록, 독자와 청중은 그를 이지적인 사람으로 여긴다는 것은 이미 증명된 사실이다.(문헌 83)

패턴을 파악하고, 사용된 틀에 대해 질문하고, 다른 사람들이 구별해놓은 것을 감지하는 능력은 비판적 사고에 필요한 전제조건이자, 텍스트나 대화 속 주장의 이면을 들여다보는 데 필요한 전제조건이다. 광범위한 지식보다는 질문, 주장, 그리고 정보의 틀을 다시 짤 수 있는 능력이 훨씬 더 중요하다. 이런 능력이 없으면 가지고 있는 지식을 사용할 수 없기 때문이다. 희소식이라면, 이러한 기량은 습득이 가능하다는 점이다. 다만 의도적으로, 찬찬히 연습해야 한다.(문헌 29; 84) 스마트한 메모법이야말로 이런 기량을 의도적으로 찬찬히 연습할 수 있는 가장 좋은 방법이다. 책을 읽으면서 단순히 문장에 밑줄을 긋는 것만으로 그 내용을 기억하길 바라서는 안 된다.

10.4 읽는 법 배우기

"명확하게 말할 수 없다면 제대로 이해하고 있지 않다는 뜻이다."

—존 설 (문헌 85)

노벨상 수상자인 물리학자 리처드 파인만Richard Feynman 교수는 자신이 입문자를 대상으로 강연을 할 수 있느냐 없느냐를 기준으로 스스로 그 내용을 제대로 이해하고 있는지 판가름할 수 있다고 말한 적 있다. 펜을 쥐고 언제든 메모할 준비를 한 채 책을 읽는 것은 소규모 강연을 하는 것과 비슷하다. 영구보관용 메모 역시 텍스트 이면의 생각과 원래 맥락은 모른 채 해당 분야의 일반 지식만 지닌 독

자를 대상으로 한다. 다만, 강연과 다른 점은 메모의 독자
는 바로 미래의 자기 자신이라는 사실이다. 미래의 나 역
시 자신이 쓴 글을 한 번도 접한 적 없는 사람과 버금갈
정도로 곧 무지한 상태에 도달하게 된다. 물론, 글을 쓰는
모든 단계마다 강연처럼 다른 사람들을 끌어들이면 그들
의 얼굴을 보고 우리가 잘 썼는지 또는 우리 주장이 얼마
나 설득력 있는지 알 수 있으니 도움이 될 수 있겠다. 하
지만 이는 비현실적인 방법이다.

강연과 비교해서 글쓰기의 장점을 평가절하해서도 안 된
다. 말로 발표하는 경우에는 근거가 빈약한 주장을 하더라
도 쉽게 넘어갈 수 있다. 논거에 공백이 생기더라도 자신감
있는 몸짓으로 주의를 분산시킬 수 있고, 자신이 의도하는
바를 스스로 실제 아는지 모르는지와는 무관하게 "무슨 말
씀인지 아시죠?"라는 태평스러운 말을 불쑥 던질 수도 있
다. 하지만 글쓰기에서는 이 같은 묘책이 너무 뻔히 들여다
보인다. "내 말이 그 말이다!" 같은 서술은 쉽게 진위를 확
인할 수 있다. 글쓰기의 가장 중요한 장점은 우리가 생각만
큼 무언가를 잘 이해하지 못할 때 우리 자신을 직시할 수
있게 도와준다는 것이다.

"자기 자신을 속이지 않는 것을 원칙으로 삼아야 한다.
가장 속이기 쉬운 사람이 바로 자기 자신일지라도." 이것
은 젊은 과학자들 앞에서 강연하는 중에 파인만이 강조한
말이다. (문헌 86-p.342) 어떤 텍스트를 읽으면, 특히 한 번 읽

었던 것을 다시 읽으면, 그 내용을 이해한다고 스스로 쉽게 속아 넘어갈 수 있다. 다시 읽는 것이 특히 위험한 이유는 단순 노출 효과 때문이다. 우리는 무언가에 친숙해지면 그것을 잘 안다고 믿기 시작한다. 설상가상으로 그것을 더 좋아하게 되는 경향도 있다.(문헌 50)

분명, 친숙하다고 반드시 실제로 아는 것은 아니다. 하지만 어떤 식으로든 테스트를 하지 않는 한, 제대로 잘 알고 있는지 아니면 그저 잘 알고 있다고 믿는 것뿐인지 알 길이 없다. 연구를 진행하는 동안 자신이 이해하고 있는 내용을 확인하지 않는다면, 막연히 점점 똑똑해지고 지식이 많아진다고 느끼면서 마냥 행복해 할 것이다. 실상은 예전처럼 멍청한 상태를 유지하고 있을 뿐인데도 말이다. 이런 흐뭇한 느낌은 글을 쓰면서 자기가 읽은 내용을 자신만의 언어로 설명하려 하는 순간 금세 사라져버린다. 문득 우리 눈에 문제점이 **보이기** 때문이다. 어떤 주장을 자신만의 언어로 바꾸어 말해보면 자신의 이해력 안에 벌어져 있는 틈을 냉정하게 정면으로 응시하게 된다. 확실히 기분은 나빠지겠지만, 이렇게 고군분투하는 것이 이해력을 향상시키고, 학습하고, 앞으로 나아갈 유일한 기회다(아래 내용 참조). 이것 역시 의도적인 연습의 영역이다. 이제 우리는 뚜렷한 선택의 기로에 있다. 더 스마트해진 것 같은 기분을 택할 것이냐, 아니면 실제로 스마트해지는 길을 택할 것이냐, 둘 중 하나를 선택해야 한다. 아이디어를 글로 옮겨적는 것이 멀리 돌아가는 더딘 과정처럼 느껴질지 모르지만, 실제로는 글을 쓰지 않는 것이 더 시간을 낭비하는 일이다. 써 보지 않으면 우리가 읽은 것 대부분이 아무 효과도 없이 사라져버리기 때문이다.

이해는 그저 학습의 전제조건에 불과한 것이 아니라, 어느 정도단계까지는 학습이 곧 이해다. 메커니즘도 크게 다르지 않다. 학습능력을 향상시키는 유일한 방법은 얼마나 진전이 있었는지 스스로 테스트하는 것이다. 이번에도 역시 다시 읽거나 다시 검토하면 마치 학습한 것 같은 기분이 들겠지만, 아직 학습하지 않은 것이 무엇인지 직시하게 해주지는 않는다. 실제로 정보를 검색하는 시도를 해야만 학습 여부를 뚜렷하게 알 수 있다. 우리는 언제나 단순 노출 효과에 속아 넘어갈 수 있다. 예전에 본 적 있는 것을 다시 보면, 마치 기억에서 정보를 꺼낼 수 있을 것 같은 감정적 반응이 일어난다. 그러므로 전에 읽었던 것을 다시 읽으면 자신이 읽은 내용을 학습한 것처럼 느끼게 된다. "이미 알고 있는 내용이야!" 이런 점에서 우리 뇌는 형편없는 선생님이다. 여기서도 우리는 무언가를 배운 것 같은 기분이 들게 하는 방법과 진짜로 무언가를 배우게 만드는 방법 가운데 하나를 선택해야 한다.

"말도 안 돼. 대체 누가 학습과 이해라는 환상만을 위해 책을 읽으면서 배운 척하고 싶어 한다는 말인가?" 지금 여러분의 생각이 이렇다면, 부디 통계 자료를 찾아보기 바란다. 학생들 대다수는 매일 어떤 식이건 스스로 테스트하지 않는 쪽을 택한다고 한다. 그 대신, 여러 연구 결과^{(문}[헌 87; 88-ch.1] 거의 쓸모없는 것으로 판명이 난 방법을 적용한다. 즉, 다시 읽고, 나중에 또 다시 읽기 위해 문장에 밑줄을 치는 행동을 반복한다는 것이다. 게다가 이들 대부분은 **이런 방법이 효과가 없다고 배워도** 이 방법을 선택한다. 아마 우리는 의식적으로는 모두 같은 선택을 하겠지만, 정말 중요한 것은 우리가 매일 해야 하는 이런 수많은 작고 묵시적인 선택들이다. 대개 무의식적으로 하게 되는 자잘한 선택들 말이다.

외부 시스템을 선택하는 것이 매우 똑똑한 조치가 되는 이유도 바로 여기에 있다. 이런 외부 시스템은 의도적으로 연습하지 않을 수 없게 만들고 이해가 부족한 부분이나 아직 학습되지 않은 정보를 최대한 많이 직시하게 만든다. 이런 시스템이 있으면 우리는 딱 한 번만 의식적으로 선택하면 된다.

10.5 읽으면서 배우기

학습은 그 자체가 의도적인 연습을 요구한다. 필자가 말하는 학습이란 그저 시험 통과용 학습이 아니라 세상에 대한 이해를 높이는 데 도움이 되는 실제 학습을 뜻한다. 그런데 의도적으로 연습하는 일은 고되다. 노력을 요하는 일이기 때문이다. 그렇다고 이 단계를 건너뛰려고 한다면, 헬스장에 운동하러 가면서 정작 운동할 때 최소한의 노력만 들이겠냐는 것과 같다. 무거운 역기를 대신 들어달라고 트레이너를 고용하는 것이 말이 안 되듯, 이 단계를 건너뛰는 것 역시 무의미한 일이다. 트레이너는 운동을 대신 해주려 있는 것이 아니라, 가장 효과적으로 시간과 노력을 투자하는 방법을 알려주기 위해 있는 것이다. 스포츠에서 우리가 이제 막 깨닫기 시작한 이 자명한 사실은 학습에도 그대로 적용된다. 도일[Doyle] (문헌 89-p.63)에 따르면 "실제로 공부하는 자가 학습하는 것이다." 믿기 어려운 사실이지만, 이 말은 교육 분야에서는 여전히 혁명적인 아이디어다.

학습은 노력을 요구한다. 이해하려면 생각해야 하고, 오래된 지식을 적극적으로 검색해서 우리의 뇌가 이것을 새로운 아이디어와 연결하게 만들어야 하기 때문이다. 이런 발상이 얼마나 획기적인지 알려면, 학생들의 학습을 용이하게 하기 위해 교사들이 정보를 사전에 정리하고 이것을 단위별, 범주별, 주제별로 분류하면서 지금도 얼마나 많은 노력을 들이는지 떠올리면 된다. 하지만 이렇게 함으로써 그들은 원래 의도한 것과는 정반대의 결과를 낳는다. 오히려 학생들의 학습을 더 어렵게 만드는 것이다. 그냥 떠먹기만 하면 되도록 복습 준비를 다 해주면, 학생들은 직접 의미 있는 연결 관계를 구축하고 자기만의 언어로 옮겨 이해할 기회를 박탈당하기 때문이다. 이것은 마치 패스트푸드와 같다. 영양가도 없고 식사가 썩 즐겁지도 않다. 그저 편리할 뿐이다.

만약 교사가 수업 중간에 주제를 바꾼다면, 그래서 아무도 첫 번째 장을 제대로 이해할 기회도 없이 다음 장으로 넘어간 뒤, 나중에 다시 첫 번째 장으로 돌아온다면, 이것은 매우 당황스러운 일이 될 것이다. 또한 절반 정도는 아직 언급도 하지 않은 내용으로 학생들을 계속 테스트한다면, 이것 역시 예상 밖의 일이 될 것이다. 그런데 이렇게 되면 그동안 깔끔하게 분류된 학습 자료에 익숙해 있던 학생들은 귀찮아하겠지만, 그런 만큼 억지로라도 자신이 접한 것을 이해하려 노력할 테고, 결국에는 실제로 학습하게 될 것이다.

> "변형을 주거나 간격을 띄우고 맥락상 혼선을 유도하고, 학습 이벤트로 프리젠테이션보다는 테스트를 활용하는 등의 조치는 공통적으로 학습 과정에서 학습을 지연시키는 특성이 있다. 하지만 교육 후 실시된 기억 및 전이 테스트 측정 결과, 이런 조치가 학습을 강화하는 경우가 많은 것으로 나타난다. 이와 반대로, 조건을 예측 가능하도록 일정하게 유지하거나 주어진 과제에 집중해서 테스트하는 등의 조치는 교육 기간 중에는 학습률을 강화하는 것처럼 보이지만, 보통 그런 다음에는 장기적 기억 및 전이를 지원하는 데 실패하고 만다."(문헌 90-p.8)

어떤 질문에 어떻게 답해야 할지 알게 되기 전에 그 질문에 답하려고 노력하다 보면, 비록 그 시도가 실패로 돌아가더라도 나중에 그 답을 더 잘 기억하게 된다.(문헌 91) 정보를 검색하려고 노력을 쏟아부으면 그 정보를 오랫동안 기억하게 될 공산이 더 크다. 비록 마지막에는 다른 사람의 도움으로 정보를 찾게 되었더라도 말이다. ^(문헌 92) 심지어 피드백이 없더라도, 우리 스스로 무언가를 기억하려 노력한다면 결과는 더 좋아질 것이다.^(문헌 93) 실증적 데이터를 보면 결과는 매우 명백하지만, 이러한 학습 전략이 반드시 옳다고 느껴지지 않는 것이 문제다. 직관적으로 대부분의 학생들은 벼락치기에 의존한다. 달리 표현하자면, 결국 학습에는 실패하지만 계속해서 읽기를 반복한다는 말이다.^(문헌 94) 다시 읽기는 학습에 도움이 되지 않는 것과 마찬가지로 이해하는 데에도 도움이 되지 않는 것이 확실하다. 일반적으로 인정하듯, 우리는 벼락치기 공부로 필요한 정보를 머릿속에 단기간 저장할 수 있으며 대개 그런 식으로 시험을 치러서 합격할 정도는 된다. 그러나 벼락치기는 진정한 학습에는 도움이 되지는 않는다. 테리 도일^{Terry Doyle}과 토드 자크라젝^{Todd Zakrajsek}의 표현처럼, "학습이 목표라면, 벼락치기는 비합리적인 행위다."²⁵ ^(문헌 52)

어떤 텍스트를 다시 보는 대신 탁구 한 판을 치는 것도 괜찮다. 사실, 그러는 편이 더 많은 도움이 될 가능성이 있다. 운동은 정보를 장기 기억으로 전달하는 것을 돕기 때문이다.^(문헌 69) 게다가 운동은 스트레스를 감소시킨다. 이 점이 중요한 이유는 스트레스가 우리 뇌에서 학습 과정을

---

25 문헌 52의 두 저자는 이 인용문의 출처를 문헌 93이라고 주장하지만, 필자는 거기서 이 부분을 찾을 수 없었다. 어쨌든 이것은 적절한 표현이다.

억제하는 호르몬을 증가시키기 때문이다.^(문헌 95)

요약하자면, 단순한 다시 읽기는 이해나 학습 측면에서 아무런 의미도 없다. 이것을 학습이라고 부를 수 있을지조차 이론의 여지가 있다.

가장 잘 증명된, 그리고 가장 성공적인 학습법은 "상술(詳述: 자세히 설명하며 적는 것)"이다. 이는 의외의 결과가 아니다. 이 방법은 스마트하게 메모하고 그 메모를 다른 메모와 결합하는 일과 매우 비슷하며, 단순한 복습과는 정반대되는 일이기 때문이다.^(문헌 96) 상술한다는 뜻은 우리가 읽은 것의 의미가 무엇인지, 그것이 다른 문제와 주제에 어떤 정보를 제공할 수 있는지, 다른 지식과 어떻게 결합할 수 있는지 생각한다는 것이다. 실제로 어떤 "상술법"에는 "학습을 위한 글쓰기"라는 명칭이 붙여진 경우도 있다.^(문헌 97) 그런데 이 대목에서 주의할 부분이 있다. 비록 상세히 설명하는 것이 심층적 이해에 효과적임이 입증되었다 하더라도, 고립된 백과사전적 사실을 배우고 싶을 뿐이라면 이것은 최고의 선택이 아닐 수 있다.^(문헌 98) 하지만 퀴즈쇼 출연자 경력을 쌓으려고 고군분투하는 것이 아니라면, 굳이 백과사전적 지식이 필요할까? 메모 상자는 사실과 정보를 저장하는 일을 책임지지만 생각하고 이해하는 일까지 여러분 대신 떠맡을 수는 없다. 그렇기에 우리가 생각하고 이해하는 데 초점을 맞추는 것은 당연한 일이다. 혹시 메모 상자가 어떤 식으로든 학습을 돕고 있다면 그것은 일종의 긍정적인 부작용인 셈이다. 루만은 어떤 텍스트건 두 번 읽은 적이 거의 없다.^(문헌 31) 그런데도 그는 언제든 모든 정보를 전달할 수 있는 인상적인 대화 상대였다.[26]

그러므로 메모 상자를 활용해서 작업한다는 것은 우리 머리 대신 메모 상자 안에 정보를 저장한다는 뜻이 아니다. 즉 스스로 학습하지 않는다는 의미가 아니다. 이와 반대로, 메모 상자는 실제 장기적 학습을 촉진한다. 이는 여러분의 머릿속에 각기 고립된 사실들을 벼락치기로 주입하지 않는다는 것을 의미한다(아마도 벼락치기는 여러분이 어떻게든 피하고 싶은 일일 것이다). 그러므로 메모하고 메모를 분류해서 메모 상자에 넣는 일이 시간을 너무 많이 잡아먹는다는 반대 의견은 근시안적인 것이다. 글쓰기, 메모하기, 아이디어들이 어떻게 연결되는지 생각하는 작업은 어떤 것을 학습하기 위해 상세히 설명하는 행위와 정확히 결을 같이한다. 읽은 것을 상세히 기술할 시간이 없다는 이유로 그저 읽기만 할 뿐 아무것도 학습하지 않는다면, 이것이야말로 진정한 시간 낭비다.

우리 뇌와 메모 상자 사이에는 담당 업무가 명확히 분리되어 있다. 메모 상자는 세부사항과 문헌 정보를 관리하고 정보의 객관성이 변하지 않게 유지하는 장기 기억 자

---

26 대화 상대자에 따라 루만이 전달한 정보의 내용은 모두 달랐다.

원이다. 덕분에 우리 뇌는 핵심과 심층적 이해, 큰 그림에 초점을 맞출 수 있고, 자유롭게 창조할 수 있게 된다. 우리의 뇌와 메모 상자, 양쪽 모두 각자 가장 잘 하는 일에 집중할 수 있게 되는 것이다.

11. 스마트하게 메모하기

교육심리학자 키르스티 롱카^{Kirsti Lonka} 교수는 비범한 성적으로 논문심사에 합격한 박사 학위 예정자들의 독서 접근법과 이들보다 우수하지 않은 학생들의 독서 접근법을 비교 연구했다. 그 결과, 한 가지 중대한 차이점이 드러났다. 바로 텍스트의 주어진 틀 너머로 생각하는 능력이었다. ^(문헌 99-p.155f)

학술 활동 경험이 많은 독자들은 텍스트를 읽을 때 대개 머릿속에 여러 질문을 품으면서 읽으며, 텍스트를 다른 접근법과 연결지으려 노력한다. 반면, 이런 경험이 적은 독자들은 텍스트가 제시하는 문제와 주장의 틀을 그대로 수용하는 경향이 있다. 훌륭한 독자라면 특정한 접근법이 지닌 한계를 간파하고 텍스트에 언급되지 않은 것이 무엇인지 찾아낼 수 있어야 한다.

어떤 텍스트나 주장의 주어진 틀 안에 머물러 있는 것보다 더 문제가 되는 것은 텍스트 내의 특정 정보를 더 큰 프레임이나 주장 안에서 해석할 능력이 없는 것이다. 박사과정 학생들조차도 그저 텍스트에서 탈맥락화한 인용문만 단순히 수집하는 경우가 종종 있다—아마도 이것이 우리가 상상할 수 있는 최악의 연구 접근법이리라. 이렇게 하면 정보의 실제 의미를 이해하는 것은 거의 불가능하다. 맥락 안에서 정보를 이해할 수 없으면, 그것을 넘어서서 다시 틀을 짜고 또 다른 문제에 대해서는 어떤 의미가 될 수 있을지 생각해보는 것 역시 불가능하다.

롱카 교수가 언급한 심리학자 제롬 브루너$^{Jerome\ Bruner}$ 교수는 여기서 한 걸음 더 멀리 나간다. 그는 주어진 맥락 너머를 생각하지 못하고 주어진 정보에만 초점을 맞춘다면 과학적인 사고는 불가능할 수밖에 없다고 한다.(문헌 100) 그러므로 롱카 교수와 루만 교수의 권고가 일치하는 것도 의외는 아니다. 텍스트에서 인용문을 끌어모으지 말고 그 핵심 내용에 대한 간략한 설명문을 작성하라는 권고 말이다. 이에 덧붙여 롱카 교수는 이 핵심 내용을 활용하는 것도 못지않게 중요하다고 강조한다. 즉, 이 핵심 내용을 다양한 맥락 속 다른 아이디어들과 어떻게 연결할 수 있을지, 각 텍스트의 저자가 미처 제시하지 않은 질문들을 어떻게 알아낼지 열심히 생각해야 한다고 주장한다.

그런데 이것은 우리가 다음 단계에서 영구보관용 메모를 작성하고 이를 메모 상자에 추가할 때 하는 일과 정확히 겹친다. 우리는 그냥 머릿속에서 아이디어를 가지고 장난하는 것이 아니라, 그 아이디어를 가지고 아주 구체적으로 무언가를 한다. 다른 사고방식으로 보면 그 아이디어의 의미가 어떻게 될지 생각하고, 그런 다음 이것을 종이에 명시적으로 적어서 문자 그대로 다른 메모와 연결하는 것이다.

11.1 한 번에 하나씩 메모하는 성공의 길

처음으로 학위논문처럼 많은 분량의 텍스트를 작성하는 도전에 직면하면 잘 구상한 아이디어, 출처 기반 연구, 정확한 참고문헌으로 몇백 페이지를 채워야 한다는 생각에 주눅 드는 것이 지극히 정상이다. 만약 이런 과제에 대해 어느 정도 존경심이 느껴지지 않는다면, 오히려 여러분에게 무언가 문제가 있는 것이다. 반면, 대부분의 사람들은 매일 하루에 한 페이지씩(매주 하루는 쉬면서) 쓰는 것은 꽤 할 만하다고 느끼면서도, 이렇게 하면 1년 안에 박사 학위 논문을 끝낼 수 있다는 사실은 깨닫지 못한다—물론 1년 안에 박사 논문 한 편, 이런 일은 현실에서는 잘 일어나지 않는다.

매일 일정량의 글을 쓰는 기법은 19세기에 가장 많은 사랑을 받으면서 가장 많은 작품을 남겼던 영국의 소설가 앤서니 트롤럽Anthony Trollope에 의해 완성되었다. 그는 매일 새벽 5시 30분, 커피 한 잔과 시계를 앞에 두고 아침을 시작하곤 했다. 그런 다음 15분마다 최소 250단어 분량의 글을 썼다. 그의 자서전에 따르면, 이렇게 한 덕분에 "일반 소설 1권 분량 가운데 10페이지 이상을 매일 쓸 수 있었다. 열 달을 이렇게 쓰다 보면 그 결과물로 1년에 각각 3권 분량의 소설 3편을 완성할 수 있었다"**(문헌 101-p.272)**고 한다. 여기서 눈에 띄는 대목은 이것이 **아침 식사 전에** 했던 작업량이라는 것이다.

물론, 학술 텍스트나 비소설 텍스트는 이런 식으로 쓸 수 있는 성질의 글이 아니다. 글쓰기뿐만 아니라 읽기, 연구하기, 생각하기, 진땀을 흘리면서 아이디어 다듬기 등의 작업이 동원되기 때문이다. 따라서 이런 작업은 거의 언제나 예상보다 상당히 오랜 시간이 소요된다. 그런데 학술적 혹은 비소설 글쓰기를 하는 작가나 학생, 교수에게 한 텍스트를 완성하는 데 시간이 얼마나 걸릴 것으로 예상하는지 물으면 필요한 시간을 하나같이 과소평가한다—최악의 시나리오로 시간을 계산해달라고 해도 그렇고, 실제 조건이 매우 유리해도 마찬가지다.(**문헌 102-p.245ff**) 하지만 어째서 전체 박사 학위 논문의 절반은 **영원히** 미완성으로 남을까?(**문헌 99-p.113**) 학술적 글쓰기와 비소설 글쓰기는 트롤럽의 소설 쓰기처럼 예측할 수도 없으며, 여기에 동원되는 작업은 "하루에 한 페이지" 같은 식으로 확실히 쪼갤 수 없기 때문이다.

전체 작업을 감당할 수 있고 측정할 수 있는 단계로 나누는 것은 분명 의미 있는 일이다. 하지만 읽고 연구하고 생각하는 작업도 함께 해야 한다면, 하루에 몇 페이지 쓰는 것을 한 단위로 삼아서는 별 효과가 없다. 이렇듯 학술적·비소설 글쓰기에는 소설보다 더 많은 종류의 작업이 동원됨에도, 루만은 저서와 논문을 통틀어 생산성 면에서 트롤럽을 앞설 수 있었다. 트롤럽이 47편의 소설과 16권의 기타 저서를 집필한 데 비해, 루만은 58권의 저서와 수백 편의 논문을 발표했다. 물론, 이런 결과는 루만이 아침 식사 후에도 일했다는 사실과 관계가 있을 수 있다. 하지만 주된 이유는 메모 상자 때문이다. 메모 상자를 복리 투자에 비유한다면 트롤럽의 글쓰기 기법은 돼지저금통에 해당한다. 트롤럽은 매일 조금씩 적은 돈을 저축해서 티끌 모아 태산을 만드는 성실한 저축왕과 같다. 매일 3달리씩(테이크아웃 커피 한 잔 값) 모으면, 1년 후에는 조촐한 휴가비($1,000)가 모이고, 한평생 일하면서 모으면 은퇴후 생활할 조용한 아파트 한 채를 빌릴 보증금이 모인다.[27] 그러나 메모 상자에 메모를 모으는 일은 복리 이자로 보상받는 투자법과 같다(위의 비유에 적용하면 거의 아파트한 채를 살 수 있는 금액이 모인다).[28]

복리 이자와 마찬가지로 메모 상자 내용물의 총합은 메모의 총합보다 훨씬 더 가치가 크다. 메모가 많을수록 가능한 연결 관계도 많고, 아이디어도 많고, 다양한 프로젝트 사이의 시너지도 크고, 이에 따라 생산성 수준이 훨씬 더 높다는 것을 뜻한다. 루만의 메모 상자에 약 9만 개의 메모가 들어 있다고 하면 믿을 수 없을 정도로 큰 숫자처럼 들린다. 하지만 이것은 그가 메모 상자를 활용하기 시작한 날부터 죽는 날까지 매일 하루에 6개의 메모를 작성했다는 의미일 뿐이다.

여러분에게 매년 발표하는 저서 수를 따져서 루만과 경쟁하고 싶은 야망이 없다면, 하루에 메모 3개를 작성하는 것으로도 충분할 것이다. 이 정도만 해도 매우 합리적인 시간 안에 의미심장한 임계치에 달하는 아이디어를 구

---

27 인플레이션을 반영해서 약 $30,000.

28 사상 최고였던 S&P500 인덱스 펀드 연 복리 수익률 7%를 받는다면 인플레이션을 반영해서 약 $200,000.

축할 수 있다. 그러면 여러분은 12개월마다 1권 미만의 책을 족히 쓸 수 있다. 하루에 원고 몇 장으로 따지는 것과는 대조적으로, 하루에 일정량의 메모를 쓰는 것으로 목표를 정하면 학술적 글쓰기에 알맞은 합리적인 목표가 된다. 왜냐하면 원고 1페이지를 쓰려면 다른 과제까지 동원해서 준비하는 기간을 감안하면 수주 혹은 수개월까지 걸릴 수 있는 반면, 메모를 적고 이것을 분류해서 메모 상자에 넣는 일은 한꺼번에 할 수 있는 일이기 때문이다. 그러므로 여러분의 하루 생산성은 여러분이 작성한 메모 개수로 측정할 수 있다.

11.2 두뇌 밖에서 생각하기

문헌 메모 작성은 자신의 이해력이나 이해력 부족에 대한 피드백을 받을 수 있으므로 일종의 의도적인 연습에 해당한다. 자신이 읽은 내용을 이해하기 위한 최고의 접근법은 읽은 내용의 골자를 자기만의 언어로 표현하려 노력하는 것이기 때문이다.

자신의 생각을 담은 영구보관용 메모를 작성하는 것은 일종의 자체 테스트를 하는 셈이다. 글로 썼을 때도 내 생각이 여전히 타당할까? 생각을 종이에 옮겨 적을 수나 있을까? 당장 쓸 수 있는 참고문헌이나 사실, 혹은 근거 자료가 있는가? 이렇게 스스로를 테스트하면서 생각을 글로 적는 것은 생각을 정리하는 최고의 방법이기도 하다. 글쓰기는 그냥 베껴 쓰는 것이 아니라 (한 맥락에서 다른 맥락으로, 한 매체에서 다른 매체로) 옮겨 적는 것을 말하므로 우리가 쓴 글은 우리 머릿속 생각을 그대로 복사한 것 또한 아니다.

영구보관용 메모를 작성하는 행위는 미리 구상한 아이디어의 초안을 작성하는 일이라기보다는 메모 상자 안에 있는 기존의 메모와 대화하면서 글쓰기라는 매체 안에서 생각을 하는 것이다. 어떤 경우든 복잡한 사고에는 글쓰기가 요구된다. 일관성 있는 주장을 펴려면 언어가 확정되어야 하며 그건 글로 적어야 가능한 일이므로 메모를 한 뒤에야 우리는 원래 저자로부터 독립적으로 논의할 수 있다. 그런데 우리의 뇌는 단독으로 작용하게 놔두면 우리 기분을 좋게 맞춰주려고 너무 열심히 노력하는 경향이 있다. 심지어 우리 사고방식에 일관성이 결여되더라도 정중하게 눈감아준다. 어떤 주장이건 글로 표현되어야만—말 그대로—일정한 거리를 두고 들여다볼 수 있으며, 이런 거리가 유지되어야 그 주장에 대해 이모저모 생각해볼 수 있다. 어떤 주장을 면밀하게 살피려면 정신적 자원이 필요한데, 만약 그 주장과 적절한 거리를 유지하지 못하면 그 주장 자체가 바로 이 정신적 자원을 독차지해버릴 수 있는 것이다.

우리는 메모를 적으면서 기존의 메모들을 참고하는 덕분에, 우리의 내부 기억 속에 있는 동원 가능한 정보보다 더 많은 것을 고려해 넣을 수 있다. 이것은 매우 중요한 사항이다. 내부 기억은 합리적이거나 논리적인 방식이 아닌 심리적 논리 규칙에 따라 정보를 검색하기 때문이다. 우리 뇌 역시 중립적이거나 객관적으로 정보를 저장하지 않는다. 우리는 정보를 검색하려 할 때마다 기억을 다시 만들어내는데, 이때 우리 뇌는 경험법칙을 바탕으로 작동하면서 모든 상황이 잘 맞지 않더라도 잘 들어맞는 것처럼 보이게 만든다. 결코 일어난 적 없는 사건을 기억한다거나, 관련 없는 에피소드를 설득력 있는 서사에 연결하거나, 불완전한 이미지를 완전하게 만든다. 심지어 무작위적인 상황인데도 아무 데서나 패턴이며 의미를 찾으려 든다.(문헌 103) 카너먼Kahneman 교수가 지적하듯, 우리 뇌는 "결론으로 곧장 건너뛰는 기계"와 같다.(문헌 102-p.79) 그런데 사실과 합리성 차원에서 보면 결론으로 건너뛰도록 고안된 기계에는 좀처럼 의존하고 싶은 마음이 들지 않는다. 그래서 최소한 그 기계의 균형이라도 잡아주고 싶다는 생각이 들 수 있다. 루만은 최대한 명확하게 다음과 같이 천명한다. 글로 쓰지 않은 채 체계적으로 생각하는 것은 불가능하다고.(문헌 1-p.53) 여전히 대부분의 사람들은 생각이란 순전히 내적 과정이며, 펜의 유일한 기능은 완성된 생각을 종이에 적는 것이라 믿는다. 어느 날, 리처드 파인만의 연구실에 그를 인터뷰하기 위해 한 역사학자가 방문했다. 연구실에서 파인만의 공책을 발견한 그는 "파인만의 생각이 기록된 멋진 기록물"을 이렇게 볼 수 있어서 얼마나 기쁜지 모르겠다고 했다.

그러자 파인만이 이의를 제기했다. "아뇨, 아닙니다! 그 공책은 제가 생각한 과정을 기록한 것이 아닙니다. 그것 자체가 바로 제 생각의 과정입니다. 실제로 저는 종이 위에서 작업을 했습니다."

"글쎄요." 그 역사학자가 말했다. "작업은 교수님 머릿속에서 이루어졌고, 그 기록이 여기 남아 있는 거잖아요."

"아뇨, 그렇지 않아요. 그건 기록이 아닙니다. 그것 자체가 일하고 있는 겁니다. 우리는 종이에 적으면서 일해야 하는데, 이게 바로 그 종이입니다."[29]

분명 이것은 파인만에게는 매우 중요한 차이였다. 단지 언어적 차이만이 아닌 그 이상의 것이었다. 그도 그럴 만했다. 생각의 영역에서 모든 것을 완전히 달라지게 만드는 것이 바로 이 차이였기 때문이다.

철학자나 신경과학자, 교육학자, 심리학자는 우리 뇌가 어떻게 작동하는지를 놓고 다양한 측면에서 서로 다른 의견을 가지고 있다. 그러나 외부 발판이 필요하다는 점에는 이제 모두가 동의한다. 최근에는 거의 모두가 진정한 사고 행위를 하려면 모종의 외면화, 특히 글쓰기의 형태로 된 외면화가 필요하다는 데 의견의 일치를 보인다. "종이, 혹은 컴퓨터 화면 위에 메모를 끄적이는 이유는 현대물리학을 비롯한 모든 지적 시도를 좀 더 쉽게 만들기 위해서가

---

29 문헌 104의 409페이지 참조.

아니다. 그렇게 해야 비로소 그 모든 것이 가능해지기 때문이다." 이는 현대 신경과학자용 편람(문헌 24-p.290)에서 강조하는 주요 내용 가운데 하나다. 레비 교수는 이 편람에 소개된 논의의 결론을 도출하면서 이렇게 지적한다. "어떤 경우든, 내적 과정이 어떻게 시행되었는지는 상관없다. 과학영역, 체계적 조사가 동반되는 기타 영역, 예술 영역에서 인류의 눈부신 지적 위업을 이끈 동력에 진정 관심이 있는 사상가들은 우리의 정신이 외부 발판에 어느 정도로 의존하는지 알아야 한다."(문헌 24) 이 책에서 소개하는 메모 시스템에서는, 메모 상자라는 외부 기억 안에서 생각과 생각을 연결함으로써 명시적으로 이 발판을 구축하고 있다. 루만에 따르면, "명시적으로든 암묵적으로든, 어떻게든 개념상의 차이점을 표시하고 차별성을 기록해야 한다." 어떻게든 연결 관계가 외부적으로 확정되어야 모형이나 이론으로서 기능할 수 있고, 그래야 사고의 심화에 의미와 연속성이 부여될 수 있기 때문이다.(문헌 1-p.53)

어떤 아이디어를 메모 상자의 맥락 안에 심는 일반적인 방법은 자신의 사고방식에 따라 그 아이디어가 중요한 이유를 글로 적는 것이다. 가령, 필자는 최근 멀레이너선Mullainatha과 샤퍼Shafir 교수의 『결핍의 경제학: 왜 부족할수록 마음은 더 끌리는가?』(2013)(문헌 105)를 읽었다. 두 저자는 희소성의 경험이 어떤 인지적 영향을 미쳐서 의사결정 과정에 변화를 초래하는지 연구했다. 이 책을 통해 독자들은 돈이나 시간이 거의 없는 사람들이 때때로 제3자가 보기에 도저히 납득하기 어려운 행동을 하는 이유를 이해하게 된다. 이를테면, 마감시한이 목전에 닥친 사람이 그일에 집중하지 않고 온갖 다른 일에 정신이 팔려 있는 경우가 종종 있다. 거의 무일푼인 사람이 고급 테이크아웃 음식을 사는 등 외견상 호사를 부리는 데 돈을 탕진하기도 한다. 외부의 시각에서 보면, 당장 급한 일에만 집중하거나 값싼 음식재료를 대량으로 구입해서 직접 요리하는 편이 합당할 것이다. 이 책이 흥미로운 이유는 두 저자가 이런 행동에 대해 미사여구를 동원하거나 판단하는 태도로 의문을 제기하지 않고 이를 인간의 보편적인 현상으로 보고 연구했기 때문이다.

이 책을 읽고 필자는 인간이 결핍을 경험할 때 어떻게, 그리고 왜 이렇게 다양하게 행동하는지 그 이유를 찾아 모으면서 문헌 메모를 작성했다. 이 책의 주장을 참고하면서 이렇게 1단계가 완료되었다. 이때 필자의 마음속에는 여러 의문이·생겼다. 이것이 설득력 있는가? 저자는 어떤 방법을 사용하고 있는가? 참고문헌 가운데 어떤 것이 친숙한가? 하지만 메모 상자에 넣을 첫 번째 영구보관용 메모를 작성할 때가 되자 다음과 같은 질문을 가장 먼저 떠올렸다. 이 모든 것이 내 연구에 무슨 의미가 있으며, 메모 상자 안에서 내가 고민하고 있는 질문들에는 어떤 의미가 있을까? 달리 표현하자면, 내가 메모한 측면들이 내 관심을 끈 이유가 무엇일까?

만약 필자가 심리학자라면 정치학자나 부채 전문가, 혹은 개인적인 관심 때문에 이 책을 산 사람과는 완전히 다른 이유로 책 내용에 관심을 보일 것이다. 정치 문제를 사회학적 관점으로 바라보고 사회 이론 프로젝트에 흥미를 느끼는 사람으로서 필자가 쓴 첫 번째 메모를 있는 그대로 옮기면 다음과 같다. "사회적 불평등에 대한 포괄적 분석 안에 결핍이 미치는 인지적 영향이 포함되어야 함. 멀레이선과 샤퍼의 2013년作 참조." 이를 시작으로 그 즉시 더 많은 질문들이 봇물 터지듯 이어지면서 필자는 뒤이은 메모에서 "왜"라는 질문과 함께 본격적인 논의를 할 수 있게 됐다.

자, 필자의 메모 상자 안에는 벌써 2개의 메모가 있다. 이 메모들은 책을 읽으면서 적었던 문헌 메모를 바탕으로 하면서도 필자만의 사고방식에 따라 쓴 메모들이다. 하나는 필자의 생각과 이 책의 관련성을 다루고, 다른 하나는 필자의 아이디어를 좀 더 상세히 설명한다. 여기서 필자는 문헌 메모를 통해 귀중한 사실과 통찰의 자료를 얻을 수 있었다. 왜 결핍이 사회적 불평등 연구에 관련되냐는 질문에 대한 여러 답이 모두 이 책 안에 있지만, 그 답들은 그냥 베끼라고 그렇게 있는 것이 아니다. 우리가 그 답들을 명시적인 것으로 만들어야 한다. 이는 결핍의 인지적 영향에 대한 통찰이 사회적 불평등 분석에 어떻게 영향을 주는지 **생각해야** 한다는 의미다.

필자가 이들 메모를 작성하는 동안, "왜"라는 질문에 대한 답이 이미 더 많은 후속 질문들의 방아쇠를 당긴 것이나 다름없다. 가령, 이미 사회적 불평등 이론에서 논의된 것이 아닌가? 만약 그렇다면, 누가 논했는가? 혹은 이미 논한 것이 아니라면, 이제 논의해보면 어떨까? 이런 질문들에 대한 답을 찾으려면 어디서 도움을 얻어야 할까? 그렇다. 더 많은 연구를 위해 가장 먼저 찾아야 할 것은 바로 메모 상자다. 어쩌면 그 안에는 이미 이 같은 질문에 답하는 데 도움이 되는 사회적 불평등에 관한 무언가가 있을지도 모른다. 혹은 최소한 어디를 찾아보라고 하는 지침이라도 있을 수 있다.

메모 상자를 훑어보면서 필자는 이런 아이디어들이 필자가 미처 생각지도 못했던 또 다른 주제에도 도움이 된다는 것을 알게 될 수도 있다. 예를 들면, 비만을 사례로 들어 개인의 책임에 관한 문제를 논의할 수 있으며, 자유의지에 대한 철학적 논쟁의 부주제로 호르몬의 영향을 논할수 있다. 이 가운데 어떤 문제도 당장에 논의될 필요는 없다. 특히 이들 대부분은 더 많은 연구와 독서가 선행되어야 논할 수 있기 때문이다. 그렇다고 이렇게 연결 짓는 것이 가능한데, 이것을 적어둔 다음 나중에 연구 방향이 이쪽을 가리킬 때 다시 돌아와 살펴보지 않을 이유도 없다. 메모 상자 안에 메모가 많을수록 이 단계는 더욱 흥미진진해지고 그만큼 많은 결실을 낳는다. 또한, 연구해야 할 질문들이 더 많이 촉발된다.

이렇듯 여러 질문들과 가능성 있는 연결 관계를 글로 써서 명확하게 만드는 것만으로도 개념과 이론에 관한 연구 조사가 시작된다. 그러면 이런 개념과 이론이 어떤 문제점에 대해 가지고 있는 시각만큼이나 그 한계도 잘 보이게 된다. 어떤 것이 다른 것과 어떻게 연결되거나 이어지는지 명시적으로 적어놓으면, 여러 아이디어들을 명확하게 설명하고 이들을 서로 구별할 수밖에 없게 된다.

11.3 애쓰지 않으면서 배우기

> "선택은 정신이라는 배를 떠받치고 있는 용골과 같다. 특히 기억에 있어서 선택의 유용함은 명백하다. 만약 우리가 모든 것을 기억한다면, 대부분의 경우에는 마치 아무 것도 기억하지 못하는 것 같은 나쁜 상황이 될 것이다. 예를 들어 우리가 어떤 시기를 기억해내는 데에도 실제 그 시기가 흐르는 것 만큼이나 긴 시간이 걸릴 것이다. 그래서는 절대로 생각이 진전되지 못한다."
>
> —윌리엄 제임스 (문헌 106-p.680)

우리는 자신이 읽을 내용을 스마트한 문헌 메모를 통해 **상세히 기술하면** 그 내용을 장기적으로 기억할 가능성이 커진다는 것을 확인했다. 하지만 이것은 겨우 첫 단계에 불과하다. 이런 아이디어들을 메모 상자 안에 있는 우리의 생각, 즉 격자형으로 얽혀 있는 이론, 개념, 정신 모형의 네트워크 안으로 이동시키면 우리의 사고행위는 다음 수준으로 올라간다. 이제 우리는 이 아이디어를 다양한 맥락 안에서 상세히 기술하고 이들을 다른 아이디어들과 지속 가능한 방식으로 연결한다. 그럼 이제 문헌 메모는 기록으로 보관될 차례가 된다. 즉, 우리가 그 안에 담긴 아이디어를 더 이상 **어떻게 하지 않으면** 서지정보 시스템 안에서 그대로 잊혀질 거라는 의미다. 바로 이런 이유로 영구보관용 메모를 만들어 우리의 외부 기억장치 격인 메모 상자로 옮기는 것이며, 그렇게 되면 그 아이디어는 우리가 지속적으로 대화를 나누는 메모 상자 안에서 왕성하게 활동하는 아이디어들의 일부가 될 수 있다.

아이디어를 외부 기억장치로 옮겨두면 그 뒤에는 잊어버려도 된다는 또 다른 장점이 있다. 게다가 역설적으로 들릴 수 있지만, 망각은 실제로 장기적 학습을 용이하게 해준다. 여기서 그 이유가 무엇인지 이해하는 것이 중요하다. 왜냐면 여전히 많은 학생들이 외부 기억장치 사용을 꺼리기 때문이다. 이들은 어떤 것을 기억할 때 (외부 기억장치가 필요 없는) 머리나 (내부 기억장치에서는 잊어버리게 만드는) 외부 기억장치 가운데 하나를 선택해야만 하는 것은 아닌지 걱정한다(즉 머리로 기억하면 외부 기억장치가 필요 없을 테고, 외부 기억장치로 기억하면 내부 기억장치에서는 잊히게 될 것이라고 생각한다). 하지만 우리의 기억이 실제 어떻게 작동하는지 알게 되면 이것은 잘못된 생각이라는 것이 명백해진다.

외부 기억장치에 의존할 필요 없이 모든 것을 기억할 수 있다고 하면 처음에는 멋진 것처럼 여겨진다. 하지만 실제로 거의 모든 것을 기억할 수 있었던 어떤 남자의 이야기를 들으면 아마 생각이 달라질 수 있다. 기자로 일했던 솔로몬 셰레셉스키Solomon Shereshevsky (문헌 107)는 심리학 역사상 가장 유명한 인물 가운데 하나다. 그가 회의에서 아무 메모도 하지 않는 것을 본 그의 상사는 처음에는 그가 일을 열심히 하지 않는다고 의심했다. 하지만 얼마 지나지 않아 그의 의심은 셰레셉스키의 정신 상태로 옮겨갔다.

그가 셰레셉스키에게 태만해 보였던 행동에 대해 다그치자, 셰레셉스키는 회의시간에 오고 간 대화 내용을 토씨 하나 빠뜨리지 않고 기억해내기 시작했고, 계속해서 예전에 있었던 모든 회의 내용까지 하나하나 기억해냈다. 그의 동료들도 놀랐지만, 가장 놀란 사람은 셰레셉스키 자신이었다. 자기를 제외한 모든 사람들이 거의 모든 것을 잊어버리며 살고 있다는 사실을 처음으로 깨달았기 때문이다. 회의시간에 열심히 메모했던 사람들도 그의 입장에서는 아무렇지도 않게 떠올릴 수 있는 일들의 일부조차 기억하지 못했다.

그 뒤 생각할 수 있는 모든 방법을 동원해서 셰레셉스키를 테스트한 심리학자 알렉산드르 로마노비치 루리야Aleksandr Romanovich Luria는 사람들이 보통 가지고 있는 기억력의 제약을 그에게서 하나도 발견하지 못했다. 하지만 이런 장점에는 큰 대가가 따른다는 사실 역시 명백해졌다. 셰레셉스키는 그렇게 많은 것을 기억할 수 있기만 했던 것이 아니라, 무엇이건 잊어버리는 데 어려움이 있었다. 그의 의지와는 상관없이 마구 떠오르는 관련성 없는 세세한 기억 더미 아래에서 정작 중요한 사항들은 길을 잃고 떠돌고 있었다. 그는 사실들을 기억하는 데에는 무척 뛰어났지만, 어떤 일의 골자와 자세한 사항들 이면에 있는 개념을 포착하는 능력은 매우 떨어졌다. 중요하지 않은 세부사항과 의미 있는 사실을 구별하는 능력도 거의 없었으며, 문학작품이나 시를 공감하는 데 큰 어려움을 겪었다. 소설을 토씨 하나 빠뜨리지 않고 그대로 다시 이야기할 수는 있었지만, 그 안에 담겨 있는 더 큰 의미는 이해하지 못했던 것이다. 우리는 대부분 『로미오와 줄리엣』을 비극적인 사랑 이야기라 생각하지만, 그에게는 "이 극이 벌어지는 아름다운 베로나에, 명망이 엇비슷한 두 가문이 있었는데, 오래 묵은 원한으로 새 폭동을 일으켜, 시민의 피로 시민의 손을 더럽히게 되었도다…"라는 이야기에 불과했다. 이렇다면 학술적 사고와 글쓰기를 하는 데에는 모든 것을 기억할 수 있는 재능은 오히려 심각한 골칫거리임에 틀림없다.

그런데 혹시 우리는 한 번 접한 것을 사실상 전부 기억하는 셰레셉스키의 능력을 공유하고 있지만 다만 이 능력을 억제하는 데 더 뛰어난 것이 아닐까? 이 문제에 대해 학습 과학(뇌의 학습 과정을 바탕으로 최적화된 학습법을 포괄적으로 연구하는 학문—역주)에서는 여전히 명확한 결론을 내리지 못하고 있다. 어쨌든 우리는 프루스트의 『잃어버린 시간을 찾아서』에 나오는 마들렌 향처럼 어떤 신호가 계기가 되어 불현듯 과거의 장면을 아주 상세히 기억하게 되는 경우가 가끔 있다. 이러한 비자발적 기억의 순간은 정신의 장벽에 난 작은 틈새와 같다. 그 틈을 통해 우리는 한평생 모아두었으나 결코 다시는 접근하지 못했을 모든 기억을 살짝 엿볼 수 있다.

그렇다면 망각은 기억이 상실되는 것이 아니라 의식적 마음과 장기 기억 사이에 정신적 장벽을 세우는 것이 된다. 심리학에서는 이런 메커니즘을 가리켜 능동적 억제라고 한다.(문헌 108) 이런 메커니즘에 어떤 이점이 있는지는 쉽게 알 수 있다. 아주 철저한 필터가 없다면 우리 뇌는 끊임없이 밀려드는 기억으로 넘쳐나서 주변에 있는 어떤 것에도 집중할 수 없게 될 것이다. 세레셉스키가 살면서 고군분투했던 부분도 바로 이것이다. 한번은 아이스크림을 사러 가게에 들렀는데, 점원이 별생각 없이 던진 말 한마디가 너무도 엄청나게 많은 연상과 기억을 촉발한 탓에 서둘러 가게를 나서지 않을 수 없었다고 한다.

우리는 어떤 상황에서 정말로 도움이 되는 극소수의 경우를 제외하고는 매 순간 거의 모든 기억을 착실히 억제하는 무의식적 메커니즘에 크게 종속되어 있다. 안타깝게도 우리는 기억보관실에서 폴더 하나를 뽑듯 필요한 것을 그냥 의식적으로 뽑아내지는 못한다. 그러려면 우리가 선택할 기억이 이미 우리의 의식적 마음 안에 있어야 하는데,

이렇게 되면 기억 메커니즘이 중복되어 장황해진다. '기억하기remembering'는 어떤 기억을 의식적인 마음속으로 되돌리는 메커니즘이다. 그러므로 셰레솁스키에게는 우리 대부분이 가지지 않은 능력이 있었던 것이 아니라 우리 모두가 가지고 있는 능력이 **부족했던** 것인지도 모른다. 체계적으로 망각하는 능력, 가장 관련성 없는 정보는 기억되지 않도록 억제하는 능력 말이다.

셰레솁스키에게도 정보를 억제하는 능력이 아예 없었던 것은 아니다. 다만 그의 경우처럼 미세조정이 잘 안 되는 것만으로도 심각한 결과를 낳을 수 있다는 점이 의미심장하다. 그는 기억과 연상, 공감각적 경험에 너무 자주 압도된 탓에 직장에 계속 다니거나 우리가 아주 소중히 생각하는 많은 것들을 즐기기 어려웠다. 무엇보다도 그는 추상적인 용어로 생각하는 것이 거의 불가능했다.

캘리포니아 대학교의 로버트와 엘리자베스 리건 비요크 Robert & Elizabeth Ligon Bjork 남매는 기억에 관해서는 두 가지를 구별해서 측정해야 한다고 제안한다. 바로 저장 능력과 검색 능력이다.(문헌 90) 이들의 추측에 따르면 저장 능력, 즉 기억을 저장하는 능력은 평생 규모가 커지기만 한다. 그래서 사는 동안 장기 기억에는 점점 더 많은 정보가 추가된다. 물리적인 능력만 살펴보더라도, 우리의 한평생과 세세한 경험들이 다 저장되어 있는 곳은 다름 아닌 바로 우리의 뇌이다. (문헌 109-p.42)

이런 주장을 검증하는 일은 불가능하진 않더라도 까다롭다. 그럼에도 저장 능력에서 검색 능력으로 관심을 옮기는 것은 일리가 있다. 학습이란 하드디스크처럼 정보를 저장하는 것이라기보다는 적절한 순간에 억제 메커니즘을 회피할 수 있도록 정보와 정보 사이에 다리를 놓아 연결하는 것이다. 이때 반드시 올바른 "신호"가 적절한 기억을 촉발하게 만들고, 필요한 때에 가장 유용한 정보를 기억하도록 전략적으로 생각하게 만드는 것이 관건이다.

하지만 현실에서는 아직도 갈 길이 멀다. 현재의 교육 상태, 특히 대부분의 학생들이 활용하는 학습 전략을 들여다보면, 저장 능력은 노력으로 향상될 수 없는 것임에도 불구하고 절대다수의 학습 목표가 여전히 "저장 능력" 향상에 있음을 알 수 있다. 여전히 고립된 사실들을 기억하는 일을 더 중요시하고, 연결 관계를 구축하는 일은 그리 중요하게 여기지 않고 있다. 그러니 심리학자들이 이런 학습을 가리켜 "주입식 벼락치기^{cramming}"라는 폄하성 용어를 사용할 법도 하다. 벼락치기란, 반복을 통해 뇌 속에서 정보를 강화하고 확고하게 하려는 시도를 말한다. 이는 마치 고대 석판에 새겨진 조각처럼, 기본적으로 머릿속에 여러 사실을 망치질해서 새겨넣는 것과 같다. 아무리 이것을 "뉴런 사이의 연결 강화"라는 멋진 표현으로 포장하더라도 헛된 시도라는 사실에는 변함이 없다.

반면, 저장 능력 대신 "검색 능력"에 초점을 맞추면, 우리는 그 즉시 어떤 종류의 신호가 기억 검색을 촉발할지에 대해 전략적으로 생각하기 시작한다. 그런데 원래부터 신호인 것은 없다. 대신 모든 정보는 다른 정보를 기억해내는 계기가 될 수 있다. 프루스트에게는 마들렌이 어릴 적 기억의 방아쇠를 당겼듯, 달콤한 향과 같은 연상물도 이런 신호가 될 수 있다. 하지만 이런 종류의 회상을 "비자발적 기억"이라고 부르는 데에는 이유가 있다. 우리가 의도적으로 검색할 수 없기 때문이다. 한편 우발적인 신호는 우리가 특정한 환경에서 무언가를 배울 때 정보에 우연히 첨부되는 신호다. 가령, 학교에서 배운 내용을 같은 교실, 같은 소음, 같은 배경에서 시험 본다면 그 내용을 기억해내기가 더 쉽다.(문헌 90-p.14) 마찬가지 이유로, 교실이 아닌 다른 곳에서는 학교에서 배운 내용이 잘 떠오르지 않는 경우가 종종 있는 것이다.

분명 환경 속 신호에 의존하고 싶은 사람은 없을 것이다. 그렇게 되면 비실용적일 뿐만 아니라 오해의 소지가 크기 때문이다. 만약 우리가 무언가를 배웠던 바로 그 환경과 맥락에서 반복적으로 시험을 본다면, 우리는 스스로의 학습능력에 과도한 자신감을 지니게 될 것이다. 우리가 기억해내고 싶은 바로 그 맥락에서는 아마도 이런 환경 신호는 존재하지 않겠지만, 우리는 여전히 그 환경적 신호에 계속 의존하게 될 테니 말이다.

유용하고 진정한 학습이 이루어지려면 한 가지 정보에 의미 있는 맥락을 최대한 많이 연결하는 것이 도움이 된다. 메모 상자 안의 메모를 다른 메모와 연결할 때 하는 일이 바로 이것이다. 의도적으로 이런 연결을 짓는 것은 서로서로 신호로 작용하는 상호연결된 여러 아이디어들과 사실들로 독자적인 네트워크를 구축한다는 것을 의미한다.

벼락치기 같은 주입식 공부를 학습으로 오인하는 관행은 우리 교육 문화에 여전히 뿌리 깊이 박혀 있다. 학습이론의 대부로 불리는 헤르만 에빙하우스Hermann Ebbinghaus조차도 학습과 학습 과정 측정의 기초를 파악하고자 할 때, 무작위로 글자를 조합하는 등 의도적으로 의미 없는 정보를 사용했고 우발적으로라도 의미가 실리지 않도록 신경썼다. 그는 어떤 의미가 실제 학습 과정에 방해가 된다고 이해했지만 그는 이로써 자신이 학습이라 생각하는 것에서 도리어 학습 과정을 해체하고 있다는 사실을 깨닫지 못했다. 왜냐하면 의미 있는 연결을 만드는 것이 바로 학습이기 때문이다.

진화의 관점에서 보면, 우리의 뇌에는 의미 있는 정보를 학습하는 것을 선호하고 의미 없는 글자 조합을 무시하는 성향이 내재되어 있는 것 같다. 그러나 에빙하우스는 학습에서 이해를 분리하는 것을 근간으로 한 학습이론 전통을 세웠고, 이 전통은 오랜 시간 큰 영향을 미쳤다.

우리가 기억술 전문가에게 매료되는 이유도 바로 이런 전통으로 설명할 수 있다. 평범한 사람이 수천 개의 단어, 수많은 사실, 수많은 주제, 유명인, 친구, 가족친지, 동료들의 수많은 이름을 오랜 시간 기억하는 능력은 딱히 별다를 것이 없는 것처럼 느껴진다. 하지만 우리는 언뜻 보기에 의미 없는 정보 20~30가지를 거의 즉석에서 기억하는 사람을 보면 홀딱 반하면서 학교 다닐 때 암기과목 때문에 고생했던 기억을 떠올린다.

물론, 이때의 암기 요령은 에빙하우스가 학습이라 생각했던 방법, 즉 정보를 머릿속에 주입하는 식의 학습이 아니다. 그 대신, 기억술 전문가들은 정보에 의미를 부여하고 이것을 이미 알려진 연결 네트워크에 의미 있는 방식으로 연결한다. 그러면 한 가지 정보가 다른 정보를 위한 신호가 되고 연속된 신호, 또는 신호 네트워크가 구축될 수 있다. 이런 종류의 기억술은 그 자체로 의미가 없는 정보를 암기하거나, 이미 알고 있는 것과 논리적, 혹은 의미 있는 연결 관계가 없는 정보를 습득해야 할 때 유용하다. 하지만 어쩌다 기억술 전문가가 되지 않는 한, 대체 왜 이런 것을 배울 필요가 있겠는가?

기억술은 조금 인위적인 상황에 대한 해결책이다. 반면 학술적 글쓰기는 오로지 의미 있는 맥락 안에서만 이뤄지기에 그런 요령은 필요 없다. 또한 서지정보 같은 추상적 정보는 외부에 저장할 수 있으므로 이런 것을 달달 외운다고 득이 될 것은 아무것도 없다. 따라서 그 외의 것은 모두 의미를 지니는 편이 낫다.

마찬가지로 글쓰기에 도전할 때도 학습보다는 이해가 관건이 된다. 우리가 이해하고 있는 것은 이미 학습한 것일 테니 말이다. 문제는 어떤 것의 의미가 항상 명백하지는 않기 때문에 탐구할 필요가 생긴다는 점이다. 우리가 상세히 기술해야 하는 이유가 바로 이 때문인데 상세한 기술이란 어떤 정보를 다른 정보에 의미 있는 방식으로 연결하는 것 그 이상도 그 이하도 아니다. 상세히 기술하는 첫 단계는 한 가지 정보에 관한 글을 쓸 수 있을 정도로 그 정보에 대해 충분히 생각하는 것이다. 두 번째 단계는 이 정보가 다른 맥락에서는 무엇을 의미하는지 생각하는 것이다.

이것은 "학습법"의 하나로 "상술^{elaboration}"을 추천하는 이유와 크게 다르지 않으며, 이 방법은 그 어떤 접근법보다 효과적인 것으로 입증되었다.(문헌 110) 이것은 딱히 새로운 통찰도 아니다. 베리 S. 스타인$^{Barry\ S.\ Stein}$ 외 여러 연구자가 1960년대부터 1980년대 초까지 발표된 다양한 연구물들을 조사한 결과는 다음과 같이 요약된다. "최근의 여러 연구 결과, '기억 재현의 변별성을 높이도록 정보를 상세히 설명하게 유도하는 습득 조건이 기억을 촉진'한다는 가설에 힘이 실리고 있다."(문헌 96-p.522)

스타인 외 연구자들은 정맥과 동맥의 차이를 배우는 생물학 입문자들의 사례를 들면서 이것이 얼마나 상식적인 이야기인지 보여준다. "동맥은 혈관 벽이 두껍고, 탄성이 있으며, 판막이 없는 반면, 정맥은 혈관 벽이 더 얇으며, 탄성이 더 적고, 판막이 있다는 내용을 처음에는 이해하고 기억하기 힘들 것이다."(문헌 96) 하지만 학생들은 이런 차이점을 조금 더 상세히 기술하면서 "왜 그럴까?" 같은 알맞은 질문을 던짐으로써, 이 지식을 혈압과 심장 기능 등의 사전 지식에 연결할 수 있다. 심장이 혈액을 동맥으로 밀어보낸다는 상식과 연관 짓는 것만으로도 이들은 동맥혈관 벽이 더 큰 압력을 버텨야 한다는 것을 즉시 알게 된다. 즉, 낮은 혈압으로 혈액을 심장으로 돌려보내는 정맥보다 동맥의 혈관 벽이 더 두꺼울 필요가 있다는 사실을 알게 된다. 물론 정맥은 혈압이 낮기 때문에 혈액이 역류하는 것을 방지하기 위해 판막이 필요하다는 사실도 알게 된다. 일단 이렇게 이해를 하고 나면, 이런 특성과 차이점을 동맥과 정맥에 관한 지식과 구분하는 것은 거의 불가능해진다.

제대로 학습했다는 것은 어떤 것을 제대로 이해했다는 의미이며, 이는 새로운 정보를 의미 있는 방식으로 사전 지식과 연결했다는 뜻이다. 이렇게 제대로 학습한 정보는 앞으로 잊힐 확률이 거의 없으며, 적절한 신호가 방아쇠 역할을 하면 언제든지 검색할 수도 있다. 게다가 이렇게 새로이 학습된 지식은 새로운 정보에 더 많은 연결점을 제공할 수 있다. 즉 우리의 시간과 에너지를 이해하는 데에 집중하면 학습은 저절로 따라오게 되는 것이다. 반면, 이해하려 하지 않으면서 시간과 에너지를 학습에만 집중한다면 이해뿐만 아니라 아마도 학습도 하지 못하게 될 것이며 그 부정적인 영향력은 점차 누적되고 만다.

최고의 과학자들은 매우 훌륭한 선생님이기도 한 경우가 많은데, 여기에는 그럴 만한 이유가 있다. 가령, 리처드 파인만 같은 사람은 연구할 때건 학생을 가르칠 때건 이해를 가장 중요시했다. 그의 이름을 딴 유명한 파인만 도표Feynman diagrams는 주로 이해를 돕기 위한 도구이며, 그의 강의가 유명한 이유는 학생들이 정말로 물리학을 이해할 수 있게 도와주기 때문이다. 그래서 그가 전통적인 교육법에 열심히 도전장을 내밀었다는 사실은 의외가 아니다. 그는 사이비 설명으로 가득한 교과서(문헌 86), 그리고 학습을 돕기 위해서라는 명목으로 학생들의 실제 이해력을 연결점으로 사용하지 않고 인위적인 "실생활" 사례만 들던 교사들(문헌 111)을 용납하지 못했다.

다시 메모 상자로 돌아오면, 메모를 작성하여 메모 상자에 분류해 넣는 작업 자체가 바로 더 넓은 의미를 이해하려는 시도가 된다. 메모 상자는 우리가 수많은 정교한 질문을 던지게 만든다. 그것은 무엇을 의미하나? 그것이 어떻게 oo에 연결될까? oo과 oo 사이의 차이는 무엇인가? 그것은 무엇과 비슷한가? 이렇게 메모와 메모를 활발히 연결짓기 위한 전제조건은 메모 상자를 주제별로 분류하지 않는 것이다. 연결하는 것이 타당하다면 이질적인 메모끼리도 얼마든지 연결할 수 있기 때문이다. 이는 학습기관들이 우리에게 제공한 오염된 정보, 즉 주로 모듈러 형식의 주제별 분류, 과목별 분류, 그리고 다른 정보들로부터 고립된 정보가 야기하는 문제를 해결할 수 있는 최고의 해독제이다. 메모 상자는 우리가 이와 정반대로 하게 만든다. 즉 상세하게 기술하고, 이해하고, 연결하고, 그리하여 진지하게 학습하게 만드는 것이다.

오늘날에는 과도한 질서가 학습을 저해할 수 있다는 사실이 점차 널리 알려지고 있다.(문헌 109) 역으로, 의도적으로 만든 변형과 대조가 학습을 촉진할 수 있다는 것도 알려졌다. 네이트 코넬Nate Kornell과 비요크Bjork 교수는 학생들에게 다양한 미술 스타일을 가르치는 실험을 하면서 이 사실을 증명했다. 먼저, 이들은 다양한 그림들을 준비해 놓고 학생들에게 한 번에 한 가지 스타일을 보여주는 전통적인 접근법을 썼다. 그런 다음, 의도적으로 여러 스타일을 서로 섞으면서 그림들을 무작위로 보여주었다. 그 결과 특정한 순서 없이 다양한 스타일의 그림을 접한 학생들이 스타일을 구별하는 법을 더 빨리 배웠고, 한 번도 본 적 없는 미술가와 스타일을 서로 연결 짓는 능력도 훨씬 더 뛰어났다. 이것을 보면, 메모를 주제별로 분류하는 대신 메모들의 차이점과 유사점을 상세히 설명하는 것이 학습을 촉진시킬 뿐만 아니라, 범주를 나누는 능력과 합리적 분류 능력까지 촉진시킨다는 것을 알 수 있다!

11.4 영구보관용 메모의 보금자리

영구보관용 메모를 작성한 후, 그 다음 단계는 이 메모를 메모 상자에 추가하는 것이다.

1. 메모 상자에 메모를 추가할 때는 직접 참조하는 메모 바로 뒤에 추가한다. 만약 특정한 메모를 참조하고 있지 않다면 메모 상자 안에 있는 제일 마지막 메모 뒤에 두면 된다. 번호는 순차적으로 달고, 필요하다면 후속 메모를 더 이어 나간다. 제텔카스텐의 디지털 버전들에서는 언제든 또 다른 메모 "뒤에" 새 메모를 추가할 수 있으므로 각각의 메모는 다수의 다른 메모 뒤에 올 수 있으며, 이에 따라 다양한 메모 시퀀스의 일부가 될 수 있다.

2. 기존 메모에 링크를 추가하거나 다른 메모에 관한 링크를 새 메모에 추가한다.

3. 메모는 반드시 색인을 통해 찾을 수 있게 한다. 필요하다면 색인에 새 엔트리^entry를 추가하거나 색인에 이미 연결되어 있는 메모를 통해 찾을 수 있게 만든다.

4. 개념화된 아이디어들, 사실들, 그리고 정신 모형들을 격자형으로 구축한다.

12. 아이디어 발전시키기

"각각의 메모는 이 메모 상자 시스템의 참조와 역참조 네트워크를 이루는 요소에 불과하다. 메모 하나하나가 우수성을 발휘하는 것은 바로 이 시스템 덕분이다." ―니클라스 루만 (문헌 1)

새 메모는 기존 메모를 명시적으로 참조해서 작성하는 것이 이상적이지만 안타깝게도 항상 그렇게 할 수는 없다. 특히 메모 상자가 아직 걸음마 단계에 불과한 초창기에는 더욱 그렇다. 그럼에도 얼마 지나지 않아 메모 상자는 여러분에게 어떤 아이디어가 떠오르면 가장 먼저 찾게 되는 첫 번째 선택지가 될 것이다. 새로 작성한 메모는 기존의 메모들 중 관련 있는 메모 바로 "뒤에" 두면 된다. 종이와 펜을 사용해서 작업했던 루만은 기존 메모 뒤에 새 메모를 추가하고 그에 맞춰 번호를 붙였다. 기존 메모가 21번이면 새 메모는 22번이 되는 식이다. 혹시 22번 메모가 이미 존재하더라도 새 메모를 여전히 21번 메모 뒤에 추가하면서 21a라는 번호를 붙이면 된다. 루만은 이렇게 숫자와 글자를 번갈아 표기하는 방법으로 아무런 계층적 서열 없이 내부적으로 무한히 많은 연속물, 즉 시퀀스와 서브 시퀀스로 메모를 확장할 수 있었다.

처음에는 서브 시퀀스로 출발했던 것이 시간이 지나면서 점차 많은 후속 메모들을 끌어들여 수많은 부주제가 달린 주요 주제로 쉽게 탈바꿈하기도 한다. (문헌 20-p.172) 여기서 제텔카스텐의 디지털 버전들을 사용하면 일 처리는 더욱 쉬워진다. 각각의 프로그램에 따라 메모 번호나 백링크가 자동 생성되기도 하고, 메모 시퀀스는 나중에 언제라도 구축할 수 있으며, 하나의 메모가 동시에 다양한 메모의 후속 메모가 될 수도 있기 때문이다.

이러한 메모 시퀀스는 텍스트를 발전시키는 데 중추적 역할을 한다. 여기에는 개요의 장점과 주제별 순서를 따를 때의 장점이 복합되어 있기 때문이다. 만약 주제에 따른 순서만 있으면 작업 흐름이 하향식으로 이뤄져 사전에 계층적 순서가 필요하게 되고, 개요만 있다면 아이디어 뭉치와 주제들이 상향식으로 구축되지 못한다. 그렇게 되면 개별 메모들은 대부분 1차원적 참고자료로만 쓸 수 있는 있는 고립된 상태로 머물게 된다. 마치 집단지성과 팩트체크 능력이 제거된 1인 위키피디아와 같은 상태가 되는 것이다. 그런데 시퀀스 순서가 느슨하게 짜여 있으면, 필요한 경우 자유롭게 작업 경로를 변경할 수 있어서 복잡성을 충분히 구축할 수 있는 구조가 된다. 메모는 그 메모가 뿌리내리고 있는 메모 및 참고자료 네트워크 만큼만의 가치를 지니기에 이처럼 유연한 구조를 지닐 수 있다는 것은 큰 장점이 된다.

메모 상자의 용도는 백과사전적 지식 제공이 아닌 생각의 도구이기 때문에, 메모 상자의 완성도를 걱정할 필요는 없다. 따라서 메모 시퀀스 안에 생긴 틈을 잇기 위해 무리해서 뭐라도 적어야 할 필요는 없다. 그저 우리가 생각하는 데 도움이 될 때만 적으면 된다. 우리가 걱정해야 할 틈새는 최종 원고 속 주장에 생기는 공백이지만 이런 틈새는 다음 단계에 이르러서야 명

배치 드러난다. 즉, 메모 상자 속 네트워크 안에 있는 어떤 주장과 관련성 있는 메모들을 작성하고 이를 초고로 만들기 위해 선형적 순서로 분류하는 단계가 되어야 뚜렷해진다는 말이다.

메모 상자는 단 한 가지 주제를 지닌 한 권의 책이 아니므로 개요가 있어야 할 필요가 없다. 오히려 반대로, 우리가 **생각하는 동안** 생각의 개요를 만드는 것이 불가능하듯 메모 상자의 개요를 만드는 것도 불가능하다는 사실을 가능한 한 빨리 받아들이는 편이 좋다. 메모 상자는 우리의 확장된 기억장치다. 우리는 그 안에서 생각을 펼치며 메모 상자를 매체로 활용할 뿐 생각의 대상으로 삼지 않는다. 메모 시퀀스는 복잡성으로부터 질서가 생겨난 메모 무리^{clusters}다. 우리는 다양한 선형적 자료에서 정보를 추출하여 새로운 패턴이 등장할 때까지 흔들어 섞은 다음, 새로 나타난 패턴을 새로운 선형적 텍스트로 만들면 된다.

12.1 주제 발전시키기

메모를 메모 상자에 추가한 다음에는 반드시 나중에 이 메모를 다시 찾을 수 있어야 한다. 그래서 색인이 있는 것이다. 루만은 타자기로 카드 종이에 색인을 적었다. 디지털 프로그램들에서는 태그를 다는 것처럼 메모에 키워드가 쉽게 추가되어 나중에 색인에 나타나게 된다. 키워드는 주의를 기울여 간간이 선택해야 하는데 루만은 색인의 키워드 옆에 한 개 혹은 두 개의 메모 번호만 추가했다(이보다 많은 메모 번호를 추가하는 경우는 드물었다).$^{(문헌 20-p.171)}$

그가 키워드마다 이렇게 얼마 안 되는 메모를 추가한 이유이자, 우리도 그가 한 것처럼 매우 선별적으로 추가해야 하는 이유는 바로 메모 상자를 활용하는 방식 때문이다. 메모 상자는 단지 집어넣었던 것을 다시 끄집어내는 기록 저장소가 아니라, 우리가 생각할 때 활용하는 시스템이다. 그래서 색인에서 하나의 메모를 참조하는 것보다 메모들 사이에 이미 존재하는 연결관계를 참조하는 것이 훨씬 더 중요하다. 오로지 색인에만 초점을 맞춘다면, 기본적으로 자신이 찾으려는 것이 무엇인지 항상 미리 안다는 의미가 된다. 그러려면 우리 머릿속에는 충분히 발전시킨 계획이 이미 들어 있어야 한다. 하지만 애초에 우리가 메모 상자를 사용하는 주된 이유는 바로 우리 뇌를 메모를 정리하는 과제에서 해방하기 위해서다.

메모 상자는 우리가 요청하는 것을 그저 배포하기만 하는 것이 아니라 그 이상의 역할을 한다. 놀랍게도 오랫동안 잊었던 아이디어를 상기시키고 새로운 아이디어를 촉발하기도 한다. 이 놀랍고 중차대한 기능은 상호연결된 메모 차원에서 작동하는 것이지 우리가 색인에서 특정 엔트리를 찾을 때 발휘되는 것이 아니다. 대부분 메모는 다른 메모를 통해 찾게 된다. 각각의 메모는 메모 상자 내의 참조 네트워크 안에 체계적으로 정리되어 있으므로, 색인에는 엔트리 포인트만 있으면 된다. 현명하게 선택된 메모 한두 개만으로도 이 엔트리 포인트 역할을 충분히 할 수 있다. 이렇게 색인으로부터 구체적인 메모에 빨리 도달할수록, 마음속에 미리 생각해둔 아이디어로부터 풍부한 사실로 가득한 상호연결된 내용으로 우리의 관심을 신속히 전환시킬 수 있다. 즉 메모 상자와 사실에 기반한 대화를 나눌 수 있게 되는 것이다.

(우리의 내부 기억 전체의 개요를 얻을 수 없듯) 메모 상자 전체의 개요는 얻지 못하더라도 특정 주제의 개요는 구할 수 있다. 하지만 주제와 부주제의 구조는 미리 주어지는 것이 아니라 우리 생각의 결과물이기 때문에, 주제와 부주제 역시 계속 고려하고 변경해야 한다. 한 주제의 구조를 어떻게 짜야 할지 고민하는 것도 메모 차원에서 이루어지는 것이지 메타 계층적 수준meta-hierarchical level에서 이루어지는 것이 아니다. 다시 말해, 또 다른 메모를 만들어 하나의 주제나 부주제에 관한 (임시로 유효한) 개요를 마련하고, 그런 다음 색인에 그 메모로 연결되는 링크를 생성하면 훌륭한 엔트리 포인트가 생긴다. 그러다가 이 메모에 적힌 개요가 더 이상 한 가지 특정 주제를 정확히 나타내지 못하게 되거나 우리가 그 구조를 다르게 짜야겠다는 마음을 먹게 될 수도 있다. 이런 경우에는 더 좋은 구조를 지닌 새로운 메모를 작성해서 색인에 있는 각각의 링크를 업데이트하면 된다. 중요한 것은 어떤 주제의 구조에 관한 고민은 그저 어떤 메모에 관한 고민일 뿐이라는 사실이다. 그래서 그 구조는 바뀔 가능성도 크고, 우리가 이해한 것이 어떻게 발전해나가냐에 따라 좌우되기도 한다. 사람들이 키워드를 선택하는 방식을 보면 그들이 스스로

를 기록보관원처럼 생각하는지 아니면 글을 쓰는 작가처럼 생각하는지 뚜렷이 알 수 있다. 과연 그들은 메모를 어디에 저장할지 고민할까, 아니면 메모를 어떻게 **검색할지** 고민할까? 기록보관원이라면 어떤 키워드가 제일 잘 맞을지 질문할 것이다. 작가라면 이 메모의 존재를 잊었더라도 어떤 상황에서 이 메모와 마주치기를 바랄지 자문할 것이다. 바로 여기에 결정적인 차이가 있다.

예를 들어, 필자가 다음과 같은 짧은 메모를 추가하려 한다고 가정하자. "트버스키/카네만(1973)은 실험을 통해 사람들은 어떤 사건이 추상적일 때보다는 상세히 전망할 수 있을 때 그 사건이 일어날 확률이 높다고 과대평가할 가능성이 있음을 증명함." 이것을 기록보관 측면에서 생각하면, "오판", "실험심리학", "실험" 등의 키워드가 적합한 것처럼 느낄 수 있다. 이 경우, 여러분은 일반적으로 "주제", "학과", "방법" 같은 범주를 생각할 것이다. 그런데 여러분이 "실험심리학"과 관련된 모든 메모들을 바탕으로 논문을 작성하거나 "실험"이라는 파일명 안에 있는 모든 메모들을 검색해야 할 필요성을 느낄 가능성은 극히 적다. 어쩌면 여러분은 "오판"을 모아놓은 책을 집필할 생각을 할 수도 있겠지만, 이런 메모 더미를 구조를 갖춘 주장으로 바꿀 수 있을 것 같지는 않다.

반면, 작가로서 우리는 키워드 문제에 다르게 접근한다. 기존의 사고방식을 접하기 위해 메모 상자를 들여다보고,

이미 우리 마음속에 있는 질문과 문제들에 대해 생각한다. 이 과정에서 새로 작성된 메모가 모종의 기여를 할 수도 있다.

가령, 여러분이 의사결정을 연구하는 경제학자이고, 경영진이 수익 높은 프로젝트보다 쉽게 가시화되는 결과를 내는 프로젝트를 더 선호하는 현상에 관심이 있다고 하자. 그러면 적절한 키워드는 "자본배분 문제"가 된다. 이렇게 키워드만 배정해도 이 메모는 이미 특정한 맥락 속에서 특정한 의미를 지니게 되고, 그 특정 맥락에 한정된 다음과 같은 질문을 유발한다. 이것이 체계적인 효과라면 측정 가능할까? 누군가 이미 측정하지 않았을까? 이 효과가 상장사 시가총액 같은 가용 데이터에 반영되어 나타날까? 만약 그렇다면 쉽게 가시화되는 상품을 생산하는 회사가, 파악하기 어려운 상품이나 서비스를 공급하는 회사보다 평가 가치가 더 높을까? 만약 데이터로 나타나지 않는다면, 그 이유는 실험 결과를 추정할 수 없기 때문일까, 아니면 정보가 이미 공개되어서 가격에 반영되어 있기 때문일까? 만약 그렇지 않다면, 이것은 효율적 시장 가설에 반하는 새로운 주장인가, 아니면 그저 주식시장에서 돈 벌 수 있는 좋은 방법에 불과한 것일까?

이런 키워드를 배정하면, 여러분은 자본 배분에 관한 기존 메모들을 우연히 접할 수 있고, 그러면 위와 같은 질문들에 대한 답을 얻거나 새로운 질문을 촉발하는 데 도움을 받게 된다. 하지만 만약 여러분이 정치학자라면 이 메모를 보고 전혀 다른 질문에 대한 답으로 해석할 수 있다. 가령, 선거 기간에 왜 어떤 주제는 논의되고 또 어떤 주제는 논의되지 않을까, 실제 효과가 있는 해법보다 쉽게 가시화되는 해법을 촉진하는 편이 왜 정치적으로 더 합리적일 수 있을까? 등의 질문이다. 이때는 "정치적 전략", "선거", "역기능, 정치적" 등이 적절한 키워드가 되겠다.

이렇듯 키워드를 배정할 때는 여러분이 현재 진행 중인 작업이나 관심 있는 주제를 항상 참고해야 한다. 절대 메모 하나만 따로 놓고 보면 안 된다. 이 과정을 자동화하거나 기계나 프로그램에 위임할 수 없는 이유도 바로 이 때문이다. 즉, 이 과정은 본인의 생각이 반드시 필요하다는 말이다. 예를 들어 ZKN3 프로그램은 기존 키워드들을 바탕으로 새로운 키워드를 제안하기 위해 여러분이 작성한 텍스트를 스캔한다. 하지만 이렇게 제안된 키워드들은 이를 사용하라는 권유로 받아들이기보다는 일종의 경고신호로 여기는 것이 합당하다. 제시된 키워드들은 가장 명백한 아이디어일 뿐이지 아마도 최선의 아이디어는 아닐 것이기 때문이다. 대개 좋은 키워드는 메모에 이미 직접 언급된 단어가 아니다. 가령, 필자가 다음과 같은 메모를 작성했다고 가정하자. "쿤^{Kuhn}은 임시변통용$^{ad\ hoc}$ 이론이 갑작스럽게 증가한 것을 두고 정상과학의 단계가 위기에 처한 신호로 봄(토마스 쿤 1967, 96)." 이 메모에 적합한 키워드는 "패러다임 변화"가 될 수 있지만 이런 구절은 메모 내용에는 등장하지 않아서 디지털 프로그램들은 제안할 수 없고, 전체 텍스트 검색으로도 찾을 수 없다.

키워드를 정하는 작업은 단순히 요식적인 행위를 훨씬 넘어서서, 생각하는 과정의 중대한 한 부분이 된다. 그 결과, 해당 메모 자체를 더 깊고 상세하게 적어서 다른 메모들과 연결하게 해준다.

12.2 스마트하게 연결하기

제텔카스텐의 디지털 버전들에서 메모들을 연결하는 것은 식은 죽 먹기보다 더 간단하다. 그런데 아무리 어떤 프로그램이 공동 서지정보 등을 바탕으로 이렇게 저렇게 연결하라고 제안한다 해도, 제대로 교차 참조^{cross-references}하는 작업은 만만치 않은 생각을 요하는 일이자 생각의 발전 과정에서 매우 중요한 부분이다.

루만은 4가지 기본 유형의 교차 참조법을 활용했다. (문헌 20-p.173f; 82-p.165f) 디지털 버전들에서는 이 가운데 첫 번째와 마지막 유형만 관련 있고, 나머지 두 가지는 종이와 펜을 사용하는 아날로그 버전의 제약을 상쇄하는 용도로만 필요하다. 따라서 디지털 프로그램을 사용한다면 이 두 가지는 신경 쓸 필요가 없다.

1. 첫 번째 유형의 링크는 어떤 주제에 대한 개요를 제공하는 메모들과 연결된다. 이런 메모들은 색인에서 직

접 연결된다. 어떤 주제가 이미 상당히 발전해서 개요가 필요한 상태이거나 혹은 개요가 있으면 작은 도움이라도 얻을 수 있는 상태라면, 특정 주제로 진입하는 엔트리 포인트로 대개 이런 메모가 사용된다. 이런 메모에는 특정 주제나 문제와 관련된 다른 메모들과의 링크를 모아둘 수 있는데, 이때 가급적이면 링크된 메모에 무슨 내용이 있는지 짧게 적어두면 좋다(한두 마디나 짧은 문장이면 족하다). 또한 이런 종류의 메모는 생각의 구조를 짜는 데 도움을 주기에, 원고를 발전시키기 전의 중간 단계로 간주하면 된다. 무엇보다도 이런 메모는 메모 상자 안에서 방향을 잃지 않게 도와준다. 여러분도 이런 메모를 써야 할 때가 되면 다 실감하게 될 것이다. 루만은 이런 종류의 엔트리 포인트 메모에 다른 메모와의 링크를 최대 25개까지 기록하기도 했다. 물론 링크는 시간이 지나면서 추가될 수 있으므로, 한꺼번에 이렇게 많이 기록할 필요는 없다. 우리는 이렇게 링크가 추가되는 것만 봐도 그 주제가 얼마나 유기적으로 늘어날 수 있는지 알 수 있다. 어떤 주제와 관련이 있느냐, 없느냐 하는 판단은 우리가 현재 이해하고 있는 바에 따라 달라지며, 매우 진지한 판단이 이루어져야 한다. 아이디어는 그 바탕이 되는 사실이 얼마나 많은가에 따라 그만큼 명확히 규정되기 때문이다. 우리가 어떤 주제와 관련 있다고 보는 관점과 이것을 구조화하는 방법은 시간이 흐르면서 달라진다. 이런 변화는 더욱 적합한 또 다른 주제 구조를 지닌 새로운 메모로 이어질 수 있으며, 그 메모는 이전의 메모에 대한 코멘트로 간주될 수 있다. 감사하게도 이런 순간에도 나머지 모든 메모가 쓸모없게 되지는 않는다. 앞서 언급한 바와 같이, 색인의 엔트리 항목을 이 새 메모로 바꾸거나 추가적으로 옛 메모에 '이제는 새 구조가 더 적합한 것으로 보인다'는 언급만 하면 된다.

2. 위와 유사하지만 덜 중요한 링크들은 메모 상자의 지엽적, 물리적 무리^{cluster}에 대한 개요를 제공하는 메모들과 관련된다. 이것은 루만처럼 종이와 펜으로 아날로그식 작업을 하는 경우에만 필요하다. 첫 번째 유형의 메모는 메모 상자 속 메모의 위치와 무관하게 어떤 주제에 대한 개요를 제공하는 반면, 이 두 번째 유형의 메모는 물리적으로 가까운 곳에 있는 메모에서 논의되는 모든 주제를 파악하는 실용적인 방법이 된다. 메모들 사이에 메모를 집어넣어 내부적으로 부주제와 부부주제가 가지를 뻗도록 만들면 원래의 사고방식이 다양한 메모들 때문에 방해받는 경우가 종종 있는데 이 두 번째 유형의 메모가 원래의 사고방식을 놓치지 않고 파악하게 해 주는 것이다. 물론, 디지털 버전 프로그램으로 작업하는 경우에는 이 문제를 염려할 필요가 없다.

3. 세 번째 링크들도 마찬가지로 디지털 버전에서는 관련성이 적다. 이 링크들은 현재 메모의 선행 메모를 가리키기도 하고 현재 메모의 후속 메모를 가리키기도 한다. 이 링크들은 물리적으로 가까이 붙어 있지 않은

메모들이라도 어떤 메모들끼리 서로 이어지는지 알게 되는 데 의의가 있다.

4. 가장 일반적인 형태의 참조방식은 단순한 메모 대 메모 링크다. 이 경우에는 두 개의 개별 메모 사이의 적절한 연결 관계를 보여주는 것 이외의 기능은 없다. 관련된 두 메모가 메모 상자 안 어디에 있건, 혹은 다른 맥락 속 어디에 있건 상관없이 이 두 메모를 연결함으로써 놀랍고도 새로운 사고방식이 구축될 수 있다. 이 같은 메모 대 메모 링크는 우리가 안면 있는 사람들과 맺고 있는 사회적 관계상의 "약한 유대관계"(문헌 112)와 비슷하다. 대개 우리가 가장 먼저 찾는 대상은 아니지만, 그래도 우리에게 새롭고 다양한 관점을 제공해주는 경우가 많다는 점에서 그렇다.

이러한 링크 덕분에 우리는 외견상 관계없어 보이는 주제들 사이에서도 놀라운 연결성과 유사성을 발견할 수 있다. 패턴이 당장 눈에 띄지는 않겠지만, 두 주제 사이의 메모 대 메모 링크가 다수 구축되고 나면 그 모습을 서서히 드러내기 시작할 것이다. 루만의 사회 시스템 이론의 주요 특징 중 하나가 매우 다양한 사회 분야에서 찾을 수 있는 구조적 패턴의 발견이라는 사실은 그저 우연이 아니다. 예를 들어 루만은 돈, 권력, 사랑, 진리, 정의 같은 다양한 가치들이 어떻게 구조적으로 유사한 문제들을 해결하는 사회적 발명품으로 여겨질 수 있는지를 입증할 수 있었다(이것들은 모두 커뮤니케이션 제의를 수용할 가능성을 높이는 매체로 여겨질 수 있다. 니클라스 루만의 『사회의 사회』 9~12장 참고).[문헌 18] 반면, 미리 생각해 둔 테마와 주제에 따라 모든 것이 깔끔하게 분리된 시스템으로 작업하는 사람은 이 같은 의견을 결코 제시할 수도, 설명할 수도 없다.

한편, 우리는 링크를 만드는 일이 메모 상자를 유지 관리하는 차원의 허드렛일이 아님을 항상 명심해야 한다. 의미 있는 연결 관계를 찾는 작업은 최종 원고를 완성하기 위해 생각하는 과정에서 결정적으로 중요한 역할을 한다. 이 단계는 상징적으로 우리의 내부 기억을 찾는 대신, 문자 그대로 메모 상자를 살펴보고 연결성을 찾는 매우 구체적인 작업이다. 또한, 실제 메모를 다루기 때문에 무언가가 타당한지 아닌지를 문서로 확인할 수 있어서 연결 관계가 없는 곳에서 연결 관계를 상상할 가능성도 적다.

 이런 연결을 만들어 내는 주체는 다름 아닌 우리 자신이기 때문에, 우리는 메모 상자의 내부 구조를 우리의 생각으로 구축할 수 있다. 제한된 기억과는 독립적으로 외부에도 이런 구조를 구축하는 만큼, 우리는 더욱 구조적인 방식으로 생각할 수 있게 될 것이며, 여러 사실들과 심사숙고한 아이디어, 검증 가능한 참고자료로 이루어진 네트워크 안에 우리 아이디어의 뿌리를 내리게 될 것이다. 또한 메모 상자는 많은 정보를 가지고 있는 현실적인 커뮤니케이션 파트너와 같아서 우리가 현실감을 잃지 않게 해준다. 혹시라도 우리가 다소 뜬구름 잡는 아이디어를 추가하려 들면, 메모 상자는 우리가 다음과 같은 사항을 먼저 점검하게끔 만든다. 참고자료가 무엇인가? 기존에 가지고 있는 아이디어나 사실과는 어떻게 연결되는가?

12.3 비교하고, 수정하고, 차별화하기

한동안 메모 상자를 사용하다 보면, 부득이 정신이 번쩍 드는 사실을 발견하게 된다. 지금 막 메모 상자에 추가하려는 새롭고 근사한 아이디어가 알고 보니 이미 그 안에 있는 것이 아닌가! 설상가상으로 이 아이디어는 우리 것이 아니라 누군가 다른 사람의 것일 확률이 높다. 같은 생각을 다시 하거나 다른 사람의 아이디어를 내 아이디어로 착각하는 것은 퍽 흔한 일이다. 하지만 안타깝게도, 이미 누군가 생각해낸 아이디어를 대면하게 만드는 시스템이 없는 대부분의 사람들은 이렇게 자신을 겸손하게 만드는 사실을 알아챌 기회를 얻지 못한다. 우리가 어떤 아이디어를 갖고 있다가 잊어버린 뒤 이 아이디어를 다시 떠올리면, 우리 뇌는 마치 이 아이디어를 처음 떠올린 것처럼 신이 난다. 그러므로 메모 상자를 가지고 작업을 시작하면 환상은 깨지지만, 이와 동시에 그냥 앞으로 나아간다는 *느낌*만 드는 것이 아니라 실제로 미지의 영역을 향해 생각을 진척시킬 가능성이 커진다.

때때로 오래된 메모를 대면하면 달리 알아채지 못했을 차이점을 감지하는 데 도움을 받기도 한다. 같은 아이디어인 것처럼 보이던 것도 때에 따라 살짝, 하지만 결정적으로 다르다는 것이 밝혀지기도 한다. 그러면 다른 메모에서 이 차이점에 대해 명시적으로 논할 수 있게 된다. 특히 두 작가가 같은 개념을 살짝 다른 방식으로 사용할 때 이런 방식이 도움이 된다. 사실, 단어와 개념을 사용할 때 차이점을 명확히 밝히는 것은 모든 진지한 학술 작업의 핵심이다. 우리에게 메모 상자처럼 계속해서 트집을 잡는 파트너가 있으면 일 처리는 훨씬 수월해진다. 그런데 만약 우리가 그저 발췌문이나 각각 분리된 장소에 보관되는 메모만 작성했다면, 관련된 모든 메모를 동시에 암기하고 있어야 이런 차이점이 분명히 드러날 것이다. 반면 문자 그대로 눈앞에 메모를 두고 이들을 비교해가면서 연결하면, 어떤 정보들의 작지만 결정적인 차이를 감지하기가 훨씬 쉬워진다. 우리 뇌는 외견상 달라 보이는 것들 사이의 유사성과 패턴을 발견하고 연상하는 일에 매우 능하다. 또한, 외견상 비슷해 보이는 것들 사이의 차이점을 찾는 데에도 매우 능하다. 그런데 그런 능력이 발휘되려면 어떤 특징들이 외부적으로, 객관적으로 제시되어야 한다. 차이점과 유사점은 단순히 생각만으로 감지하는 것보다는 눈으로 보는 것이 훨씬 더 파악하기 쉽기 때문이다.

여러 메모를 서로 비교하는 것도 우리가 모순점이나 역설, 상반되는 점을 찾아내는 걸 돕는다. 즉 통찰을 쉽게 이끌어내주는 중요한 기능을 하는 셈이다. 두 가지 모순되는 아이디어를 똑같이 옳다고 생각하고 있었음을 깨닫는 순간, 우리는 스스로 문제가 있다는 것을 알게 된다. 그런데 문제가 있다는 것은 좋은 일이다. 이제 해결해야 할 일이 생긴 것이니 말이다. 역설은 우리가 어떤 문제를 충분히 심사숙고하지 않았다는 신호도 될 수 있고, 역으로 어떤 패러다임의 가능성을 샅샅이 살펴보았다는 신호도 될 수 있다. 결국, 상반되는 점을 발견하면 대조를 통해 아이디어를 형성하는 데 도움이 된다. 앨버트 로텐버그^{Albert Rothenberg}에 따르면, 서로 반대되는 것을 구축하는 것이 새로운 아이디어를 생성하는 가장 믿을 만한 방법이라고 한다. **(문헌 113; 114; 115)**

끊임없이 메모를 비교하는 작업은 오래된 메모를 계속해서 새롭게 조명하는 역할도 한다. 메모 하나를 추가함으로써 오래된 아이디어를 수정, 보완, 향상하게 되는 경우가 얼마나 많은지 필자는 놀라곤 한다. 간혹 어떤 텍스트에 나온 출처가 실제 출처가 아닌 경우를 발견하는 때도 있다. 또 어떤 연구에 대한 해석이 다른 해석과 충돌한다는 사실을 알게 되어 이 연구가 두 모순된 해석의 입증자료로 사용될 수 있을 정도로 모호하다는 것을 깨닫게 되기도 한다. 또 어떤 때는 서로 관련 없는 두 가지 연구가 같은 의견을 입증하는 것을 발견하기도 한다. 이런 경우는 이미 발표된 연구를 단순히 수정하는 정도가 아니라, 이런 발견을 바탕으로 우리가 모종의 연구적 성과를 낼 수 있다는 의미가 된다. 오래된 메모에 새로운 메모를 추가하는 과정에서 이들을 서로 비교하지 않을 수 없게 됨으로써, 우리는 자신의 작업을 끊임없이 향상시킬 뿐만 아니라 종종 우리가 읽었던 텍스트에서 약점을 밝혀내기도 한다. 이런 약점을 보완하려면 독자로서 특별히 더 비판적인 자세를 지녀야 하고 텍스트에서 정보를 발췌할 때 주의를 기울여야 한다. 또한, 어떤 주장을 접하면 원래 출처를 항상 확인해야 한다.[30]

메모 상자를 활용하면 반증적 정보를 접할 수 있게 될 뿐만 아니라, 특징에 대한 양성반응 효과feature-positive effect (**문헌 116; 117; 118**)라는 현상에 대처하는 데에도 도움이 된다. 이것은 우리가 (정신적으로) 쉽게 사용할 수 있는 정보의 중요성을 과장하는 경향을 보이는 현상을 말하는데, 가장 최근에 습득한 사실이 반드시 가장 적절한 사실이 아닐지라도 우리의 사고방식이 최근에 습득한 사실로 기우는 이유가 여기에 있다. 따라서 외부의 도움이 없다면 우리는 이미 알고 있는 것뿐만 아니라 당장 우리 머릿속에 있는 생각만 고려하게 될 것이다.[31] 메모 상자는 이미 잊은 지 오래된 정보를 끊임없이 우리에게 상기시킨다. 메모 상자가 아니면 기억해내지도 못하고 그래서 찾을 생각조차 하지 않았을 정보를 말이다.

---

30 그냥 재미 삼아, 앞서 언급했던 도일(Doyle)과 자크라젝(Zakrajsek)의 책에서 참고자료를 확인해보기 바란다. 아마 금세 놀라운 결과를 발견하게 될 것이다(문헌 52 참조).

31 이런 사실을 알고 있으면 판단 실수를 할 가능성이 적어진다(문헌 119 참조). 그렇다고 필자에게 감사 인사까지 할 필요는 없다.

12.4 생각의 도구 상자 조립하기

메모 상자를 활용해서 작업하는 것만으로도 우리는 오래된 아이디어와 사실들을 특정한 규칙 없이 검색하고 이들을 다른 정보와 연결할 수 있는데, 이는 전문가들이 추천하는 여러 학습법들과 매우 비슷하다.(문헌 90-p.8; 120) 그 중 플래시 카드flashcards(한 장에 일정 분량의 그림이나 글자가 적힌 학습용 카드 일체를 말함—역주) 학습법의 원리도 마찬가지다. 그런데 교과서 맥락 안에서 정보를 복습하거나 주입하는 것보다는 훨씬 더 효과적이라 하더라도 플래시 카드에도 단점은 있다. 플래시 카드에 적힌 정보는 맥락에 대한 설명이 없고 맥락과도 동떨어져 있기 때문이다. 각각의 플래시 카드는 이론적 틀과 우리의 경험, 격자형으로 얽혀 있는 우리의 정신 모형으로 이루어진 네트워크와 연결되지 않고 고립된 상태로 있다. 이렇게 되면 학습하기가 더 어려워지는 것뿐만 아니라 정보의 의미와 함축된 내용을 이해하는 것도 어려워진다.(문헌 121) 과학 용어나 개념은 이론의 맥락 안에서만 의미를 지니게 된다. 그렇지 않으면 그것은 일개 단어에 불과할 뿐이다.

일상적인 상황에서도 마찬가지다. 상황 파악 능력이나 정보 해석 능력은 우리의 광범위한 지식과 우리가 이 지식을 이해하는 방식에 달려 있다. 이런 관점에서 과학과 일상생활은 크게 다르지 않다. 이 둘은 서로 얽혀 있기 때문이다. 과학적 작업은 외부에서 생각하는 것보다 훨씬 더 실용적이고 이론에 덜 좌우된다.(문헌 122) 이뿐만 아니라 우리는 과학적 지식과 이론을 활용해서 일상 환경을 이해한다. 어떤 이론이나 이론적 모형은 놀라울 만큼 다방면으로 유용하다. 우리가 유용한 정신 모형들로 구성된 도구 상자를 조립하는 것이 타당한 이유가 바로 이것이다.(문헌 123) 그래야만 우리의 일상적인 도전에 도움을 받고, 우리가 학습하고 접하는 것들을 이해할 수 있기 때문이다.

워렌 버핏의 동업자이자 버크셔 해서웨이의 부회장인 찰리 멍거 는—훌륭한 학자가 되기 위해서가 아니라 현실을 실용적으로 잘 파악하기 위해—광범위한 이론적 도구 상자를 지니는 것이 중요하다고 강조한다. 그는 시장과 인간의 행동을 이해하는 데 어떤 정신 모형이 그에게 가장 유용한 것으로 입증되었는지 학생들에게 자주 설명하면서 모든 과목에서 가장 강력한 개념을 찾아서 이것이 우리 사고방식의 일부가 되도록 철저히 이해해야 한다고 주장했다. 이러한 정신적 모형들을 결합하고 여기에 자신의 경험을 결부시키기 시작하는 순간, 멍거가 말하는 "세상 물정에 밝은 지혜worldly wisdom"를 얻지 않을 수 없게 된다. 이때 여러분의 머릿속에 한두 가지 정신 모형이 아니라 광범위한 범위의 정신 모형을 집어넣는 것이 중요하다. 그렇지 않으면 한두 가지 모형에만 너무 결탁되어 거기에 적합한 것만 보게 될 위험이 있다. 망치를 든 사람 눈에는 사방이 못으로 보인다는 속담처럼 말이다.(문헌 124-p.15)

멍거는 다음과 같이 주장한다. "제1 원칙은 여러 사실들을 개별적으로 외운 뒤 다시 기억해내는 것으로는 실제로 아무것도 알 수 없다는 것이다. 격자형으로 얽혀 있는 이론과 어우러지지 못하는 사실들은 써먹을 수가 없다. 여러분은 간접적이건 직접적이건 자신의 경험을 격자형으로 얽혀 있는 모형들 위에 배열해야 한다. 아마 여러분은 무작정 외워서 기억에 남은 것을 써먹으려는 학생들을 본 적이 있을 것이다. 이런 학생들은 학교에서도, 인생에서도 낙제생이다. 여러분은 머릿속에 있는 격자형으로 얽혀 있는 모형들에 경험을 연결해야 한다."(문헌 41)

진정한 현자는 모든 것을 아는 사람이 아니라, 해석을 위한 확장된 자원들을 이끌어냄으로써 상황을 이해할 줄 아는 사람이다. 이것은 경험을 통해 배워야 한다는 일반적이지만 썩 현명하지 않은 믿음과 매우 큰 대조를 이룬다. 다른 사람의 경험에서 배우는 것이 훨씬 좋기 때문이다. 특히 그 경험을 반영하여 다양한 상황에서 사용될 수 있는 다용도의 "정신 모형"으로 재탄생시키는 것이 좋다.

지식을 저장하는 일을 메모 상자에 위임하면서 이와 동시에 메모를 작성하고 추가하고 연결하는 동안 아이디어 이면에 숨어 있는 원칙에 집중할 때, 그리고 패턴을 찾고 어떤 메모에 대한 가장 명백한 해석 그 이상을 생각할 때, 무언가를 이해하고 다양한 아이디어를 결합하고 사고방식을 발전시키려 노력할 때, 바로 그럴 때 우리는 "여러 사실들을 개별적으로 외운 뒤 기억해내려 하는" 대신 "격자형으로 얽혀 있는 정신 모형"을 구축한다.

이러한 접근방식의 장점은 우리도 메모 상자와 함께 공동으로 진화한다는 데 있다. 메모 상자 안에서 신중하게 연결 관계를 발전시키는 동안 우리 머릿속에서도 똑같은 연결 관계가 만들어진다. 그리고 이제는 사실들을 결부시킬 수 있는 격자형 틀이 있어서 사실들을 기억하기가 더 쉬워진다. 순전히 지식을 축적하기 위해서가 아니라, 정보를 붙여놓을 수 있는 이론과 정신 모형의 격자형 틀을 구축하고자 학습을 행한다면, 우리는 학습이 학습을 쉽게 만드는 선순환에 들어서게 된다.

헬무트 사슈^{Helmut D. Sachs}는 이것을 다음과 같이 표현했다.

"우리는 보유하고 있는 기초 위에서 학습하고, 유지하고, 구축함으로써 관련 정보로 구성된 풍부한 망을 창조한다. 우리는 많이 알게 될수록, 더 많은 정보(일종의 고리들^{hooks})를 새 정보에 연결해야 하고, 그러면 장기 기억을 더 쉽게 형성할 수 있게 된다. […] 그리고 학습이 재미있어진다. 학습의 선순환에 진입한 것이다. 또한, 장기 기억력과 기억 속도가 실제로 향상된 것처럼 보인다. 반면, 예를 들어 효과적인 전략을 사용하지 않아서 학습한 것을 유지하지 못하면 선행된 학습을 토대로 하는 정보를 습득하는 것이 점차 어려워진다. 그렇게 지식의 틈새가 점점 명확히 벌어진다. 이런 경우에는 새로운 정보를 틈새와 연결할 수 없으므로, 학습은 힘겨운 싸움이 되어 우리를 지치게 만들고 학습의 재미를 앗아간다. 마치 우리 뇌와 기억력이 한계치에 도달한 것처럼 보인다. 자, 악순환에 진입한 것을 환영한다. 분명 여러분은 학습의 선순환에 들어가고 싶을 것이다. 그러려면 여러분이 학습한 것을 기억하기 위해 효과적인 장기 기억 구조를 구축해야 한다."(문헌 125-p.26)

학습을 위한 그의 권고 사항은 거의 메모 상자 사용설명서처럼 읽힌다.

1. 기억하고 싶은 것에 주의를 집중하라.
2. 간직하고 싶은 정보에 적절한 부호를 붙여라(여기에는 적절한 신호를 생각하는 것도 포함된다).
3. 기억하는 연습을 하라.(문헌 125-p.31)

어떤 새로운 사실을 선행 지식에 연결하고 그 안에 광범위하게 내포된 의미를 이해하려(상세한 기술) 노력할 때뿐만 아니라, 다양한 시기에(간격) 다양한 맥락(변형), 그리고 기회(맥락적 간섭)와 신중한 노력(검색)까지 함께 하는 이상적인 상황 속에서 정보를 찾으려고 애쓸 때, 우리는 드디어 무언가를 배우게 된다. 메모 상자는 이렇게 입증된 방식으로 학습 기회를 제공할 뿐만 아니라, 그것을 활용하는 것만으로도 위와 같은 권고 사항을 정확히 이행하게끔 만든다. 읽은 것을 상세히 설명할 수 있어야만 우리는 그것을 글로 적고 다른 맥락으로 옮길 수 있다. 우리는 새로운 메모를 오래된 메모에 연결하려 할 때마다 메모 상자 속에서 정보를 검색한다. 이렇게 하는 것만으로도 우리는 여러 맥락을 혼합하고, 여러 메모를 정리하고, 불규칙한 간격을 두고(즉, 원할 때마다) 정보를 검색할 수 있다. 그리고 그러는 과정에서 항상 의도적으로 찾으려 했던 정보에 대해서 더욱 상세하게 설명할 수 있게 된다.

12.5 메모 상자를 창의력 기계로 활용하기

> "창의력이란 이것과 저것을 연결할 줄 아는 능력에 불과
> 하다. 창의적인 사람들에게 대체 어떻게 한 것이냐고 묻
> 는다면 그들은 조금 겸연쩍어 할 것이다. 실제로 어떻게
> 한 것이 아니라 그저 무언가를 보았을 뿐이기 때문이다."
>
> —스티브 잡스

과학사에 전해지는 수많은 흥미진진한 이야기들을 들으면
위대한 통찰력은 섬광처럼 번쩍이는 순간 얻어지는 것처
럼 생각된다. DNA가 이중나선구조로 되어 있을 것이라는
왓슨Watson과 크릭Crick의 갑작스러운 통찰도 그렇고, 자기
꼬리를 물고 있는 뱀 꿈을 꾸다가 불현듯 눈앞에 벤젠의
구조가 보였다는 프레데릭 아우구스트 케쿨레Friedrich August
Kekulé의 이야기도 그렇다.

하지만 길 가는 행인이 아니라 왓슨과 크릭 또는 케쿨레
가 이런 통찰력을 갖게 된 것은 그들이 이미 오랜 시간 동
안 문제를 해결하기 위해 고심에 고심을 거듭했기 때문이
다. 가능성 있는 다른 해법에도 손을 대보고 수많은 다른
방식으로 문제를 바라보는 시도도 했기 때문이다. 좋은
아이디어가 탄생하려면 시간이 걸리는 법이지만, 이런 사
실은 전설 같은 이야기에 대한 우리의 환호 소리에 그만
가려져 버린다. 그러나 갑작스레 등장한 돌파구라 해도
대개는 오랫동안 집약적인 준비과정이 선행된다는 걸 알
아야 한다.

어떤 문제를 접했던 경험이 있고 사용할 도구와 장치에 익숙할 것, 특히 명인의 반열에 오를 정도로 능숙하다면 더할 나위 없겠다. 이것이 바로 자신의 내재적 가능성을 발견하기 위한 전제조건이라는 것이 과학사가 루드빅 플렉 Ludwik Fleck의 주장이다.(문헌 126-p.126) 그런데 이런 주장은 순전히 이론적인 작업에 대해서도 마찬가지로 유효하다. 심지어 메모 시스템 내의 단어, 개념, 메모와 씨름하는 와중에도 우리가 다루는 문제를 "감으로 처리할 수" 있으려면 경험이 있어야 한다. 우리가 실제 행동으로 배우는 것은 말로 표현할 수 있는 것보다 언제나 훨씬 더 철두철미하고 복잡하다. 그렇기 때문에 순전히 이론적인 작업조차도 의식적으로 사용할 수 있는 명확한 지식으로는 축소될 수 없다. 이것은 메모 상자를 활용하는 경우에 특히 더 그렇다. 우리를 새로운 통찰로 인도해줄 수 있는 것은 어떤 관행에 대한 정통한 지식에서 나오는 직관이다. 우리는 저 아이디어 대신 이 아이디어를 따르는 것이 왜 더 유망한지 명확하게 설명할 수는 없을지라도 경험이 있기에 어떻게든 안다. 그리고 그것만으로도 충분하다. 실험 과학자들은 그들의 의사결정 과정이 직관에 기반한다고 묘사하는 경우가 자주 있는데(문헌 58), 사회 과학이라고 이와 달라야 할 이유는 없다. 다만, 사회 과학 분야에서는 직관과 같은 모호한 것을 사용하지 않는 것처럼 보이는 자연 과학자들을 닮으려 부단히 노력하는 탓에, 아마도 이런 사실을 받아들이기가 더 어려운 것뿐인 듯하다. 하지만 직관은 합리성이나 지식에 상반되는 것이 아니다. 오히려 우리의 지적 노력에 포함된 실용적인 측면이자, 의식적이고 명확한 지식을 구축하는 바탕이 되는 퇴적된 경험이 바로 직관이다.(문헌 17)

과학자든 일반인이든, 사람들이 어떻게 순수하게 새로운 이이디어를 제시할 수 있는지에 대한 통찰을 담은 책을 펴낸 스티븐 존슨Steven Johnson은 직관을 가리켜 "느린 예감slow hunch"이라고 부른다. 그는 이런 직관을 활용하기 위한 전제조건으로 여러 아이디어가 자유롭게 어우러질 수 있는 실험적 공간의 중요성을 강조한다.(문헌 127) 옛 파리의 카페에서 지식인과 예술가가 모여 자유롭게 아이디어를 논했듯, 열린 마음을 지닌 동료들과 함께하는 실험실이 바로 그런 공간이 될 수 있겠다. 필자는 여러 아이디어가 자유롭게 어우러지면서 새로운 아이디어를 잉태할 수 있는 그런 공간으로 메모 상자를 추가하고 싶다.

대부분의 경우, 혁신은 갑작스러운 깨달음의 결과가 아닌, 향상을 향해 서서히 증가하는 단계들을 가리킨다. 심지어 지각변동을 일으키는 패러다임의 변화도 대개는 하나의 커다란 아이디어가 아니라 올바른 방향을 향한 수많은 작은 움직임들의 결과다. 작은 차이를 찾는 것이 열쇠인 이유가 바로 여기에 있다. 외견상 유사한 개념들 사이의 차이점을 볼 줄 알거나 외견상 달라 보이는 아이디어들 사이의 연결 관계를 볼 줄 아는 것은 매우 중요한 기량이다. "새롭다new"의 어원인 라틴어 "노부스Novus"는 원래 "들어

본 적 없다", 즉 "순전히 새롭다"는 의미보다 "다르다", "비범하다"는 의미를 지녔었다.(문헌 128-p.210) 눈앞에 구체적인 메모들을 모아놓고 이들을 직접 서로 비교할 수 있으면, 아무리 작은 차이라도 훨씬 쉽게 발견할 수 있다(그냥 컴퓨터 화면으로 보는 대신, 책상 위에 여러 메모를 쫙 펼쳐놓을 수 있다는 점이 원조 종이 메모 상자의 장점으로 꼽힌다). 신경 생물학자 제임스 줄James Zull은 **비교 행위**가 우리의 자연스러운 지각 형태라고 지적한다. 그 과정에서 우리의 인지적 해석은 눈동자의 실제 움직임과 보조를 같이한다. 그러므로 비교 행위는 완전히 문자 그대로 이해되어야 한다("비교하다compare"라는 단어는 원래 "함께com" 놓고 "동일한par" 기준으로 바라본다는 의미이다—역주).

우리는 심지어 한 가지 일에 집중할 때조차도 비교한다. "집중한다는 뜻은 한 가지 초점에 꾸준히 주의를 기울인다는 것이 아니다. 우리 뇌는 한 영역에서 다른 영역으로 초점을 바꾸고 반복적으로 주변을 스캐닝하는 방법으로 세세한 부분을 알아채도록 진화했다. […] 뇌는 집중할 때보다 훑어볼 때 오히려 자세한 부분들을 알아차릴 공산이 더 크다."(문헌 129-p.142f) 눈앞에 고민의 대상이 있을 때 우리의 생각이 훨씬 더 활발해지는 이유가 바로 여기에 있다. 그것이 바로 우리 본성이기 때문이다.

12.6 상자 안에서 생각하기

> "창의적인 사람들은 관계를 인식하고, 무언가를 연상하고, 연결 짓고, 독창적인 방식으로 보는 능력—다른 사람들이 보지 못하는 것을 보는 능력—이 남들보다 뛰어나다." —안드레아센 (문헌 130)

메모를 비교하고, 차별화하고, 연결하는 작업은 훌륭한 학술적 글쓰기의 기반이다. 하지만 아이디어를 가지고 장난치듯 이리저리 굴리면서 서툴게 만지작거리는 것만으로도 통찰력이나 이례적으로 뛰어난 텍스트를 낳기도 한다.

이렇듯 아이디어를 가지고 놀 수 있으려면, 추상화abstraction 하고 재명시re-specification하는 방법으로 아이디어를 원래 맥락에서 해방하는 것이 가장 먼저 해야 할 일이다. 문헌 메모를 작성해서 이것을 메모 상자 속 다양한 맥락과 연결하기 위해 영구보관용 메모를 만드는 작업이 바로 여기에 해당한다. 당장은 추상화 작업이 좋은 평판을 얻지는 못한다. 그보다는 손으로 만질 수 있을 정도로 구체적인 것들에 응원이 쏠리기 마련이다. 추상화가 생각의 최종 목표가 되어서는 안 되겠지만, 이것은 이질적인 아이디어들을 양립시키는 데 필요한 중간 단계다. 만약 다윈이 참새에 관한 구체적인 관찰내용을 추상화하지 않았다면, 절대로 개요, 즉 다양한 종에 적용되는 진화의 일반원칙을 발견하지 못했을 것이다. 또한, 다른 종에서 진화가 어떻게 이루어지는지도 절대 알 수 없었을 것이다. 추상화는 이론적·학술적 통찰 과정에만 유효한 것이 아니다. 우리는 매일매일 구체적인 상황을 추상화해야 한다. 오로지 추상화와 재명시 과정을 통해서만, 현실 속의 이례적이고 항상 변화하는 상황들에 아이디어를 적용할 수 있기 때문이다.(문헌 131)

예술과의 조우와 같은 매우 개인적이고 은밀한 경험에도 추상화는 요구된다. 로미오와 줄리엣의 이야기가 감동을 주는 이유는 우리가 베로나의 앙숙 가문의 일원이라서 그런 것은 분명 아니다. 우리는 시간과 장소, 특정한 배경을 추상화함으로써, 일반적인 차원에서 이 이야기의 주인공들을 만나고, 무대 위 이야기가 우리의 정서적 삶에 의미를 지니게 한다. 따라서 추상화와 세속화를 나란히 두고 비교하거나 추상화를 지성주의와 결부시켜서 해법 지향주의와 비교하는 경향은 오해를 불러올 소지가 크다.

엔지니어들의 창의력에 관한 연구 결과에 따르면, 그들은 기술적 문제에 대해 창의적일 뿐만 아니라 기능적이고 효과적인 해결책을 찾는 과정에서 추상화 능력을 발휘하는 것으로 나타났다. 엔지니어가 특정한 문제를 바탕으로 추상화하는 능력이 뛰어날수록, 그가 제시하는 해결책은 더 뛰어나거나 실용적이라고 한다. 심지어 그가 추상화한 바로 그 문제 자체가 실용적으로 해결되는 경우도 있다.(문헌 132-p.103) 추상화는 개념을 분석하고 비교하는 열쇠이자, 유사점을 밝히고 아이디어를 결합하는 열쇠이기도 하다.

여러 학문 분야를 연결하는 작업을 하는 경우에는 특히 그렇다. (문헌 133)

그런데 아이디어를 추상화하고 재명시할 수 있는 능력 역시 방정식의 일부에 불과하다. 아무리 이런 능력을 갖추고 있더라도 이를 실행할 수 있는 시스템이 마련되어 있지 않으면 아무 소용 없다. 우리는 메모 상자 시스템 속에서, 어떤 메모를 단 하나의 포맷으로 구체적으로 표준화함으로써 기존 메모들과 말 그대로 잘 섞일 수 있게 할 수 있고, 하나의 아이디어를 여러 맥락에 추가하고, 메모 안에 담겨 있는 진짜 내용을 놓치지 않으면서도 창의적인 방식으로 여러 메모를 비교하고 결합할 수 있게 된다.

창의력은 규칙을 배우듯 배울 수 있는 것이 아니며, 계획에 접근하는 식으로 접근할 수도 없다. 하지만 우리는 창의성을 발휘할 수 있는 작업 환경을 만들 수는 있으며, 직관과 어긋나는 문제해결 상황에서 창의성을 유도하는 아이디어를 유지하도록 스스로를 도울 수도 있다. 이 주제는 좀 더 다룰 만한 가치가 있으므로 원고 초안 준비 단계로 넘어가기 전에 조금 더 다루도록 하겠다.

독립적인 사고를 저해하는 진짜 적은 외부의 권력기관이 아니라 우리 내부의 타성이다. 새로운 아이디어를 생성하는 능력은 가능한 한 많은 아이디어들을 제시하는 것보다는 낡은 사고방식을 깨뜨리는 것과 더 관련이 있다. 그럼에도 필자가 "상자 밖에서 생각하라"고 권고하지 않는 데에는 명백한 이유가 있다. 오히려 우리는 메모 상자를 자신의 사고방식을 깨뜨리는 도구로 만들 수 있기 때문이다.

우리 뇌는 루틴을 좋아한다. 새로 접한 정보에 의해 생각하는 방식이 달라지기 전에, 우리 뇌는 이미 알고 있는 것에 새로운 정보를 맞추거나 아니면 새 정보를 우리의 지각에서 완전히 사라지게 한다. 우리 뇌가 자신의 기대에 맞게 주변 환경을 변경해도 우리는 대개 이를 알아채지 못한다. 그러므로 생각의 루틴을 무력화하려면 약간의 계략이 필요하다. 『효과적인 사고방식의 5대 요소』라는 제목의 책에서 수학자 에드워드 버거^{Edward B. Burger}와 마이클 스타버드^{Michael Starbird}는 이를 위한 다양한 전략을 모아서 소개한다.(문헌 134) 그 중 몇몇은 이미 메모 상자에서 기술적으로 시행되고 있지만, 그 외에도 유념하면 좋을 것들이 몇 가지 더 있다.

가령, 두 저자는 피드백 루프의 중요성과 자신의 오류, 실수, 오해를 직면할 방법을 찾아야 할 필요성을 강조한다. 그런데 메모 상자에 내장된 특징 가운데 하나가 바로 이것이다. 두 저자가 강조하는 효과적으로 생각하는 사람들의 또 다른 습관은 세세한 내용 이면의 주요 아이디어에 집중하는 능력, 즉 핵심을 파악하는 능력이다. 그런데 이것 역시 메모 상자의 은근한 유도에 따라 우리가 하고 있는 일이다.

또 한 가지 조언은 메모 상자의 특징과 무관한 데다 특별할 것 없는 소리로 들릴 수도 있지만, 대단히 중요한 지적이다. 즉, 자신이 본다고 생각하는 것을 정말로 확실히 보도록 하고, 그것을 최대한 담백하고 사실적으로 묘사하라는 것이다. 또한 필요하다면 재차 확인하라는 것이다. 눈앞에 있는 것을 정말로 제대로 보는 능력은 흔히 전문가의 자질 가운데 하나로 꼽힌다. 이런 사실을 염두에 두면, 제대로 보는 것이 생각만큼 명백하거나 쉽지 않다는 것을 알 수 있다. 그리고 먼저 보고 그 다음에 해석하는 것이 우리의 지각 순서가 아니라는 사실도 유념해야 한다. 우리의 지각은 보고 해석하는 것을 동시에 하는데 우리가 어떤 것을 언제나 동일하게 인식하는 것은 해석이 즉각적으로 일어나기 때문이며, 착시현상에 좀처럼 걸려들지 않을 수 없는 이유도 바로 이것이다. 평면에 그려진 3차원 착시 그림은—고도의 훈련을 받지 않은 한—우리 눈에 그저 선과 형태가 배열된 평면 그림으로는 도무지 보이지 않는다. 우리는 지각하는 과정에서 객관적으로 빠진 부분을 알아채지조차 못한다. 가령, 우리가 보는 모든 것의 한가운데 있는 맹점이 그렇다. 우리가 보지 못하는 것을 보려면 일종의 속임수가 필요하다. 우리는 무언가를 볼 때 언제나 즉시 그 전체 그림을 보게 되며, 그것을 재해석하거나 빠진 부분을 탐지하는 등의 나머지 모든 작업들은 그 다음 단계에 온다.

이것은 무언가를 읽을 때도 마찬가지다. 우리는 먼저 종이 위에 줄지어 있는 것을 보고 그것들이 단어라는 것을 깨달은 다음에 문장으로 만들어 최종적으로 그 의미를 해독하지 않는다. 그 대신 즉각 의미를 이해하며 읽는다. 그러므로 어떤 텍스트를 **정말로** 이해한다는 것은 자신의 첫 해석을 끊임없이 **정정**하는 것을 말한다. 우리는 이런 차이를 알아보는 데 익숙해지도록, 그리고 결론으로 건너뛰고 싶은 고질적인 충동을 억제하도록 스스로를 단련해야 한다. 자신이 볼 것이라 예상하는 것을 보는 것이 아니라 실제로 보는 것을 볼 수 있는 능력은 그 자체가 하나의 실력이지 "개방적"인 성격과는 전혀 관계가 없다. 스스로 개방적이라 생각하는 사람들은 처음에 이해했던 것을 고수할 가능성이 오히려 더 큰 경우가 많다. 이들은 스스로 타고난 편견 같은 건 없다고 믿어서 생각의 균형을 잡아주어야 할 필요성을 느끼지 못한다. 그런데 만약 자신이 해석을 "억제"할 수 있다고 생각한다면 그것은 자신을 기만하는 행위다.

메모를 끊임없이 비교하면 차이를 간파하는 데는 도움이 되지만, 빠진 부분을 볼 수 있게 도와주는 기술은 없다. 하지만 어떤 그림에서 보이지 않는 것은 무엇인가? 보이지 않는다는 것 자체에 어떤 의미가 있지 않을까? 이렇게 늘 질문하는 습관을 들일 수는 있다. 이런 습관 역시 자연스럽게 타고나는 것이 아니기 때문이다.

이런 기능을 실제로 발휘한 가장 유명한 인물 가운데 하나가 수학자 에이브러햄 왈드$^{Abraham\ Wald}$이다. (문헌 135) 그는 2차 세계대전 동안 영국 공군의 의뢰를 받아 전투기 몸체에서 총격을 가장 많이 받는 부분을 찾는 과제를 맡았다. 그 부분을 찾아 특별히 철갑으로 더 보호하려는 것이 영국 공군의 계획이었다. 그런데 그는 전투에서 복귀한 전투기에 박힌 총탄 자국을 세는 대신, 어떤 비행기도 총격을 받지 않은 부분의 무장을 강화하라고 권고했다. 바로 눈에 보이지 않는 것, 즉 전투에서 복귀하지 못한 전투기를 고려하지 못한 영국 공군의 실수를 지적한 것이다.

영국 공군은 생존 편향이라 불리는 우리가 흔히 범하는 생각의 오류에 빠졌다. (문헌 136) 어떤 전투기들이 끝내 돌아오지 못했던 이유는 연료 탱크처럼 특별히 보호해야 했던 부분에 총격을 받았기 때문이었다. 그러니까 복귀한 전투기들에서 발견된 총탄 자국들은 오히려 생존과는 덜 관련된 부분을 보여 주고 있었던 셈이다.

한편, 상품 개발자들은 똑같은 실수를 워낙 주기적으로 저지르는 탓에 혹시 일부러 그러는 것은 아닌가 하는 의구심을 사기도 한다. 마케팅 전문가 로버트 맥매스$^{Robert\ McMath}$는 사상 최대 규모로 슈퍼마켓 판매 상품들을 모으는 작업을 벌이던 도중, 이러다가는 시장에서 실패한 상품만 거의 다 모으게 생겼다는 사실을 깨달았다. 그만큼 그동안 생산된 모든 상품들 중에서 실패한 상품들의 비중이 압도적으로 더 많았기 때문이다. 그는 상품 개발자들이 같은 실수를 반복하지 않도록, 이미 승산 없다고 판명난 것을 볼 수 있는 좋은 장소가 바로 박물관이라고 생각했다. 그러나 안타깝게도 다른 사람의 경험을 타산지석으로 삼아 배우는 데 관심이 있는 상품 개발자는 거의 없다. 업체들 가운데는 자사의 실패한 시도조차 모니터하지 않는 경우도 종종 있다. 이런 업체가 제공한 일련의 상품들을 보면서, 맥매스는 한 가지 종류의 실수가 여러 차례 변형되어 반복된 것을 발견할 수 있었다. 때때로 어떤 회사에서는 개발자들이 바뀔 때마다 같은 실수가 반복되기도 했다.(문헌 137)

올리버 버크만Oliver Burkeman은 『합리적 행복: 불행 또한 인생이다』라는 멋진 제목의 책에서 우리 문화가 얼마나 성공에 초점을 맞추고 있으며 실패로부터 배우는 중요한 교훈을 얼마나 간과하고 있는지 기술한다.(문헌 138) 여기서 경영자의 전기가 좋은 예가 된다. 모든 전기에는 역경에 대한 몇몇 일화가 포함되어 있지만, 늘 성공담이라는 큰 이야기 속 한 부분으로 끼어 있다(안타깝게도 실패한 경영자가 전기를 내는 경우는 드물다). 이런 책에서 교훈을 얻으려다 보면 결국 끈기와 카리스마가 성공을 위한 대단히 중요한 요소라는 믿음을 갖게 될 수 있다. 사실 이 두 가지는 프로젝트를 대대적으로 망치는 데에도 필요한 요소임에도 불구하고 말이다(이 대목에서 버크만은 워릭 대학교 행동과학과 교수 저커 덴렐Jerker Denrell의 연구들을 언급한다). 확실히 이런 이치는 연구 분야에서도 마찬가지로 적용된다. 효과적이고 새로운 아이디어를 제시하고자 한다면 이미 효과 없는 것으로 입증된 것이 무엇인지 알고 있는 편이 훨씬 유리하다.

이 같은 경향에 대처할 수 있는 한 가지 방안은 "만약에?" 와 같은 가정형 질문을 하는 것이다.[문헌 139] 예를 들어 어떤 사회에서 벌어지는 외화 문제를 다룬다면 환전에 바탕을 둔 명백한 문제에만 초점을 맞추기보다는, 만약에 이방인들이 돈을 사용할 수 없다면 그들은 어떻게 재화를 교환할까? 같은 질문을 던진다면 사회 내에서 돈이 어떤 기능을 하고 있는지 직시할 수 있게 된다. 눈앞의 문제만 오로지 생각하기보다는 때로는 이미 해법이 나와 있는 문제를 재발견하는 것이 더 중요한 것이다.

어쨌건 문제가 직접 해결되는 경우는 드물다. 대개는 기존의 해결책을 사용할 수 있게 문제를 재규정하는 것이 앞으로 나아가는 중요한 한 걸음이 된다. 첫 질문은 항상 그 질문 자체에 대한 질문이 되어야 한다. 가령, 이런 특정한 방식으로 질문을 할 때 어떤 종류의 대답을 기대할 수 있을까? 빠진 부분은 무엇인가? 등으로 말이다.

비범한 사상가들이 남다른 의미를 담았겠지만 외견상으로는 평범해 보이는 또 다른 조언은 단순한 아이디어를 진지하게 여기라는 것이다. 예를 들어, 주식을 싸게 사서 비싸게 판다는 아이디어를 생각해보자. 확신하건대, 이 아이디어를 파악하는 데 실패하는 사람은 없을 것이다. 하지만 아이디어를 파악하는 것과 완전히 이해해서 자기 것으로 만드는 것은 다르다. 만약 이런 수준의 "통찰"을 바탕으로 주식을 산다면, 할 수 있는 일이라곤 주가가 오르기를 바라는 것밖에 없다. 이래서는 룰렛 게임에서 다음에는 무슨 색을 고르라고 조언하는 정도로밖에 지식을 활용할 수 없다.

이해의 수준이 한 단계 높아지려면 주식을 살 때 내가 사는 것이 무엇인지 인식해야 한다. 즉, 주식을 사는 것은 한 회사의 일부를 사는 것이라는 사실을 깨달아야 한다. 집을 살 때 계약서에 서명하면서 이제 내 소유가 된 것은 계약서라고 생각하는 사람은 없다. 하지만 많은 사람들이 주식은 그렇게 취급한다. 자신이 값을 지불하고 얻은 것이 무엇인지 실제로 잘 생각하지 않은 채, 그저 그 전날보다 낮은 가격에 샀으면 거래를 잘했다고 추정할 뿐이다. 하지만 워렌 버핏이 주식을 생각할 때 염두에 두는 단 한 가지는 가격과 가치의 관계다. 심지어 그는 어제 가격 같은 건 거들떠보지도 않는다. 그는 단순한 것이 쉬운 것과는 다르다는 사실과 우리가 저지를 수 있는 최악의 일은 단순한 과제를 불필요하게 복잡하고 어렵게 만드는 것이라는 사실을 잘 이해하고 있다. 주식은 한 회사의 지분이다. 주가는 시장에서, 즉 수요와 공급에 의해 정해진다. 이것은 가치평가 문제뿐만 아니라 시장 참여자들의 합리성과도 관련 있다. 그러므로 경쟁 상대, 경쟁력 있는 장점,

기술 개발 등 자신이 투자를 고려하고 있는 사업에 대해 어느 정도 이해하고 있어야 한다는 의미다.

상황을 원래보다 더 복잡하고 어렵게 만드는 것은 단순한 아이디어의 기저에 깔린 복합성을 그저 회피하는 방편이 될 뿐이다. 이것이 바로 2008년 금융위기 때 일어난 일이다. 당시 경제 전문가들은 엄청나게 복잡하고 어려운 상품들을 개발했지만, 가격과 가치가 반드시 일치하지는 않는다는 단순한 사실을 고려하지 않았다. 워런 버핏이 위대한 투자가이자 위대한 스승인 데에는 이유가 있다. 그는 사업과 관련된 모든 것에 대해 방대한 지식을 가지고 있을 뿐만 아니라, 그 지식을 모두 단순한 용어로 설명할 수 있는 능력을 지니고 있다.

외견상 매우 복잡하고 어려운 것처럼 보이는 과정 이면에서 단순한 원칙을 발견함으로써 과학적 연구의 돌파구가 마련되는 경우가 종종 있다. 버거^{Burger}와 스타버드^{Starbird}에 따르면, 하늘을 날기 위한 인간의 오랜 시도에 관한 이야기는 시사하는 바가 크다. 사람들은 처음에 날개처럼 생긴, 깃털 달린 기구를 퍼덕이며 새를 흉내 내려고만 했기 때문에 오랫동안 실패의 쓴맛을 봐야 했다. 그러다가 날개의 세세한 부분에 정신이 팔리는 대신 오로지 날개의 절묘한 휨이 중요하다는 단순한 사실을 발견한 뒤부터 장족의 발전을 이끌어낼 수 있었다.

단순한 아이디어들은 일관된 이론으로 한데 묶어 엄청난 복잡성을 구축할 수 있다. 반면, 처음부터 복잡하고 어려운 아이디어들은 이것이 불가능하다. 매일 메모 상자를 사용하면 이런 중요한 지적 기량이 의도적으로 단련된다. 우리가 이해한 것을 바로 눈앞에서 글의 형태로 표현함으로써 우리가 텍스트에서 이해한 것이 실제로 텍스트에 있는 내용인지 점검할 수 있다. 또한, 공간적으로 제약을 가함으로써 아이디어의 핵심에 집중하는 법을 배울 수 있다. 우리는 자신의 아이디어를 글로 적으면서 빠진 부분이 무엇인지 항상 생각하는 것을 습관화할 수 있다. 또한, 우리가 적은 메모를 메모 상자에 분류해 넣으면서 다른 메모와 연결하는 것으로 좋은 질문을 하는 연습을 할 수 있다.

12.7 제약을 통해 창의성 촉진하기

메모 상자를 사용하는 사람에게는 상당한 제약이 따른다. 온갖 종류의 화려한 공책, 종이, 포맷, 그리고 다기능 생산성 도구들을 선택하는 대신, 모든 것을 밋밋한 단 하나의 포맷으로 축소해서, 장식이나 특징이 없는 단 하나의 단순한 메모 상자 시스템 안에 모아야 하기 때문이다. 그나마 디지털 프로그램들에서는 메모 길이에 대한 물리적인 제약을 두고 있지 않지만, 필자는 디지털 메모도 공간이 제한된 것처럼 다루라고 강력히 추천하고 싶다. 하나의 포맷으로 제약하면 메모 하나에 담는 아이디이도 단 한 가지로 제한되어 가능한 한 정확하고 간략하게 적지 않을 수 없게 된다. 메모마다 하나의 아이디어로 제한하는 것은 나중에 여러 메모를 자유롭게 다시 결합하기 위한 전제조건이기도 하다. 루만은 A6 포맷의 메모를 선택했다. 경험상 디지털 프로그램으로 작업할 때는 스크롤 할 필요가 없게 메모 크기를 화면 크기에 맞추면 좋다.

문헌과 자기 생각을 다루는 방식 역시 표준화해야 한다. 다양한 종류의 텍스트나 아이디어마다 다양한 종류의 메모 기법을 적용하는 대신, 항상 단순하고 똑같은 접근방식을 사용하도록 한다. "x 페이지의 내용은 y"라는 식으로 하나의 메모에 문헌의 내용을 간결히 집약하는 것이다. 그리고 포착된 아이디어와 생각은 항상 같은 장소에서 같은 방식으로 메모 상자 속 다른 메모들과 연결한다. 이렇게 표준화하면 메모 작성의 기술적 측면을 자동화하는 것이 가능해진다. 정리를 고민할 필요가 없다는 것은 우리 뇌에는 참으로 희소식이다. 실제 관련성 있는 문제, 즉 내용에 관한 문제를 고민하려면 얼마 되지 않는 우리 뇌의 정신 자원이 꽤나 필요하기 때문이다.

선택지가 많을수록 좋게 인식하고 선택할 도구가 많은 것이 손에 적게 쥐고 있는 것보다 낫다고 여기는 문화에서는 이처럼 스스로 제약을 가하는 것을 직관에 반한다고 여긴다. 하지만 의사결정을 할 필요가 없으면 더 많은 자유로움을 누릴 수 있다. 베리 슈워츠^{Barry Schwartz} 교수는『선택의 역설』이라는 저서에서 쇼핑부터 직업 선택, 연애에 이르기까지 수많은 사례를 제시한다. 이를 통해 그는 선택지가 적으면 생산성만 높아지는 것이 아니라 자유도 늘어나서 지금 이 순간을 즐기며 살기가 더 쉬워진다는 것을 보여준다.^(문헌 140) 선택할 필요가 없으면 선택하느라 허비되었을 많은 잠재력을 일깨울 수 있다. 선택이 적을수록 좋다는 슈워츠 교수의 이런 사례 목록에 학술적 글쓰기도 꼭 추가되어야 할 것이다.

메모 상자의 형식을 표준화하는 것이 창의성을 추구하는 것과 상충되는 것으로 보일 수도 있다. 하지만 이 역시 반대일 가능성이 크다. 사고와 창의성은 제약된 조건 아래에서 번창할 수 있으며, 이런 주장을 뒷받침할 연구는 수없이 많다.^(문헌 58: 141) 과학 혁명은 각각의 실험을 비교하고 반복할 수 있게 해준 실험의 표준화, 그리고 실험 통제와 함께 시작되었다.^(문헌 142) 시도 마찬가지다. 운율, 음절, 운 같은 제약이 따르는 것이 시라는 장르다. 특히 일본의 전통시 하이쿠에서는 시인에게 형식적 변형을 가할 여유가 허락되지 않지만 그렇다고 시적 표현력에 제약이 생긴다는 의미는 아니다. 오히려 엄격한 형식주의 덕분에 시간과 문화를 초월하는 것이 가능하다.

언어 또한 그 자체로만 보면 여러모로 지극히 표준화되고 제한되어 있다. 우리가 사용할 수 있는 글자는 26개(알파

벳 문화권의 경우—역주)로 제한되어 있지만, 이것만으로
도 우리가 할 수 있는 일은 얼마나 많은가! 소설, 이론, 연
애편지도 쓸 수 있고 법원 명령서도 작성할 수 있다. 단지
이 26개의 글자를 재배열하는 것만으로도 말이다. 분명 이
것은 26글자라는 글자 제한에도 불구하고 가능한 것이 아
니라 바로 그 글자 제한 때문에 가능한 일이다. 그 누구도
책을 펼치면서 그 안에 더 많은 유형의 글자가 있기를 바
라거나, 이번에도 똑같은 알파벳들로 변형된 문장들만 있다
고 실망하지는 않는다.[32]

명확한 구조가 있으면 그 안의 내적 가능성을 탐색하는
것이 가능해진다. 관례를 깨는 행위조차도 여기에 좌우된
다. 캔버스라는 한계는 예술적 표현을 제한하는 것이 아
니라, 어떤 예술가에게는 조금 색다른 가능성을 열어 준
다. 캔버스 위에 그림을 그리는 대신 캔버스를 칼로 찢어
버린 루치오 폰타나Lucio Fontana처럼 말이다. 더구나 더 복잡
한 구조가 더 많은 가능성을 제공한다는 것도 사실이 아
니다. 오히려 그 반대다. 2진법 코드는 0과 1, 단 두 가지
상태만 포함하기에 알파벳보다 훨씬 더 제한적이지만, 현
대사회에서 창의적인 가능성의 폭을 전례 없는 수준으로

---

[32] 필자가 좋아하는 트립어드바이저의 어떤 리뷰 작성자가 예외가 될 수
있겠다. 그는 필자가 방문(하고 좋아)했던 어떤 미술관에 대해 다음과
같은 후기를 남겼다. "이 미술관에는 정말로 볼 게 별로 없다. 벽에 그
림이 걸려 있는 건물만 몇 채 있었다."(Google: User Ondska Museum
Puri Lukisan)

확장시킨 것이 바로 이 2진법 코드다.

그러므로 창의성과 과학적 진보에 가장 큰 위협이 되는 것은 오히려 구조와 제약의 결핍이다. 구조가 없으면 아이디어를 구별하거나 비교하거나 실험할 수 없다. 제약이 없으면 무엇이 추구할 가치가 있고 무엇이 그렇지 않은지 결정을 내려야 하는 상황을 결코 마주하지 못하게 될 것이다. 통찰의 영역에서 **무관심**은 최악의 환경이다. 메모 상자는 무엇보다도 구별, 결정, 차이의 가시화를 강제하는 도구다. 한 가지만큼은 확실하다. 창의력을 키우려면 모든 제약에서 벗어나 "마음을 열어야" 한다는 일반적인 생각은 정말이지 큰 오해다. (문헌 55-p.201)

13. 통찰 공유하기

"글쓰기는 그 자체로 구멍난 곳이 어딘지 깨닫게 해준다. 나는 내가 직접 쓴 글을 보기 전까지는 내가 생각한 것을 절대 확신할 수 없다. 그래서 나는 여러분이 아무리 낙관주의자라 하더라도 어떤 이야기나 문단, 혹은 문장을 짓기 위해 자리를 잡고 앉으면 여러분 안에 있는 분석력이 모습을 드러내기 시작한다고 믿는다. '어, 이건 아닌데'라는 생각이 들고, 그러면 여러분은 다시 돌아가서 모든 것을 다시 생각해야 한다."

—캐롤 루미스[33]

어디까지나 글쓰기는 초안 원고를 수정하는 작업 그 이상도 이하도 아니다. 그렇다면 글쓰기는 매일매일 쓴 메모를 메모 상자 안에서 연결하고 그렇게 색인을 단 일련의 메모들을 연속된 텍스트로 바꾸는 작업 그 이상도 이하도 아닌 게 된다. 따라서 글감이 될 주제를 찾느라 걱정할 필요가 없다. 그저 메모 상자 안을 들여다보면서 메모가 무리 지어 클러스터를 형성한 곳이 어딘지 살펴보기만 하면 된다. 이런 클러스터는 여러분이 반복해서 흥미를 보였던 부분이므로, 여러분은 이미 작업할 자료를 찾은 셈이다. 이제 여러분은 이 메모들을 책상 위에 주욱 펼쳐서 스스로 제안한 주장의 개요를 잡고 절, 장, 문단의 예비순서를 세우면 된다. 이렇게 하면 답을 얻지 못한 문제들이 명확해지면서 메워야 할 주장의 틈이 드러나고 어떤 부분에 작업이 더 필요한지 보이게 된다.

〰〰〰〰〰〰〰

33 http://longform.org/posts/longform-podcast-152-carol-loomis

관점은 언제든지 달라지기 마련이다. 지금 이 단계에서는 다른 저자의 주장이라는 맥락에서 무언가를 이해할 때가 아니며, 메모 상자 안에서 여러 연결 관계를 찾아야 할 때도 아니다. 하나의 주장을 발전시켜서 선형적인 원고로 바꿔야 할 때다. 또한 한 가지 아이디어에서 파생될 수 있는 사고방식을 가능한 한 많이 찾기 위해 시각을 넓히는 대신, 지금은 시각을 좁혀서 오로지 한 가지 주제를 정하고 텍스트 전개에 직접 기여하지 않고 주요 주장을 뒷받침하지 않는 것은 모조리 잘라내야 한다.

13.1 브레인스토밍에서 상자스토밍으로

> "이 교훈을 명심하라: 단지 쉽게 사용할 수 있다는 이유만으로 어떤 아이디어나 사실의 가치가 더 높아지지는 않는다." —찰스 T. 멍거

글감이 될 좋은 주제를 찾는 데 어려움을 겪을 때마다 사람들은 브레인스토밍을 권한다. 브레인스토밍이라고 하면 현대적인 것처럼 들리기도 하지만, 사실 역사가 꽤 깊다. 1919년 알렉스 오스본Alex Osborn이 처음 기술한 이후, 1958년에 찰스 허친슨 클락Charles Hutchison Clark의 『브레인스토밍: 성공적인 아이디어 창조를 위한 역동적이고 새로운 방법』이라는 책으로 더 많은 대중들에게 소개되었다. 브레인스토밍은 여전히 많은 이들에게 새로운 아이디어를 생성하는 최고의 방법으로 꼽힌다. 하지만 필자는 오히려 이것을 우리 뇌에 대한 케케묵은 집착의 표현으로 보고 싶다.

이것은 우리 교육시스템의 암기교육—즉, 외부 도구 없이 생각하는 것—에 대한 집착에 반영되어 있기도 하다. 암기한 지식으로 학생들을 테스트하면 그들이 얼마나 이해하고 있는지는 잘 알 수 없다. 또한, 브레인스토밍 시간에 많은 아이디어를 제시했다고 해서 제시된 아이디어의 질이 보장되는 것도 아니다.

우리는 중요하고 흥미로운 주제, 그리고 기존에 가지고 있던 자료를 활용해서 다룰 수 있는 주제를 찾고 싶어 한다. 이에 반해 우리 뇌는 당장 쉽게 사용할 수 있는 아이디어에 우선권을 준다. 쉽게 사용할 수 있다고 그만큼 더 의미가 있는 것은 분명 아닌데도 말이다. 우리 뇌는 최근에recently 접한 정보를 더 쉽게 기억한다. 이런 정보에는 감정이 결부되어 있어서 생생하고lively 구체적이며 명확하기 때문이다. 게다가 더할 나위 없게도 각운까지 잘 맞는다 (recently와 lively의 운율을 말하고 있음—역주).(문헌 143; 144) 그러다 보니 추상적이고, 모호하고, 감정적으로 중립적이거나 운율도 잘 맞지 않는 것들은 모두 뇌의 우선 목록 맨 끝으로 밀리게 된다. 이런 기준들은 지적 노력을 평가할 최상의 기준이 전혀 아닌데 말이다.

실제로 얼마나 관련성이 있는지 따지지 않은 채, 처음 떠올린 아이디어를 제일 좋아하고 그것을 내려놓기 주저하는 경향을 보이면 상황은 악화된다.(문헌 145) 그렇다면 단독 브레인스토밍의 한계를 극복하기 위해 여러 친구들을 모아서 함께 브레인스토밍하는 방법은 어떨까? 혹시나 이런 생각을 하고 있다면 그만 잊어버리기 바란다. 브레인스토밍 그룹 인원이 많으면 대개 제시되는 아이디어의 질이 떨어지고, 다루는 주제의 범위도 의도치 않게 좁아진다.[34] (문헌 146)

그런데 글감으로 적합한 주제를 찾는 일은 대부분 글쓰기를 다른 과제들과 분리된 별도의 과제로 대했던 사람들에게나 문제가 되지, 우리처럼 메모 상자를 활용해서 작업하는 사람들에게는 해당 사항 없는 이야기다. 자기 머리에만 의존하는 사람들은 처음에는 자기 자신에게, 그 다음에는 지도교수에게 다음과 같이 질문할 것이다. 이렇게 자료를 많이 읽었는데… 하지만 대체 뭘 써야 할까요? 반면, 우리처럼 이미 연구하는 동안 스마트한 방식으로 메모를 적고 수집했던 사람들은 브레인스토밍의 필요성을 더는 느끼지 못한다. 그 대신 우리는 메모 상자를 들여다보기만 하면 된다. 예전에 좋은 아이디어가 있었다면 그 안에 있을 테니 말이다(게다가 좋은 아이디어는 몇 분 안에 떠오르기보다는 몇 개월에 걸쳐 떠올랐을 가능성이 확실히 더 크다). 이 아이디어는 이미 후속연구로 이어질 가치가 있다고 입증되었을 수도 있다. 그 경우 뒷받침 자료와도 이미 연결되어 있을 것이다. 무엇이 효과가 있을지 예측

---

34 다만, 모두 각자 브레인스토밍한 다음 그 결과를 편집하면 이런 결과를 피할 수 있다.

하는 것보다는 무엇이 이미 효과가 있었는지를 보는 편이 훨씬 더 쉬운 법이다.

우리가 무엇에 관한 글을 쓸까 하는 문제를 걱정할 필요가 없는 이유는 이미 그 문제에 답했기 때문이다. 그것도 규칙적으로, 매일 여러 차례에 걸쳐서 했기 때문이다. 우리는 무언가를 읽을 때마다 메모할 만한 가치가 있는 것과 그렇지 않은 것을 정한다. 또한, 영구보관용 메모를 작성할 때마다 텍스트의 관점이 더 장기적으로 생각할 만한 것인지, 그리고 우리 아이디어를 발전시키는 것과 관련이 있는지 결정한다. 우리는 여러 아이디어들과 정보가 서로 어떻게 연결되어, 문자 그대로 우리 메모들과 관계를 맺는지 그 과정을 끊임없이 확인한다. 그렇게 함으로써 우리는 원고로 탈바꿈할 준비가 되어 있는 아이디어 클러스터들을 가시적으로 발전시킨다.

또한 이 과정은 자체적으로 보강된다. 클러스터가 가시적으로 발전되면 더 많은 아이디어를 끌어모으고 가능성 있는 연결 관계도 더 많이 제공한다. 그러면 무엇을 더 읽고 생각할지 선택할 때 영향을 받게 된다. 이런 아이디어 클러스터는 우리의 일상 작업에 이정표 역할을 하여 생각할 가치가 있는 곳으로 우리를 인도한다. 주제는 상향식으로 늘어나고 그 과정에서 견인력을 얻는다. 우리는 메모 상자가 조금이라도 성장하면, 무엇이 흥미롭고 무엇이 관련되어 있는지 **생각하는** 대신 곧장 실용적으로 메모 상자를 들여다본다. 그 안에서 우리는 진짜로 흥미롭다고 입증된 것이 무엇인지, 또 우리가 어디서 작업할 자료를 찾았는지 숨김 없이 볼 수 있다.

글쓰기를 지적 노력 전체의 수단이자 목적으로 삼기로 한 처음의 결정 하나 때문에, 우리에게 주제 찾기의 역할은 완전히 달라졌다. 이제는 글감이 될 주제를 찾는 것이 중요한 것이 아니라, 우리가 **글쓰기를 통해** 만들어낸 문제들에 공을 들이는 것이 더 중요한 것이다.

우리는 매일 작업하는 동안 질문 거리를 만들어냄으로써 대수의 법칙law of large numbers이 우리에게 유리하게 적용되는 것을 목격할 수 있다. 사실, 일반논문이나 학위논문, 혹은 책 한 권 분량에 딱 적합한 문제는 거의 없다. 어떤 것은 너무 광범위한가 하면, 어떤 것은 너무 편협하고, 또 어떤 것은 우리가 합리적으로 얻을 수 있는 지식으로 답하기 불가능하다. 그 중 가장 난감한 상황은 작업할 자료가 아예 없는 경우일 것이다. 무엇을 쓸 것인지에 대한 계획과 아이디어를 가지고 출발하는 사람들은 아마 도중에 어딘가에서 이런 사실과 마주치게 될 것이다. 그러면 이들은 한두 번쯤은 유감스러운 선택을 수정할 수 있을지 모르지만, 결국에는 특정 시점에 선택한 것을 고수하지 않을 수 없게 된다. 만약 그렇게 하지 않으면 프로젝트를 영원히 끝내지 못하기 때문이다.

반면, 메모 상자를 요람 삼아 탄생한 문제들은 가능성 있는 수십, 수백 가지 문제들 가운데에서 시험과 테스트를 거친 것들이다. 이런 문제들 대다수는 신속히 답을 얻었을 수도 있고, 아니면 흥미나 자료 부족으로 어떤 메모와도 연결되지 않은 탓에 사라져버렸을 수도 있다. 계획이 아니라 시험과 오류를 통하는 것, 이것이 바로 진화가 작동하는 방식이다.

가장 의미가 있고 흥미롭기까지 한 좋은 문제들에 대한 해답을 내놓는 일은 그리 만만치 않겠지만, 우리는 당장 사용할 수 있거나 최소한 구할 수 있는 자료를 가지고 맞서 볼 수 있다. 좋은 문제를 찾으려면 **생각만으로는** 부족하다. 무엇이든 **실제로 행해야만** 어떤 아이디어에 대해 충분히 알 수 있고, 또 그래야만 좋은 판단을 내릴 수 있다. 즉 여러 문제들을 공부하고, 글 쓰고, 연결하고, 구별하고, 보완하고, 상세히 설명하는 것이 우리가 할 일들이다. 그리고 이것이 바로 스마트한 메모를 작성할 때 우리가 하는 일들이기도 하다.

13.2 하향식에서 상향식으로

이미 가지고 있는 것을 바탕으로 주제와 질문을 발전시키면 큰 장점이 있다. 우리가 선택하는 아이디어들이 맨땅에서 생겨나는 것이 아니라 풍부한 내용을 지닌 맥락 안에 이미 이식되어 있어서, 사용가능한 자료도 이미 비축되어 있다는 점이다. 우리가 가지고 있는 것에서 출발하면 예기치 않은 또 다른 장점도 누릴 수 있다. 바로 새로운 아이디어를 더 개방적으로 받아들이게 된다는 사실이다.

이미 접했던 어떤 아이디어에 친숙해질수록 새로운 아이디어를 더 개방적으로 수용할 수 있다고 하면 직관에 어긋나는 것처럼 들리겠지만, 과학사가들은 이것이 맞는 이야기라고 기꺼이 확인해준다.(문헌 58) 여러분도 다음과 같이 곰곰이 생각해 보면 이해가 갈 것이다. 우리가 이미 알고 있는 것을 아주 상세히 설명하지 않으면, 그 한계를 발견하고 빠진 부분이 무엇이고 틀릴 가능성이 있는 것이 무엇인지 알아내는 데 어려움이 따를 수 있다. 반면, 무언가와 친밀할 정도로 익숙해져서 함께 장난도 치고 이것저것 바꿔보기도 하다 보면 낡은 아이디어를 새로운 아이디어라 믿으면서 낡은 아이디어만 반복할 위험 없이, 새롭고 다양한 아이디어들이 눈에 들어오기 시작한다. 그래서 처음에는 익숙함이 새로운 아이디어를 제안하기 어렵게 만든다고 느껴지지만, 그건 우리가 가지고 있는 아이디어 대부분이 실제로는 그다지 혁신적이지 않다는 사실을 몰랐던 것뿐이다. 스스로의 전문성이 높아질수록 자신의 독창성에 대한 믿음은 줄어드는 반면, 세상에 진정으로 새로운 기여를 할 수 있는 능력은 높아지는 법이다.

제이콥 워렌 게첼Jacob Warren Getzels과 미하이 칙센트미하이Mihaly Csikszentmihalyi는 예술 분야도 마찬가지라는 사실을 보여주었다. 즉, 스스로 놀랍도록 혁신적이라 믿는 어떤 예술가가 우연히 지각변동을 일으킬 만큼 새로운 작품을 창조하는 경우는 매우 드물다는 것이다. 반대로, 예술가가 심미적 "문제"를 배우는 데 더 많은 시간을 할애할수록, 훗날 예술 전문가들로부터 예상을 뛰어넘는 창의적인 해법이란 평가를 받을 가능성이 커진다.(문헌 147)

개방적인 태도만 갖추면 된다면, 최고의 예술가, 최고의 과학자는 취미에 열심인 사람들일 것이다. 제레미 딘[Jeremy Dean]은 반복되는 루틴과 의식에 대한 글을 폭넓게 쓰면서 오래된 사고방식을 일종의 생각의 루틴으로 보자고 제안하는 학자다. 그에 따르면, 어떤 사고방식이 하나의 특정한 사고방식이라는 사실조차 모른다면 우리는 그 사고방식과 단절할 수 없다고 한다.(문헌 55)

13.3 관심사를 따르는 것이 곧 일하는 것

좋은 결과를 성취할 학생이 누구인지 미리 가늠할 수 있는 가장 중요한 지표들 가운데 하나로—스스로 학습 과정을 통제하고 있다는 자신감 다음으로—의욕(혹은 동기부여)이 있고 없음이 꼽힌다는 사실은 과히 놀랍지 않다. 고도로 지적인 학생들이 연구에 실패하는 경우, 주로 그 원인은 그들이 배워야 하는 것에서 더는 의미를 찾지 못하거나(문헌 148), 개인적인 목표와 연결 고리를 만들지 못하거나(문헌 149) 자신의 독자적인 방식대로 연구를 통제할 능력

이 부족하기 때문이다.(문헌 150: 151)

이 같은 연구 결과는 학문적 자유를 뒷받침하는 중요한 논거가 된다. 동질감이 느껴지는 프로젝트의 진전을 목격하는 것만큼 동기부여가 되는 일은 없는 반면, 더 이상 진행할 가치가 없어 보이는 프로젝트로 막막한 상황에 놓이는 것만큼 의욕이 떨어지는 일도 없다.

무엇을 기대해야 할지에 대한 별다른 실마리 없이 장기적인 프로젝트를 미리 결정하게 되면, 자신이 하는 일에 대한 흥미를 잃을 위험이 크다. 이런 위험을 상당히 줄이는 방법은 필요할 때마다 과정을 바꿀 수 있는 유연한 조직 체계를 적용하는 것이다.

작업 단계마다 매번 "여기서 흥미로운 점은 무엇이지?"라고 질문하고, 자료를 읽을 때마다 "여기서 메모해 둘 만큼 의미 있는 것은 무엇일까?"라고 질문하면, 그저 자신의 관심사에 따라 정보를 선택하는 것으로 그치지 않게 된다. 자신이 접한 것을 상세히 설명함으로써 예전에는 전혀 몰랐던 측면을 발견하고 그 과정에서 자신의 관심사를 발전시킬 수도 있다. 사실, 연구를 진행하는 동안 관심사가 달라지지 않는다면 오히려 매우 유감스러운 일이 될 것이다. 기회가 생길 때 작업 방향을 바꾸는 능력은 일종의 통제력에 해당하지만, 계획에 맞추기 위해 상황을 통제하려는 시도와는 성질이 완전히 다르다. DNA 구조의 발견으로 이어진 연구 프로젝트를 처음 시작한 계기는 연구 보조금 신청이었다. 원래 보조금 지원 대상은 DNA 구조가 아니라 암 치료법을 발견하는 것이었다. 그런데 만약 이 연구를 진행한 과학자들이 처음에 했던 약속에만 갇혀 있었다면, 암 치료법만 발견하지 못했을 뿐만 아니라 결국에는 DNA 구조도 발견하지 못했을 것이다. 다른 무엇보다도 이들은 작업에 대한 흥미를 잃어버렸을 것이다. 그러나 다행히 이들은 처음 계획을 고수하지 않고 그들의 직관과 관심을 따르면서 새로운 길들이 열릴 때마다 통찰로 이르는 가장 유망한 길을 선택했으며 실제 연구 프로그램도 그러는 과정을 통해서 발전되었다.[문헌 58] 말하자면, 이들이 연구 계획 수립을 마친 순간은 바로 전체 프로젝트를 완료한 순간이었던 셈이다.

자신의 작업을 통제하고, 필요한 경우 코스를 변경할 수 있으려면 "텍스트 쓰기"라는 큰 과제가 작고 구체적인 과제로 쪼개져야 한다. 이렇게 과제의 규모가 세분화되면 실질적으로 어떤 특정한 시기에 필요한 것을 콕 집어서 할 수 있고 거기서부터 다음 단계로 넘어갈 수 있다. 이때는 모든 것을 통제하고 있다는 자신감을 가지는 것이 중요한 게 아니라, 실제로 자신의 통제 아래 작업을 설정하는 것이 중요하다. 흥미롭고 관련성 있다고 생각되는 방향으로 작업을 이끌어가는 통제력이 커질수록, 일을 완수하고자 하는 의지력의 필요성은 적어진다. 이런 단계에 이르러야만 어떤 작업을 지속하는 데 절대적으로 필요한 의욕의 원천을 따로 찾을 필요 없이 작업 그 자체가 의욕의 원천이 된다.

"선택과 관련해서 자율성을 경험한 사람들은 그 다음 과제를 수행할 에너지가 감소하지 않았다. 여기서 실증적 관심을 기울일 만한 중요한 문제는 바로 자율적 선택에 관한 것이다. 자율적 선택에는 그 다음 과제에 대한 자기조절 능력을 자극하거나 강화하는 잠재력이 있다. 가령, 새로운 과제에 대한 사람들의 의욕을 강화하는 쪽으로 자율적인 선택을 이끌려면 어떤 조건이 필요할까? 선택이 활력을 주는 데 영향을 미칠 수 있는 여러 요인 가운데 하나가 선택하라고 제공되는 선택지들의 본질이다. 만약 자신이 소중하게 여기지 않는 것들, 하찮거나 아무 관련 없다고 여기는 것들 가운데 하나를 골라야 하는 경우라면, 선택한다 해도 활력을 불어넣을 가능성이 없으며, 특정한 방향으로 선택하도록 미묘한 압력이 가해지지 않을 때조차 활력은 급감할 수 있다. 반면, 개인적으로 가치를 두는 것들 가운데에서 자율적으로 선택할 수 있으면 매우 큰 활력을 불어넣을 수 있다."(문헌 7-p.1034)

가장 유망한 쪽으로 프로젝트의 방향을 설정할 수 있도록 작업을 체계화하면 더 오랫동안 집중할 수 있을 뿐만 아니라 더 큰 재미도 느낄 수 있게 된다. 그리고 이것은 틀림없는 사실이다.[35] (문헌 152)

---

35 이것이 믿기지 않는다면, 모든 일을 통제하고 있다는 자신감이 수명을 연장한다는 사실을 기억하라(문헌 153; 154 참조). 반대로 이해해도 된다. 통제력을 잃으면 건강에 해롭다고(문헌 155 참조). 간략한 개요는 문헌 156을 참조 바람.

13.4 마무리와 검토

마지막 남은 두 단계와 관련해서는 할 말이 그리 많지 않다. 여기까지 왔으면 주요 작업은 이미 끝난 셈이기 때문이다.

핵심 사항: 텍스트의 구조를 짜서 유연하게 유지하라. 메모 상자 속에서는 새로운 아이디어를 실험하고 생성하는 것이 중요한 일이었다면, 이제는 우리의 생각을 선형적 순서로 정리해야 한다. 핵심은 초안의 구조를 가시적으로 짜는 것인데, 이때 중요한 것은 어떤 장이나 문단에 무엇을 쓸지 최종적으로 확정하는 것이 아니라, 원고의 특정 부분에 써야 할 필요가 없는 내용이 무엇인지 결정하는 것이다. (어디까지나 예비구조이지만) 구조를 살펴보면 같은 정보가 다른 부분에서 언급될 예정인지 알 수 있다.

이 단계에서 직면하는 문제는 "빈 화면"을 마주하는 것과 거의 정반대의 문제다. 빈 페이지를 어떻게 채워야 할지 모르는 것이 아니라, 손에 쥐고 있는 것이 너무 많아서 모든 것을 동시에 언급하고 싶은 충동을 참아야 할 정도다.

따라서 특정 프로젝트를 위해 메모를 분류할 수 있는, 각각 독립된 프로젝트별 공간을 마련하는 것은 대단히 중요하다. 그리고 아웃라이너^{outliner} 기능을 활용하면 개략적인 구조를 발전시키는 데 도움을 받을 수 있고 그 구조를 유연하게 유지할 수 있다. 어떤 주장의 구조는 전체 구조의 일부이므로 전체 구조를 발전시키는 과정에서 바뀌게 된다. 구조는 그저 내용물이 담긴 정형화된 그릇 같은 것이 아니기 때문이다. 구조가 더 이상 크게 바뀌지 않으면 우리는 기꺼이 이것을 "목차"라고 부르면 된다. 하지만 그렇게 되더라도 이것은 하나의 구조적 지침이지 최종 처방은 아니다. 마지막 순간까지 장의 순서를 바꾸는 일은 흔하다.

또 다른 핵심 사항: 동시에 다양한 원고를 작성하는 시도를 해보라. 메모 상자는 이미 한 가지 프로젝트를 완성하는 데 도움을 주고 있겠지만, 메모 상자의 진정한 저력은 동시에 여러 가지 프로젝트를 작업할 때 발휘된다. 메모 상자는 어떻게 보면 화학산업에서 말하는 "페어분트verbund"와 같다. 페어분트란 한 생산라인에서 발생하는 불가피한 부산물이 다른 생산라인의 자원이 되고, 이 생산라인에서 발생하는 부산물도 또 다른 생산라인의 자원이 되며, 이런 과정이 계속 이어져 결국 단독 공장은 경쟁이 안 될 정도로 생산라인 네트워크가 매우 효율적으로 얽혀 있는 생산시설을 말한다.[36]

읽기와 글쓰기 과정은 불가피하게도 의도치 않은 부산물

〰〰〰〰〰〰〰〰

36 최초이자 최대의 "페어분트"는 독일 루드빅샤펜에 위치해 있다. 이것은 세계 최대 화학기업 바스프(BASF)에서 개발한 시스템이다. 덕분에 이 회사는 높은 임금과 사회보장 비용 부담이 있는 선진국에 위치하면서도 지속적으로 가장 큰 수익을 올리는 업체 가운데 하나로 손꼽힌다.

을 많이 생산한다. 모든 아이디어가 하나의 논문에 적합할
수는 없는 법이며, 우리가 접하는 정보 가운데 특정 프로
젝트에 유용한 것은 일부에 불과하다.

어떤 흥미로운 자료를 읽고 있는데 이 자료가 현재 진행
중인 프로젝트와는 직접 관련이 없더라도, 우리는 이 자
료를 앞으로 작업할 예정이거나 작업할 수도 있는 프로
젝트에 사용할 수 있다. 메모 상자의 내용을 풍요롭게 하
는 것은 모두 결국에는 우리가 작성할 수도 있는 텍스트
로 이어질 잠재성이 있다. 우리는 스마트한 메모를 작성하
면서 겸사겸사 미래의 글쓰기 자료를 한곳에 모으는 셈이
다. 우리가 작업 중인 프로젝트들은 완성도 면에서 각기
완전히 다른 단계에 있을 수 있다. 그 중 일부는 심지어
우리가 아직 알아채지 못했을 수도 있다. 이런 상태가 유
리한 이유는 현재 진행 중인 보고서나 책 집필 작업이 끝
나지 않았는데도 다음 집필 작업에 진전이 있기 때문만이
아니라, 일하다 막히거나 지겨워질 때마다 다른 프로젝트
로 갈아탈 수 있기 때문이다.

이 대목에서 명심할 것이 있다. 어떻게 한 사람이 그렇게
다작할 수 있냐는 질문을 받은 루만의 대답은 자신은 한
번도 억지로 일한 적이 없으며 자신에게 쉽게 느껴지는 일
만 했다는 것이었다. "일하다 잠시 막히게 되면 하던 일은
놔두고 다른 일을 했지요." 일하다 막혔을 때 다른 무슨
일을 했냐는 질문에는 "글쎄요, 다른 책들을 썼지요. 저

는 늘 여러 원고작업을 동시에 합니다. 다양한 일을 동시에 하는 이런 방법 덕분에 저는 한 번도 정신적으로 벽에 부딪혀 본 적이 없답니다."(문헌 19-p.125~55) 이것은 마치 무술과 같다. 저항이나 반발과 마주치게 되면 정면으로 밀어내지 말고 또 다른 생산적인 목표를 향해 방향을 틀어주어야 한다. 메모 상자는 언제나 여러분에게 여러 가지 가능성을 제공할 것이다.

13.5 계획을 포기하는 사람이 진정한 전문가

마지막으로 한 가지 불편한 진실은 계획을 짜는 학생들의 솜씨가 안타까울 만큼 떨어진다는 사실이다.

심리학자 로저 뷜러[Roger Buehler], 데일 그리핀[Dale Griffin], 마이클 로스[Michael Ross]는 일단의 학생에게 다음과 같이 요청했다.

1. 보고서 한 편을 완성하는 데 필요한 시간을 현실적으로 추산할 것.
2. 아래와 같은 상황일 때 얼마나 많은 시간이 필요할지 추가적으로 추산할 것.
   a. 모든 일이 최대한 원만히 진행되는 경우
   b. 잘못될 수 있는 일은 모두 잘못되는 경우

흥미롭게도 학생들 대다수가 제시한 "현실적" 추산 시간은 모든 게 완벽한 여건에서의 추산 시간과 그다지 다르지 않았다. 사실, 이 결과 하나만으로도 연구자들에게는 진지하게 생각할 거리가 충분히 된다. 그런데 더 나아가 실제로 학생들에게 필요했던 시간을 확인해보았더니 그들이 추산한 것보다 훨씬 더 오랜 시간이 필요했던 것으로 나타났다. 최악의 여건에서 소요될 것으로 추정했던 시간 안에 보고서를 완성한 학생들은 전체의 반도 되지 않았다.[문헌 157] 연구자들은 나머지 절반의 학생들에게 그들의 상상을 뛰어넘는 재앙이 갑자기 닥쳤으리라고는 생각하지 않았다.

그리고 1년 후, 심리학자들은 다른 연구를 통해 이 현상을 더 자세히 들여다보았다. 과도하게 낙관적인 대답을 한다고 얻을 것이 없는 학생들은 분명 소신껏 답했을 텐데 이런 현상이 벌어졌다는 것이 여전히 고개를 갸우뚱하게 했기 때문이다. 그래서 이번에는 학생들에게 보고서를 끝낼 확신이 드는 시간대를 각각 50%, 70%, 99%로 나누어서 제시해달라고 했다.

이번에도 이들에게는 소신껏 대답할 자유가 보장되었지만 아니나 다를까, 자신이 가능하다고 생각했던 여건이라면 보고서를 완성할 가능성이 99%라고 대답했던 학생들 중 실제로 그 시간 안에 보고서를 끝낼 수 있었던 학생은 고작 45%에 불과했다.[문헌 158] 이쯤 되면 독자 여러분의 뇌리에 지난번 실험에서 예상 시간이 잘 맞지 않았다는 사실을 학생들에게 미리 알려줬다면 결과가 달라지지 않았을까 하는 생각이 떠오를 수도 있다. 연구자들도 같은 생각이었다. 하지만 학생들은 그 생각조차 틀렸다는 것을 보여주었다. 결국, 학생들은 경험으로부터 아무것도 배우지 못한 듯 보였다.

그래도 한 가지 위안은 있다. 이런 결과는 학생인 것과는 아무 상관이 없다는 것이다. 학생이라서가 아니라 인간이기 때문에 그런 것이다. 과잉확신 편향이라 불리는 이 현상을 연구하는 사람들조차 그들 역시 이런 편향에 빠진다고 인정한다.(문헌 102-p.245ff)

여기서 얻을 교훈은 계획을 세우는 문제에 대해서는 전반적으로 회의적일 필요가 있다는 것이다. 특히 계획의 초점이 목표를 이루는 데 요구되는 단계와 실제 작업에 맞춰지지 않고 단지 결과에만 맞춰지는 경우가 그렇다. 스스로를 성공적이고 시의적절하게 마감된 어떤 보고서의 위대한 저자라고 상상하는 것은 도움이 될 게 그다지 없는 반면, 목표를 이루기 위해 무엇을 해야 하는지 마음속에 현실적인 아이디어를 품고 있으면 이야기는 달라진다. 알다시피 스포츠 선수들 또한 자신을 어떤 경기의 승자로 미리 상상하는 것보다는, 승리에 필요한 전 훈련과정을 모두 완수해 내는 상상을 하는 것이 훨씬 더 효과적이다. 마음속에 더욱 현실적인 아이디어를 품을수록 더 뛰어난 기량을 발휘하는 데 도움이 될 뿐만 아니라 의욕도 북돋아지는 것이다.(문헌 159) 오늘날에는 이런 사실이 비단 운동선수들뿐만 아니라 노력과 인내가 요구되는 모든 작업에 적용된다고 알려져 있다.(문헌 160) 글쓰기도 분명 이런 작업에 속한다.

또 다른 교훈은 우리가 경험을 통해 아무것도 배우지 못한다는 것이 아니라, 경험 후에 피드백이 즉각—그리고 꽤 자주—따라야만 경험을 통해 배울 수 있다는 것이다. "보고서 작성"이라는 커다란 도전을 스스로 감당할 수 있을 만큼 규모가 작은 과제들로 해체하면 현실적인 목표를 세우는 데 도움이 되어 그 목표를 규칙적으로 점검할 수 있게 된다. 어떤 사람이 보고서란 무릇 주제 정하기, 문헌 연구, 읽기, 생각하기, 글쓰기, 교정하기 등 각각의 단계를 정확한 순서대로 거치는 선형적인 계획을 따라야 완성된다는 비현실적인 가정에서 출발한다고 하자. 그러면 이런 가정에 기반해서 세운 시간 계획표 역시 모두 비현실적일 수밖에 없다 해도 전혀 놀랍지 않다. 일단 어느 정도 연구를 진행하면 애초의 아이디어가 생각만큼 좋지 않다는 것을 발견할 수도 있으며 어떤 자료를 읽으면 그 밖에도 읽을 자료들이 더 많다는 걸 알게 될 공산이 크다. 참고문헌을 발견하는 과정이 바로 이런 식이기 때문이다. 또한 일단 주장을 적어 내려가기 시작하면 다른 것도 고려해 봐야 하거나, 원래 아이디어를 바꾸거나, 제대로 이해하지 못한 논문을 다시 봐야 할 필요가 있다는 것을 깨닫게 될 가능성도 크다. 이 가운데 어느 것도 드문 일이 아니며, 어떤 경우건 아무리 원대한 계획도 망쳐버릴 가능성을 품고 있다.

이렇게 하는 대신, 가령, 특정한 어느 날에 3페이지 분량의 글을 쓴다거나 그 전날에 작성한 한 문단을 검토하거나 어떤 논문에서 발견한 문헌을 모두 확인하는 식으로 일을 처리해 나갈 수 있다. 그렇게 하루를 마감하는 시간이 되면 무엇을 완수할 수 있었는지 정확히 알 수 있어서 다음 날에 대한 기대를 조절할 수 있다. 만약 1년 동안 이런 수백 가지 피드백을 모으다 보면 자신의 생산성을 더 현실적인 눈으로 볼 수 있게 될 가능성이 커진다. 최종 마감일을 놓치는 것보다는 이런 자잘한 실행과 실패로부터 배우는 편이 훨씬 효과적이다. 물론, 매번 실패하는 것보다 최종 마감일은 한 번만 놓치면 되는 거니까 더 낫지 않냐고 우긴다면 할 말은 없지만 말이다.

선형적 모형의 문제점은 단지 한 단계에 걸리는 시간이 계획보다 길어질 수 있다는 것이 아니라, 한 단계를 계획보다 빨리 끝낼 가능성이 거의 없다는 것이다. 판단 오류가 문제의 전부라면, 필요한 시간을 과소평가하는 만큼 평균적으로 이 시간을 과대평가하면 될 것이다. 하지만 안타깝게도 일은 그런 식으로 돌아가지 않는다. 그 유명한 파킨슨의 법칙^{law of Parkinson}에 따르면, 공기가 방안 구석구석을 채우듯 업무 종류를 막론하고 모든 일은 그 일을 위해 확보해 둔 시간을 채운다고 한다.^(문헌 161)

이 법칙은 장기적인 틀에서는 거의 모든 경우에 적용되는 보편적인 법칙이지만, 한 번에 완료할 수 있는 과제들의 경우에는 오히려 그 반대가 맞다. 이렇게 되는 부분적인 원인은 앞서 언급한 바 있는 자이가르닉 효과 때문이다.(문헌 162) 즉, 우리 뇌는 어떤 과제를 완료할 때까지(혹은 글로 적어둘 때까지) 이 미완의 과제에 묶여 있는 경향이 있기 때문이다. 마라톤을 뛰어 본 사람이라면 누구나 알겠지만, 우리는 결승선이 보이기 시작하면 속도를 내는 경향이 있다. 다시 말하면, 가장 중요한 단계는 일단 출발해 보는 단계라는 뜻이다. 이때 의식을 치르듯 반복하는 행위를 통해 도움을 받을 수도 있다.(문헌 163)

하지만 가장 큰 차이는 시작할 때 직면하는 과제에 달려 있다. 다음 며칠간 "마감 시한을 넘긴 보고서를 계속 작성하기"처럼 모호하고 제대로 규정되지 않은 과제를 하기로 마음먹기보다는, "메모 작성하기", "이 보고서에서 흥미로운 점 수집하기", "일련의 메모를 문단으로 바꾸기"처럼 매번 실현가능한 과제를 정한다면 출발하기가 훨씬 수월해 진다.

13.6 실제 글쓰기

언젠가 어니스트 헤밍웨이는 초고를 쓴 후 몇 번이나 다시 고쳐 쓰냐는 질문을 받았다.

그의 대답은 "상황에 따라 다르답니다. '무기여 잘 있거라'의 결말, 마지막 페이지는 만족할 때까지 39번이나 다시 썼지요"였다.

"그 부분에 무슨 기술적인 문제가 있었나요? 무엇이 작가님을 그렇게 막하게 만들었나요?" 인터뷰 진행자가 물었다. 그러자 헤밍웨이가 대답했다.

"알맞은 말을 찾느라 그랬습니다."(문헌 164)

한 가지만 충고해야 한다면, 초안은 그저 초안일 뿐이라는 사실을 명심하라는 것이다. 한 인터뷰에서 철학자 슬라보예 지젝Slavoj Žižek은 다음과 같이 고백한 적이 있다.[37] "처음 시작할 때, 어디까지나 나 자신을 위해 몇몇 아이디어를 적어두는 것일 뿐, 출판 가능한 글로 바꾸는 일은 나중 문제라고 스스로를 설득하지 않았다면 아마 한 문장도 쓸 수 없었을 것"이라고 말이다. 그는 탈고하기 전까지 글쓰기를 이어가는 동안, 자신이 할 일은 이미 가지고 있는 원고를 수정하는 것뿐이라는 사실에 스스로도 늘 놀라워했다.

가장 어려운 과제 가운데 하나는 어떤 주장 안에서 아무 기능도 없는 부분을 단호히 삭제하는 일이다. 이는 "자기 자식을 제 손으로 죽이는 일"과 같다.[38] 하지만 문제가 되는 단락을 다른 문서로 옮기면서 아마 나중에 쓸 데가 있을 것이라고 자신에게 말한다면 이 힘든 작업이 훨씬 수월해질 것이다. 필자는 문서를 작성할 때마다 "xy-rest.doc"라는 파일명으로 또 다른 빈 문서를 만든 다음, 원

37 다큐멘터리 영화『지젝!(Žižek!)』, 미국, 2005년, 애스트라 테일러(Astra Taylor) 감독.

래 문서에서 무언가를 삭제할 때마다 그 부분을 복사해서 이 빈 문서로 옮겨 둔다. 그러면서 나중에 이것을 살펴보고 적당한 곳에 다시 추가할 것이라고 스스로를 설득한다. 물론 그런 일은 절대 일어나지 않지만, 그래도 이 작업은 효과가 있다. 심리학을 좀 아는 사람들도 똑같이 이렇게 한다. (문헌 8-p.81f)

---

38 이 인용문은 윌리엄 포크너(William Faulkner), 앨런 긴스버그(Allen Ginsberg), 오스카 와일드(Oscar Wilde), 스티븐 킹(Stephen King) 등 여러 작가가 남긴 말이다. 그런데 아마도 평론가 아서 퀼러-쿠치(Arthur Quiller-Couch)가 1914년 캠브리지 대학교에서 강의하면서 이 말을 가장 먼저 언급한 듯하다. "여러분이 오늘 이 자리에서 실용적인 규칙을 하나 알려달라고 한다면, 이렇게 말하고 싶군요. 기가막히게 훌륭한 글을 쓰고 싶다는 충동이 생기면—온 마음을 다해—그 충동에 따르십시오. 그런 다음 출판사에 보내기 전에 삭제하십시오. 여러분의 손으로 자식을 죽이는 겁니다."(문헌 165-p.203 참조)

14. 습관화하기

"모든 이들의 연습장에 적혀 있고 저명인사들의 연설에도 반복해서 등장하는 진부한 말 가운데 매우 잘못된 것이 하나 있다. 자신이 하고 있는 일에 대해 생각하는 습관을 기르라는 것이다. 하지만 사실은 이와 정반대로 하는 것이 맞다. 문명의 진보는 생각하지 않고서도 할 수 있는 중요한 작업이 많아짐으로써 이루어지기 때문이다." —화이트헤드(문헌 166-p.61)

가까운 미래에 우리가 어떤 행동을 할까에 대한 가장 확실한 예측변수는—자, 놀라지 마시라—그 행동을 하겠다는 의도다. 지금 체육관에 가겠다고 마음을 정한다면 실제로 곧 체육관에 갈 가능성이 크다. 하지만 안타깝게도 이것은 아주 가까운 미래에만 해당한다. 장기적인 문제에 대해서는, 의도와 실제 행동 사이에 측정 가능할 만큼 눈에 띄는 연결 관계를 찾기 위해 오늘도 연구자들이 고군분투하고 있다.(문헌 21; 167) 그런데 한 가지 예외가 있다. 예전부터 하던 바로 그 일을 하려고 하는 경우라면 우리는 틀림없이 우리의 의도에 따라 행동한다.

사실, 사람들의 행동을 장기적으로 예측하는 것은 무척 쉽다. 지금부터 한 달, 1년, 혹은 2년 뒤 우리는 십중팔구 우리가 전에 했던 일을 하고 있을 것이다. 예전만큼 초콜릿을 먹고, 예전만큼 자주 체육관에 가고, 예전과 같은 일로 파트너와 다툴 것이다. 달리 말하자면, 좋은 의도는 대체로 아주 오래가지 않는다는 말이다.

우리는 행동을 바꾸기 어렵다는 현실적인 생각을 가지고 출발할 때 장기적으로 행동을 변화시킬 가능성이 제일 커진다.(문헌 55) 그런데 이것마저 그리 쉬운 일이 아니다. 특정한 방식으로 무언가를 하는 데 익숙할수록, 실제로는 그 일을 잘 통제하지 못하더라도 그 일을 통제한다는 느낌이 강해져 자신감이 높아지기 때문이다(이것 역시 부분적으로는 앞서 언급했던 단순 노출 효과에 따른 오류 때문이다).

"가장 강한 습관을 지닌 사람들은 다음 주에 자신이 할 행동에 대한 예측력이 제일 떨어졌지만 그러면서도 자신의 예측에 대한 자신감은 제일 컸다. 이런 연구 결과가 충격적인 이유는 습관의 어두운 면 가운데 하나를 암시하기 때문이다. 어떤 행동을 반복적으로 하면 그렇게 해서 생긴 익숙함이 그 행동에 대한 우리의 판단에 다시 영향을 주는 것처럼 보인다. 결국, 우리는 실제로는 제일 통제하지 못하는 바로 그 행동을 가장 잘 통제할 수 있다고 느끼게 된다. 이것은 우리의 직관적 예상과 정반대로 작용하는 사고 과정을 보여주는 또 하나의 사례다."(문헌 55-p.22)

여기서 우리가 취할 수 있는 요령은 오래된 습관을 깨뜨리려 노력하거나 의지력을 동원해서 억지로 다르게 행동하는 것이 아니라, 낡은 습관을 대체할 가능성이 있는 새로운 습관을 전략적으로 만드는 것이다. 그런 점에서 이 책의 목표는 무언가를 읽을 때마다 펜과 종이를 곁에 두고 제일 중요하고 흥미롭게 느껴지는 부분에 대해 메모하는 습관을 들이는 것이다. 이 첫 단계에서 루틴을 만드는 데 성공한다면, 그 내용을 다시 영구보관용 메모로 만들어 메모 상자 안에 있는 다른 메모와 연결하고 싶은 욕구가 훨씬 쉽게 생긴다. 메모들로 이루어진 외부 기억장치 안에서 생각하는 것이 그리 어렵지 않게 익숙해지는 이유는 이때 얻게 되는 장점이 금세 명백하게 드러나기 때문이다. 새로운 루틴을 개발하면 그 즉시 우리는 직관적으로 옳다고 느끼는 일을 아무 힘도 들이지 않고 할 수 있다. 다른 사람들이 책을 읽으면서 몇몇 문장에 줄을 치거나 아무 결실도 없는 비체계적인 메모만 만드는 모습을 보는 것이 머잖아 여러분에게는 고통스럽게 느껴질 것이다.

후기

스마트한 메모법은 효과가 좋다. 수많은 성공한 작가, 예술가, 학자들이 모두 똑같지는 않지만 저마다 일종의 메모 상자를 만들어 사용한다. 이 책 역시 메모 상자의 도움을 받아 집필했다. 예를 들어, 메모 상자를 실행하기 힘들어 하는 사람들이 있는 이유를 선적 컨테이너 역사책에서 찾을 수 있다는 쪽으로 필자의 생각을 이끌었던 것은 바로 "기술, 수용 문제"에 관한 어떤 메모였다. 효과적인 글쓰기에 관한 책을 쓰기 위해 연구하던 필자가 혼자서 의도적으로 그런 역사책을 찾아보는 일이 일어났을 리 만무하다! 이것은 메모 상자가 필자에게 지목해 준 수많은 아이디어와 연결 관계 가운데 그저 하나에 불과하다. 사실 메모 상자가 그저 좀 더 효과적인 글쓰기를 위한 도구에 불과한 것이 아니라 진지하고 장기적인 학습을 위한 훈련 장치이기도 하다는 사실을 필자는 명백히 인식하고 있었어야 했지만, 실제로는 그렇지 못했다. 어느 날 필자는 최신 학습실험에 관한 메모를 작성하면서 그때서야 지금 나 자신이 가장 효과적이라 입증된 방법을 한창 실천하는 중이라는 것을 깨달았다. 그래도 가끔은 메모 상자를 떠나서 필자 스스로 아이디어를 내기도 한다는 사실은 언급하고 싶다.

이 책에 소개된 특정한 메모 기법은 니클라스 루만을 지난 세기 사회이론가 가운데 가장 혁신적이고 다작을 남긴 주인공으로 만들었다. 점점 많은 학자와 비소설 작가들이 이 기법에 주목하고 있다.[43] 하지만 이것은 대다수 학생들과 작가들에게는 여전히 쉽지 않은 작업이다. 여기에는 여러 이유가 있다. 우선,

장기적으로 여러 주제를 넘나들며 메모를 체계화하는 작업은 오로지 개인의 이해력과 흥미에 따라 인도된다. 그런데 이 작업은 대학 교육과정에서 채택된, 모듈 방식으로 분류된 하향식 접근법과는 엇박자가 심하다. 수업은 여전히 시험 공부를 위한 것으로 설정되어 있고—기억과 학습의 작동 방식에 대한 우리의 이해에 급격한 변화가 생겼음에도—실제로 학생들에게 이질적인 정보들 사이에 연결 네트워크를 독자적으로 구축해 보라고 장려하지도 않는다. 혁신적인 접근법에 대해서는 이런저런 말이 많기 마련이지만 실제 작업 흐름을 바꾸지 않는다면 그런 말들은 아무 소용이 없다. 또한 "학습자 중심" 접근법처럼 외견상 혁신적인 듯 보이는 일부 아이디어가 득보다는 해를 끼치는 경우도 많다. 이런 아이디어는 생각의 버팀목이 되는 외부 발판의 필요성을 여전히 간과하기 때문이다. 관심의 초점이 되어야 하는 것은 학습자가 아니다.

메모 상자는 학습자를 중심에 두지 않는다. 오히려 그 반대로, 학습자가 다른 아이디어들로 구성된 네트워크 안에서 자기 생각을 분산되도록 내버려 두게 만든다. 학습하기, 생각하기, 글쓰기는 지식을 축적하는 것이 아니라, 다른 사고방식을 가진 다른 사람이 되는 과정이 되어야 하며, 이것은 새로운 경험과 사실의 조명 아래 자신의 사고 루틴에 의문을 제기함으로써 이루어진다.

선형적이고 학습자 중심적인 접근법이 우세하면, 메모 상자를 주변의 작업 루틴을 바꾸지 않고도 사용할 수 있는 도구로 오해하게 된다. 그러면 메모 상자는 주로 먼저 넣어두었던 것을 다시 꺼내는 단순한 기록보관소로만 쓰이게 된다. 물론 이렇게 되면 메모 상자에 대해 실망할 수밖에 없다. 정보를 저장하기만 할 거라면 메모 상자를 사용할 필요가 없다. 정말로 메모 상자의 덕을 보려면, 우리는 작업 루틴을 바꾸어야 하며, 이를 위해서는 메모 상자가 왜, 어떻게 효과가 있는지, 어떻게 다양한 글쓰기 단계와 잘 들어맞는지에 대한 깊은 이해가 바탕이 되어야 한다. 그 이면에 있는 원칙과 아이디어를 설명하려면 그저 매뉴얼이 아니라 한 권의 책이 필요한 이유도 바로 이 때문이다.

이 기법이 여전히 쉽게 받아들여지지 않는 또 다른 이유는 대부분의 학생들이 글쓰기로 고군분투하는 상황이 되어서야 좋은 시스템의 필요성을 깨닫기 때문이다. 보통 대학에서는 한 과정이 끝나갈 무렵, 즉 학사, 석사, 박사 학위 논문을 써야 할 때가 되어서야 깨닫는다는 말이다. 분명 이때에도 메모 상자는 도움이 되겠지만, 그보다 일찍 메모 상자를 시작했다면 훨씬 더 많은 도움을 받았을 것이다. 은퇴 자금을 일찍 저축할수록 좋은 것과 같은 이치다. 또한 우리는 압박감을 많이 느낄수록 오래된 루틴에 더 집착하는 경향이 있기 때문에 스트레스를 받는 동안에는 행동을 바꾸기도 어렵다. 이런 루틴이 애초에 문제와 스트레스를 야기한 원인이더라도 말이다. 이것이 바로 터널 효과^{tunnel effect}라는 것이다.[문헌 105] 하지만 이 현상을 철저히 조사했던 멀리네이션^{Mullainathan}과 샤퍼^{Shafir} 교수는 여기서 벗어나는 방법도 찾아냈다. 해결책이 단순해 보이면 변화가 가능하다는 것이다.

그런 의미에서 마지막으로 아주 희소식이 있다. 메모 상자보다 더 단순한 것은 없다는 사실이다. 손에 펜을 쥔 채 책을 읽고, 스마트한 메모를 하고, 메모들을 서로 연결하라. 그러면 아이디어가 스스로 찾아오고 거기에서부터 여러분의 글쓰기가 발전하게 될 것이다. 아무 준비 없이 맨땅에서 시작할 필요가 없다. 어떤 상황에서건 여러분이 할 일들, 즉 읽고 생각하고 글 쓰는 일을 계속하라. 다만 그렇게 하는 동안 스마트한 메모를 남겨라.

새로운 메모법에 시동을 걸기 위해 1대1 코칭을 받고 싶다면, 혹은 지금 자신이 작성 중인 글에 대한 생각을 스스로 명확히 하는 데 도움을 받고 싶다면, http://takesmartnotes.com에서 필자의 다양한 제안을 확인하시길.

한국 내에 설립된 제텔카스텐 연구소는 제텔카스텐을 연구하고 교육하고 보급하는 일에 매진하고 있습니다. 제텔카스텐 연구소는 교육과 강의와 스터디 모임을 통해 제텔카스텐 전문가를 양성하고, 개인을 위한 두 번째 뇌 구축과 공동체를 위한 집단지성을 구축하는 것을 목표로 합니다. 자세한 내용은 www.zklab.kr를 참고해 주세요.

부록

15. 루만 박사의 메모 상자 엿보기
그리고 소프트웨어에 대한 몇 마디

루만 박사가 짧은 논문(8페이지 분량)을 준비하면서 자신의 '제텔카스텐'에 대한 의견을 일부 포함하여 작성한 메모 모음을 살펴보자. 이 섹션은 번호 9/8로 시작하여 총 17개의 메모로 구성되어 있으며, 시작 메모 바로 뒤에 두 갈래로 가지치기된 메모가 이어진다. 하나는 연속된 열 개의 메모(9/8a에서 9/8j까지)로 구성되어 있고, 다른 하나는 연속된 세 개의 메모(9/8,1과 9/8,2 그리고 9/8,3)로 구성되어 있다. 9/8a로 시작되는 또 다른 짧은 가지는 9/8a1과 9/8a2로 이어진다. 또한 9/8b에서 시작되는 또 하나의 짧은 가지는 9/8b1과 9/8b2로 이어진다. 전후의 메모들(9/7이나 9/9로 시작하는 메모들)은 내용적으로 관련이 없다. 이 섹션은 다른 복잡한 주제에 비해 외부 문헌에 대한 참고 및 상호 참조가 적은 특징을 가지고 있다.

메모 상자에서 이 섹션의 모습은 다음과 같다.

그림 1

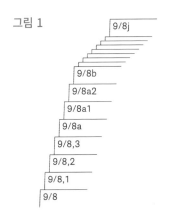

메모 가지들을 시각화하면 다음과 같다.

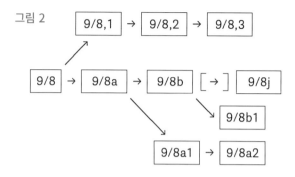

그림 2

루만의 메모 상자 일부분은 이미 최종 원고와 매우 유사하지만, 외부인이 그 안의 메모와 메모 배열을 항상 충분하게 이해할 수 있는 것은 아니다. 이를 읽는 것은 마치 오래된 두 친구 사이의 대화를 엿듣는 것과 비슷하다. 시간이 지나면서 자기들만의 언어를 발전시키고 서로 모든 것을 설명할 필요가 없어진 대화말이다. 이로 인해 외부인들은 메모와 사용자 사이에서 무슨 일이 벌어지는지 완전히 이해하기 어려울 수 있다. 메모 9/8,3에서 루만은 메모 상자를 엿보려는 방문자들을 고려하며 이 문제를 다루고 있다. 그 내용은 다음과 같다.

Geist im Kasten?

Zuschauer kommen.
Sie bekommen alles zu
sehen, und nichts als
das – wie beim Pornofilm.
Und entsprechend ist die
Enttäuschung.

상자 속의 영혼?

관람객이 찾아온다.
그들은 모든 것을 보게 된다.
하지만 그 이상도 이하도 아니다.
—마치 포르노 영화처럼.
그리고 그런 이유로
실망한다.

이 연속 메모들이 시작되는 9/8번 메모에서는 좀 더 추상적인 면을 다룬다.

Zettelkasten als kybernetisches System	제텔카스텐은 사이버네틱 시스템으로서
Kombination von Unordnung und Ordnung, von Klumpenbildung und unvorhersehbarer, im ad hoc Zugriff realisierter Kombination.	무질서와 질서의 조합이며, 메모 무더기와 예측할 수 없는 조합이 임시 접근(ad hoc access)으로 실현된다.
Vorbedingung: Verzicht auf festgelegte Ordnung.	전제 조건: 고정된 순서 없이 하는 것.
Die vorgeschaltete Differenzierung: Suchhilfen vs. Inhalt; Register, Fragestellungen, Einfälle vs. Vorhandenes überformt und macht z.T. entbehrlich, das, was an innerer Ordnung vorausgesetzt werden muss.	선행하는 차별화: 검색 보조 도구 vs. 콘텐츠; 등록(registers), 질문, 아이디어 vs. 기존의 것(재구성되고, 때로는 내부적인 순서에 대해서 추정해야만 하는 불필요함을 일으키는)

뒤따르는 9/8,1번 메모는 하나의 질문 이상의 의미를 가진다.

Thema: Kommunikation mit dem Zettelkasten: Wie kommt man zu einem adaequaten Partner, Junior-Partner?	주제: 메모 상자와의 커뮤니케이션: 적절한 파트너, 그리고 후속 파트너를 어떻게 발전시킬 것인가? →

| – wichtig, nachdem das Arbeiten mit Personal immer schwieriger und immer teurer wird.

Zettels Wirklichkeit | —스태프와 함께 일한 후의 중요도는 점점 더 어렵고 비용이 많이 든다.

종이 쪽지의 현실 |

해당 메모 배열에는 두 개의 메모가 더 있으나 여기서는 생략한다(9/8,2 및 9/8,3).

상자 안의 다음 메모는 첫 번째 메모에서 분기되어 나온 것으로 9/8a라는 번호가 붙어 있다.

| Das Produktivitätsproblem muss in bezug auf eine Relation gestellt werden, nämlich in bezug auf die Relation von Zettelkasten und Benutzer. | 생산성 문제는 관계와 비교하여 제기되어야 한다.
구체적으로는 메모 상자와 사용자 간의 관계와 비교하여 제기되어야 한다. |

이후 9/8a1과 9/8a2가 따라오며, 원래의 배열은 9/8b로 이어진다.

| Der Zettelkasten ist unaufhörlich gewachsen, und ich habe versucht, so gut ich konnte und soweit meine Fähigkeiten reichen, davon zu profitieren. | 메모 상자는 끊임없이 커져왔고, 나는 할 수 있는 한 최선을 다해, 그리고 내 능력이 미치는 한도까지 이를 활용하려고 노력했다. |

Zettelkasten als Klärgrube – nicht nur abgeklärte Notizen hineintun. Aufschieben des Prüfens und Entscheidens – auch eine Tempofrage.

메모 상자를 오수 정화조로 여겨라 —명확하게 정리된 메모만 넣는 것이 아니다. 테스트를 미루고 결정을 내리는 것 —그것 또한 속도의 문제다.

9/8b에는 참조가 있으며, 이는 완성본 논문의 각주에서도 찾을 수 있다.

Zur allg. Struktur von Gedächtnissen vgl. Ashby 1967, S. 103.

Es ist danach wichtig, dass man nicht auf eine Unmenge von Punkt-für-Punkt Zugriffe angewiesen ist, sondern auf Relationen zwischen Notizen, also auf Verweisungen zurückgreifen kann, die mehr auf einmal verfügbar machen, als man bei einem Suchimpuls oder auch bei einer Gedankenfixierung im Sinn hat.

기억의 일반적인 구조에 대해서는 Ashby 1967, 103쪽을 참조하라.

광대하게 흩뿌려진 점들로 일일이 접근할 필요 없이 메모들 간의 관계에 의존할 수 있는 것이 중요하다. 즉, 한 번에 더 많은 정보를 사용할 수 있는 참조를 통해 검색 충동이나 특정한 생각에 집착하는 것보다 더 많은 정보를 활용할 수 있다.

그리고 출간된 논문에 나온 다음의 구절은 메모와 동일한 정보를 다른 문맥으로 포함하고 있으며, 독자를 위해 좀 더 명확하게 설명한 부분이다.[39]

"Jedenfalls gewinnt die Kommunikation an Fruchtbarkeit, wenn es gelingt, aus Anlaß von Eintragungen oder von Abfragen das interne Verweisungsnetz in Betrieb zu setzen. Auch ein Gedächtnis funktioniert ja nicht als Summe von Punkt-für-Punkt Zugriffen, sondern benutzt interne Relationierungen und wird erst auf dieser Ebene der Reduktion eigener Komplexität fruchtbar. [3] Auf diese Weise wird – durchaus punktuell, in diesem Moment, aus Anlaß eines Suchimpulses – mehr an Information verfügbar, als man bei der Anfrage im Sinne hatte; und vor allem mehr an Information, als jemals in der Form von Notizen gespeichert worden waren.

"어떤 경우에도, 메모를 작성하거나 질문을 할 때 내부 링크 네트워크를 활성화하는 데 성공하면 의사소통은 더욱 유익해진다. 기억은 점 대 점 접근의 합으로 작동하는 것이 아니라 내부적인 관계를 활용하며, 그 자체의 복잡성을 줄이는 단계에서만 열매를 맺는다. [3] 이렇게 하면, 검색 충동으로 고립된 순간에 염두에 두었던 것보다 더 많은 정보가 사용 가능하게 된다. 또한 메모 형태로 저장되어 온 정보보다 더 많은 정보가 존재하게 된다.

→

---

39 Manfred Kuehn에 의해 번역된 이 논문(문헌 1 Luhmann 1992)의 영역본은 그의 웹사이트에서 찾을 수 있다. http://luhmann.surge.sh/communicating-with-slip-boxes

> Der Zettelkasten gibt aus gegebenen Anlässen kombinatorische Möglichkeiten her, die so nie geplant, nie vorgedacht, nie konzipiert worden waren."
>
> Fn 3: Vgl. W. Ross Ashby, The Place of the Brain in the Natural World, in: Currents in Modern Biology 1 (1967), S. 95 –104, besonders auch im Hinblick auf die Inadäquität der Computer-Technologie in speziell dieser Hinsicht.

> 메모 상자는 결코 계획되지 않았거나, 미리 상상되지 않았거나, 이 방식으로 고안된 것이 아닌 것들의 조합 가능성을 제공한다."
>
> 각주 3: W. Ross Ashby의 The Place of the Brain in the Natural World(자연계에서 뇌의 위치)를 참조하라. 특히, 컴퓨터 기술의 불완전성과 관련하여 Currents in Modern Biology 1(현대 생물학의 흐름1)(1967)의 95~104쪽을 참고하라.

대부분의 사람들은 루만의 특이한 번호 체계 없이 소프트웨어의 도움을 받아 제텔카스텐 아이디어를 구현할 것이다. 그러나 중요한 것은 이것이 우리에게 결정적으로 촉발시키는 것이 무엇인가를 깨닫는 것이며, 그것은 바로 시스템 내에서 기존의 맥락을 찾아 이를 확장하는 것이다. 이는 우리가 분산된 단편적인 정보를 수집하는 것이 아닌, 기존의 메모 배열에 정보를 추가하여 대화를 이어나가도록 용기를 주는 것이다. 메모 배열은 단독적인 사실/아이디어와 연속된 텍스트 사이에서 최적의 지점을 차지한다. 그것이 제텔카스텐의 전부이다. 따라서 가능한 경우 기존의 메모에 직접적으로 대응하여 대화를 이어나가도록 새로운 메모를 작성하는 것이 중요하다.

만약 여러분의 프로그램이 페이지 내 개별 블록에 링크를 제공한다면, 각 블록(또는 단락)을 개별적인 메모로 취급하여 한 페이지에 전체 메모 배열을 자유롭게 작성할 수 있다. 다른 곳에서도 접근 가능한 개별 메모로 각 블록(또는 단락)을 다루는 한, 기존 메모의 총괄적인 내용을 파악하는 이점을 누리는 동시에 메모의 세분화를 유지할 수 있다.

당신이 선택한 소프트웨어가 정말 마음에 든다면, 문헌 메모와 영구 메모는 물론 아마도 프로젝트 메모를 작성할 때도 사용하고 싶을 것이다. 이는 가능한 방식이며 앱 간 전환의 마찰을 제거하는 데 도움이 될 수 있으나, 그 프로그램 내에서 서로 다른 메모 유형 사이의 구분을 시각적으로 명확하게 유지하는 것이 중요하다. 그리고 메모의 배열과 아이디어의 중요한 집합체는 영구 메모 네트워크 내에서만 형성하도록 해야 한다.

우리가 사용하는 모든 도구와 소프트웨어는 우리의 작업 방식에 영향을 미친다. 가장 우수한 노트 앱들은 개방성과 유연성을 특징으로 한다. 그러나 이러한 자유로움에는 구조를 구현해야 하는 필요도 따른다. 작업하고 있는 주요 주제와 화제의 최상위급 개요가 있는 페이지를 가지는 것은 특히 처음에 매우 도움이 될 수 있다. 폴더 설정과 대조적으로, 개요 페이지 자체가 아이디어들 중 하나가 된다. 즉, 그것은 노트의 구조에 관한 아이디어이므로 변화가 가능하다. 동일한 원리가 특정 주제를 향한 중간 수준의 "진입 노트"나 "콘텐츠 지도"에도 적용된다. 복잡성이 쌓이면 해당 주제의 다양한 측면에 대한 개요를 하나의 노트로 스스로에게 제공하는 것이 의미가 있다. 이 역시 시스템에 구조를 부과하는 차원이 아니라, 구조에 내포된 아이디어를 명시적으로 표현하고, 변화 가능하게 만드는 것이다. 그러므로 여기서 다음과 같이 다시 강조하는 것이 가치가 있을 것이다. 우리가 주제를 어떻게 구조화하는가는 우리가 그 주제에 대해 어떻게 생각하는가이며, 따라서 그 자체로 하나의 생각이다. 이러한 내용은 메모 상자에 하나의 메모로서 속하므로 테스트, 질문 및 토론의 대상이 된다.

그리고 가장 중요한 점은 어떤 도구를 사용하든 가볍게 유지하고, 옳다고 느껴지는 대로 작업하며, 작업 흐름을 조정하는 것이다. 다양한 방법을 시도해 보고, 실험하고, 놀이해 보라. 원칙을 따르는 한 옳고 그른 것은 없다. 그리고 너무 엄격하게 받아들이지 말길 바란다. 좋은 아이디어는 편안한 환경에서 번성한다. 제텔카스텐은 당신이 즐겁게 협력할 수 있는 대화 상대이다. 이점에 대해서, 루만의 메모 상자를 마지막으로 한번 더 살펴보자. 다음은 제텔카스텐에 대해 루만이 쓴 연속 메모들 중 마지막인 9/8j이다.

Im Zettelkasten ist ein Zettel, der das Argument enthält, das die Behauptungen auf allen anderen Zetteln widerlegt.	제텔카스텐에는 다른 모든 쪽지의 주장을 반박하는 내용이 담긴 쪽지가 있다.
Aber dieser Zettel verschwindet, sobald man den Zettelkasten aufzieht.	그러나 이 메모는 당신이 상자를 열자마자 사라진다.
D.h. er nimmt eine andere Nummer an, verstellt sich und ist dann nicht zu finden.	이는 다른 번호를 부여받고 다른 곳으로 이동하여 그 후에는 발견되지 않는다는 뜻이다.
Ein Joker.	즉, 와일드 카드인 것이다.

참고 문헌

※ 여기 참고문헌들은 본문에 나오는 순서대로 정리됐습니다. 다만 중복 인용된 문헌들도 한 번만 나열하였으므로 본문에 표시된 번호와 일치하는 목록의 번호로 해당 문헌의 정보를 찾으면 됩니다.

1. Luhmann, Niklas. 1992. "Kommunikation mit Zettelkästen. Ein Erfahrungsbericht(메모 상자와의 대화: 경험에 기반한 보고서)" In Universität als Milieu. Kleine Schriften., edited by André Kieserling, 53–61. Bielefeld: Haux.

2. Duckworth, Angela L., and Martin E. P. Seligman. 2005. "Self-Discipline Outdoes IQ in Predicting Academic Performance of Adolescents(청소년의 학업 성과를 예측하는 데 있어서 IQ를 능가하는 자기 훈련)" Psychological Science 16 (12): 939–44 .

3. Tangney, June P., Roy F. Baumeister, and Angie Luzio Boone. 2004 "High self-control predicts good adjustment, less pathology, better grades, and interpersonal success(좋은 적응력, 병리 감소, 더 나은 성적 및 대인 관계 성공을 예측하는 높은 자제력)" Journal of Personality 72(2):271–324.

4. Baumeister, R. F., E. Bratslavsky, M. Muraven, and D. M. Tice. 1998. "Ego Depletion: Is the Active Self a Limited Resource?(자아 고갈 : 활동적인 자아는 제한된 자원인가?)" Journal of Personality and Social Psychology 74 (5): 1252–65.

5. Muraven, Mark, Dianne M. Tice, and Roy F. Baumeister. 1998. "Self-Control as a Limited Resource: Regulatory Depletion Patterns(제한된 자원으로서의 자제력: 규제된 고갈 패턴)" Journal of Personality and Social Psychology 74 (3): 774–89.

6. Schmeichel, Brandon J., Kathleen D. Vohs, and Roy F. Baumeister. 2003. "Intellectual Performance and Ego Depletion: Role of the Self in Logical Reasoning and Other Information Processing(지적 실행 및 자아 고갈: 논리적 추론 및 기타 정보 처리에서 자아의 역할)" Journal of Personality and Social Psychology 85 (1): 33–46.

7. Moller, A. C. 2006. "Choice and Ego-Depletion: The Moderating Role of Autonomy(선택과 자아 고갈: 자율성의 조절 역할)" Personality and Social Psychology Bulletin 32 (8): 1024–36.

8. Thaler, Richard H. 2015. "Misbehaving: The Making of Behavioral Economics(비행: 행동 경제학 만들기)" W. W. Norton & Company : ch. 2

9. Inzlicht, Michael, and Malte Friese. 2019. "The Past, Present, and Future of Ego Depletion(자아 고갈의 과거, 현재, 그리고 미래)" Social Psychology 50 (5–6): 370–78.

10. Csikszentmihalyi, Mihaly. 1975. "Beyond Boredom and Anxiety(지루함과 불안 너머)" San Francisco: Jossey-Bass.

11. Kruger, Justin, and David Dunning. 1999. "Unskilled and Unaware of It: How Difficulties in Recognizing One's Own Incompetence Lead to Inflated Self-Assessments(미숙함과 비인식: 무능함에 대한 인식 장애가 과대 자기평가로 이어지는 법)". Journal of Personality and Social Psychology 77 (6): 1121–34.

12. Clance, Pauline R., and Suzanne A. Imes. 1978. "The Imposter Phenomenon in High Achieving Women: Dynamics and Therapeutic Intervention(높은 성과를 올리는 여성들의 가면 현상: 역학과 치료적 개입)" Psychotherapy: Theory, Research & Practice 15 (3): 241–47.

13. Brems, Christiane, Michael R. Baldwin, Lisa Davis, and Lorraine Namyniuk. 1994. "The Imposter Syndrome as Related to Teaching Evaluations and Advising Relationships of University Faculty Members.(교수 평가 및 대학 교직원의 관계 조언과 관련된 가면 증후군.)" The Journal of Higher Education 65 (2): 183.

14. Sull, Donald and Eisenhardt, Kathleen M. 2015. "Simple Rules: How to Thrive in a Complex World(단순한 규칙: 복잡한 세상에서 성공하는 법)". Boston; New York: Houghton Mifflin Harcourt.

15. Mata, J., Todd, P. M., Lippke, S. 2010. "When Weight

Management Lasts. Lower Perceived Rule Complexity Increases Adherence.(지속적인 체중관리: 규칙의 복잡성을 적게 인식할수록 증가하는 집념)" Appetite, 54(1), 37–43.

16. Allen, David. 2001. "Getting Things Done: The Art of Stress-Free Productivity(끝도 없는 일 깔끔하게 해치우기: GTD)" New York: Penguin.

17. Ahrens, Sönke. 2014. "Experiment and Exploration: Forms of World-Disclosure: From Epistemology to Bildung(실험과 탐험: 세계 담론의 형성: 인식론에서 교육까지)" Contemporary Philosophies and Theories in Education, volume 6. Dordrecht: Springer.

18. Luhmann, Niklas. 1997. "Die Gesellschaft der Gesellschaft.(사회의 사회)" Frankfurt am Main: Suhrkamp. : p. 11

19. Luhmann, Niklas, Dirk Baecker, and Georg Stanitzek. 1987. "Archimedes und wir: Interviews(아르키메데스와 우리: 인터뷰)" Berlin: Merve.

20. Schmidt, Johannes F.K. 2013. "Der Nachlass Niklas Luhmanns – eine erste Sichtung: Zettelkasten und Manuskripte(니클라스 루만의 재산 목록 1호: 메모 상자와 원고)" Soziale Systeme 19 (1): 167–83.

21. Neal, David T., Wendy Wood, Jennifer S. Labrecque, and Phillippa Lally. 2012. "How Do Habits Guide Behavior? Perceived and Actual Triggers of Habits in Daily Life(습관은 어떻게 행동을 유도하는가? 일상 생활에서 본 인지와 습관의 실제 촉발점)" Journal of Experimental Social Psychology 48 (2): 492–98.

22. Painter, James E, Brian Wansink, and Julie B. Hieggelke. 2002. "How Visibility and Convenience Influence Candy Consumption(가시성과 편의성이 사탕 소비에 미치는 영향)" Appetite 38 (3): 237–38.

23. Hearn, Marsha Davis, Tom Baranowski, Janice Baranowski, Colleen Doyle, Matthew Smith, Lillian S. Lin, and Ken Resnicow.

1998. "Environmental Influences on Dietary Behavior among
Children: Availability and Accessibility of Fruits and Vegetables
Enable Consumption(어린이의 식습관에 대한 환경적 영향: 소비를
가능하게 하는 과일과 채소의 가용성과 접근성)" Journal of Health
Education 29 (1): 26–32.

24. Levy, Neil. 2011. "Neuroethics and the Extended Mind(신경윤리
학과 확장된 마음)" In Judy Illes and B. J. Sahakian (Ed.), Oxford
Handbook of Neuroethics, 285–94, Oxford University Press.

25. De Bono, Edward. 1998, "Simplicity(간단함)" London; New
York; Viking.

26. Robinson, Francis Pleasant. 1978. "Effective Study(효과적인 학
습)" 6th ed. New York: Harper & Row.

27. Hollier, Denis. 2005. "Notes (on the Index Card) (색인 카드에 대
한 노트)" October 112 (April): 35–44.

28. Peters, Sibylle, and Martin Jörg Schäfer. 2006. "Intellektuelle
Anschauung - unmögliche Evidenz(지적 전망-불가능한 증거)" In
Intellektuelle Anschauung. Figurationen von Evidenz zwischen
Kunst und Wissen, edited by Sibylle Peters and Martin Jörg
Schäfer, 9–21. Bielefeld.

29. Anders Ericsson, K. 2008. "Deliberate Practice and Acquisition
of Expert Performance: A General Overview.(의도적인 실행과 전
문적인 성과 획득: 일반 개요.)" Academic Emergency Medicine 15
(11): 988–94.

30. Levinson, Marc. 2006. "The Box: How the Shipping Container
Made the World Smaller and the World Economy Bigger(상자: 배
송 컨테이너가 세계를 더 작게 만들고 세계 경제를 더 크게 만든 방
법)" Princeton, N.J: Princeton University Press.

31. Hagen, Wolfgang. 1997. "Die Realität der Massenmedien(매스 미
디어의 현실)" Radio Bremen im Gespräch mit Niklas Luhmann.
http://www.whagen.de/gespraeche/LuhmannMassenmedien.htm.

32. Nassehi, Armin. 2015. "Die letzte Stunde der Wahrheit. Warum rechts und links keine Alternativen mehr sind und Gesellschaft ganz anders beschrieben werden muss(진실의 마지막 시간. 좌우가 더 이상 대안이 아닌 이유와 사회를 다르게 설명해야 하는 이유)" Hamburg: Murmann.

33. Gadamer, Hans-Georg. 2004. "Truth and Method(진실과 방법)" 2nd rev. edition. Trans. J. Weinsheimer and D. G. Marshall. New York: Crossroad.

34. Kruse, Otto. 2005. "Keine Angst vor dem leeren Blatt: ohne Schreibblockaden durchs Studium(백지를 두려워 하지 마세요: 연구를 통한 글쓰기 장벽 없애기)" Frankfurt/Main: Campus.

35. Fishbach, Ayelet, Tal Eyal, and Stacey R. Finkelstein. 2010. "How Positive and Negative Feedback Motivate Goal Pursuit: Feedback Motivates Goal Pursuit(긍정적이고 부정적인 피드백이 목표 추구에 동기를 부여하는 방법: 피드백이 목표 추구에 동기를 부여한다)" Social and Personality Psychology Compass, 4(8), 517–530.

36. DePasque, Samantha, and Elizabeth Tricomi. 2015. "Effects of Intrinsic Motivation on Feedback Processing During Learning(내재적 동기가 학습 중 피드백 처리에 미치는 영향)" NeuroImage 119 (October): 175–86.

37. Segar, 2015. "No Sweat: How the Simple Science of Motivation Can Bring You a Lifetime of Fitness(땀을 흘리지 마세요: 동기 부여의 단순한 과학이 평생 건강을 가져다 주는 법)"

38. Dweck, Carol S. 2006. "Mindset: The New Psychology of Success(사고 방식: 성공의 새로운 심리학)" New York: Random House.

39. Dweck, Carol S. 2013. "Self-Theories: Their Role in Motivation, Personality, and Development(자기 이론: 동기부여, 성격 및 개발에서의 역할)" New York: Psychology Press.

40. Fritzsche, Barbara A., Beth Rapp Young, and Kara C. Hickson.

2003. "Individual Differences in Academic Procrastination Tendency and Writing Success(학업 지연 성향과 작문 성공의 개인 차)" Personality and Individual Differences 35 (7): 1549–57.

41. Munger, Charles. 1994. "A Lesson on Elementary, Worldly Wisdom as it Relates to Investment Management & Business.(투 자관리 및 비즈니스와 관련된 기초적이고 폭넓은 지혜에 대한 강의)" Speech given at USC Business School.

42. Swing, E. L., D. A. Gentile, C. A. Anderson, and D. A. Walsh. 2010. "Television and Video Game Exposure and the Development of Attention Problems.(텔레비전 및 비디오 게임 노출 및 주의력 문제 개발)" PEDIATRICS 126 (2): 214–21.

43. Fehrman, Craig. 2011. "The Incredible Shrinking Sound Bite(사 운드 바이트의 믿기 어려운 감소)" Boston.com, January 2.

44. Hallin, Daniel C. 1994. "We Keep America on Top of the World: Television Journalism and the Public Sphere(우리가 미국을 세계 최정상의 위치에 머무르게 한다: 텔레비전 저널리즘과 공공 영역). London; New York: Routledge.

45. Lichter, S. Robert. 2001. "A Plague on Both Parties Substance and Fairness in TV Election News(TV 선거 뉴스에서 양당의 실 체와 공정성 오염)". The Harvard International Journal of Press/ Politics 6 (3): 8–30.

46. Ryfe, David M., and Markus Kemmelmeier. 2011. "Quoting Practices, Path Dependency and the Birth of Modern Journalism. (인용 관행, 경로 의존성 및 현대 저널리즘의 탄생.)" Journalism Studies 12 (1): 10–26.

47. Wang, Zheng, and John M. Tchernev. 2012. "The 'Myth' of Media Multitasking: Reciprocal Dynamics of Media Multitasking, Personal Needs, and Gratifications.(미디어 멀티태스킹의 '신화': 미디어 멀티태스킹의 상호 역학, 개인 요구 및 만족)" Journal of Communication 62 (3): 493–513.

48. Rosen, Christine. 2008. "The Myth of Multitasking.(멀티태스킹 의 신화)" The New Atlantic Spring (20): 105–10.

49. Ophir, Eyal, Clifford Nass and Anthony D. Wagner. 2009. "Cognitive Control in Media Multitaskers.(미디어 멀티태스커의 인 지제어.)" Proceedings of the National Academy of Sciences 106 (37): 15583–87.

50. Bornstein, Robert F. 1989. "Exposure and Affect: Overview and Meta-Analysis of Research, 1968-1987(노출 및 영향: 연구의 개요 및 메타 분석, 1968-1987)" Psychological Bulletin 106 (2): 265–89.

51. Bruya, Brian, Hrsg. 2010. "Effortless Attention: A New Perspective in the Cognitive Science of Attention and Action(손 쉬운 주의: 주의력과 행동에 대한 인지 과학의 새로운 관점)" Cambridge, Mass: The MIT Press.

52. Doyle, Terry, and Todd Zakrajsek. 2013. "The New Science of Learning: How to Learn in Harmony With Your Brain(새로운 학 습 과학: 두뇌와 조화롭게 학습하는 법). Sterling, Virginia: Stylus Publishing.

53. Dobrynin, Nikolaj Fyodorovich. 1966. "Basic Problems of the Psychology of Attention: Psychological Science in the USSR(주의 심리학의 기본 문제: 소련의 심리학)" In U.S. Dept. of Commerce, Clearinghouse for Federal Scientific and Technical Information, 274–91. Washington, DC.

54. Vartanian, Oshin. 2009. "Variable Attention Facilitates Creative Problem Solving(창의적인 문제 해결을 촉진하는 다양한 주의력)" Psychology of Aesthetics, Creativity, and the Arts 3 (1): 57–59.

55. Dean, Jeremy. 2013. "Making Habits, Breaking Habits: Why We Do Things, Why We Don't, and How to Make Any Change Stick(습관 만들기, 습관 깨기: 우리가 일을 하는 이유, 하지 않는 이유, 그리고 변화를 고수하는 방법)" Boston, MA: Da Capo Press.

56. Flyvbjerg, Bent. 2001. "Making social science matter: Why

Social Inquiry Fails and How It Can Succeed Again(사회과학을 가치 있게 만들기: 사회 조사가 실패하는 이유와 다시 성공하는 법)" Oxford, UK; New York: Cambridge University Press.

57. Gigerenzer, Gerd. 2008. "Gut Feelings: The Intelligence of the Unconscious(직감: 무의식의 지능)" New York: Viking Penguin.

58. Rheinberger, Hans-Jörg. 1997. "Toward a History of Epistemic Things: Synthesizing Proteins in the Test Tube(인식론적 사물의 역사를 향해: 시험관에서 단백질 합성하기)" Stanford, Calif: Stanford University Press.

59. Gawande, Atul. 2002. "Complications: A Surgeon's Notes on an Imperfect Science(합병증: 불완전한 과학에 대한 어떤 외과 의사의 메모)". New York: Metropolitan Books.

60. Miller, George A. 1956. "The magical number seven, plus or minus two: some limits on our capacity for processing information(마법의 숫자 7, 플러스 또는 마이너스 2: 정보처리 능력의 어떤 한계점)" Psychological Review 63 (2): 81–97.

61. Levin, Mary E., and Joel R. Levin. 1990. "Scientific Mnemonomies: Methods for Maximizing More Than Memory(과학적 기억법: 기억 이상으로 극대화하는 법)" American Educational Research Journal 27 (2): 301–21.

62. Cowan, N. 2001. "The Magical Number 4 in Short-Term Memory: A Reconsideration of Mental Storage Capacity(단기 기억의 마법 번호 4: 정신 저장 용량에 대한 재고)" The Behavioral and Brain Sciences 24 (1): 87-114.

63. Gawande, Atul. 2010. "The Checklist Manifesto: How to Get Things Right(체크리스트 선언: 제대로 일하는 법)" New York: Metropolitan Books.

64. Inzlicht, M., L. McKay, and J. Aronson. 2006. "Stigma as Ego Depletion: How Being the Target of Prejudice Affects Self-Control(자아 고갈로서의 낙인: 편견의 대상이 되는 것이 자기 통제에

미치는 영향)" Psychological Science 17 (3): 262–69.

65. Govorun, Olesya, and B. Keith Payne. 2006. "Ego—Depletion and Prejudice: Separating Automatic and Controlled Components(자아—고갈과 편견: 자동 및 제어 구성 요소 분리)" Social Cognition 24 (2): 111–136.

66. Carter, Evan C., and Michael E. McCullough. 2014. "Publication Bias and the Limited Strength Model of Self-Control: Has the Evidence for Ego Depletion Been Overestimated?(출판편향과 자기 통제의 제한된 강도 모델: 자아 고갈에 대한 증거는 과대 평가 되었는가?)" Frontiers in Psychology 5 (July).

67. Engber, Daniel, and Christina Cauterucci. 2016. "Everything Is Crumbling(모든 것이 무너지고 있다)" Slate, March 6.

68. Job, V., C. S. Dweck, and G. M. Walton. 2010. "Ego Depletion–Is It All in Your Head? Implicit Theories About Willpower Affect Self-Regulation(자아 고갈: 모든 것은 당신의 머릿속에 있나? 자기 규제에 영향을 미치는 의지력에 대한 암묵적 이론)" Psychological Science 21 (11): 1686–93.

69. Ratey, John J. 2008. "Spark: The Revolutionary New Science of Exercise and the Brain(불꽃: 운동과 뇌의 혁명적인 새로운 과학)" New York: Little, Brown & Company.

70. Tambini, A., Ketz, N., and Davachi, L. 2010. "Enhanced brain correlations during rest are related to memory for recent experiences(휴식 중 향상된 뇌의 상관 작용과 최근 경험에 대한 기억의 연결)" Research Article.

71. Bliss, T. V. P., G. L. Collingridge, and R. G. M. Morris, Hrsg. 2004. "Long-term Potentiation: Enhancing Neuroscience for 30 Years(장기적 잠재력: 30년간의 신경과학 강화)" Oxford ; New York: Oxford University Press.

72. Wagner, Ullrich, Steffen Gais, Hilde Haider, Rolf Verleger, and Jan Born. 2004. "Sleep inspires insight(통찰력을 고취하는 수면)"

Nature 427 (6972): 352–55.

73. Wamsley, Erin J., Matthew Tucker, Jessica D. Payne, Joseph A. Benavides, and Robert Stickgold. 2010. "Dreaming of a Learning Task Is Associated with Enhanced Sleep-Dependent Memory Consolidation(향상된 수면 의존성 기억 통합과 관련된 학습 과제에 관한 꿈)" Current Biology 20 (9): 850–55.

74. Franklin, Benjamin. 1840. "Memoirs of Benjamin Franklin(벤자민 프랭클린의 회고록)" Edited by William Duane. McCarty & Davis.

75. Rickheit, Gert, and C. Sichelschmidt. 1999. "Mental Models: Some Answers, Some Questions, Some Suggestions(정신 모델: 몇 가지 답변, 몇 가지 질문, 몇 가지 제안)" In Mental Models in Discourse Processing and Reasoning, edited by Gert Rickheit and Christopher Habel, 6–40. Cambridge, MA: Elsevier.

76. Mueller, P. A., and D. M. Oppenheimer. 2014. "The Pen Is Mightier Than the Keyboard: Advantages of Longhand Over Laptop Note Taking(펜은 키보드보다 강하다: 노트북 메모 작성을 능가하는 손글씨의 장점)" Psychological Science 25 (6):1159–68.

77. Wolfe, Christopher R., and M. Anne Britt. 2008. "The Locus of the Myside Bias in Written Argumentation(서면 논증에서 확증 편향의 위치)" Thinking & Reasoning 14 (1): 1–27.

78. Nickerson, Raymond S. 1998. "Confirmation Bias: A Ubiquitous Phenomenon in Many Guises(확증 편향: 다양한 형태의 유비쿼터스 현상)" Review of General Psychology 2 (2): 175–220.

79. Darwin, Charles. 1958. "The Autobiography of Charles Darwin, 1809-1882: With Original Omissions Restored(찰스 다윈의 자서전, 1809-1882: 원본 누락 복원본)" Collins.

80. Kant, Immanuel. 1784. "What is Enlightenment?(계몽이란 무엇인가?)" Translated by Mary C. Smith. 1991. http://www.columbia.edu/acis/ets/CCREAD/etscc/kant.html.

81. Luhmann, Niklas. 2000. "Lesen Lernen(읽는 법을 배우다)" In Short Cuts, 150–57. Frankfurt am Main: Zweitausendeins.

82. Schmidt, Johannes F.K. 2015. "Der Zettelkasten Niklas Luhmanns als Überraschungsgenerator.(깜짝 생성기 역할을 하는 니클라스 루만의 메모 상자)" In Serendipity: Vom Glück des Findens. Köln: Snoeck.

83. Oppenheimer, Daniel M. 2006. "Consequences of Erudite Vernacular Utilized Irrespective of Necessity: Problems with Using Long Words Needlessly(필요성과 무관하게 활용된 학술용어의 결과: 불필요하게 긴 단어 사용의 문제)" Applied Cognitive Psychology 20 (2): 139–56.

84. Ericsson, K. Anders, Ralf T. Krampe, and Clemens Tesch-Römer. 1993. "The Role of Deliberate Practice in the Acquisition of Expert Performance(전문적 성과 획득에서 의도적 실행의 역할)" Psychological Review 100 (3): 363–406.

85. Searle, John R. 1983. "Intentionality, an Essay in the Philosophy of Mind(의도성, 마음 철학의 에세이)" Cambridge; New York: Cambridge University Press.

86. Feynman, Richard P. 1985. "Surely You're Joking, Mr. Feynman!: Adventures of a Curious Character(파인만 씨, 농담도 잘하시네)" New York: W.W. Norton.

87. Karpicke, Jeffrey D., Andrew C. Butler, and Henry L. Roediger III. 2009. "Metacognitive Strategies in Student Learning: Do Students Practise Retrieval When They Study on Their Own?(학습의 메타인지 전략: 학생이 스스로 공부할 때 검색을 연습할까?)" Memory 17 (4): 471–79.

88. Brown, Peter C., Henry L. Roediger III, and Mark A. McDaniel. 2014. "Make It Stick(어떻게 공부할 것인가)" Cambridge, MA: Harvard University Press.

89. Doyle, Terry. 2008. "Helping Students Learn in a Learner-

Centered Environment: A Guide to Facilitating Learning in Higher Education(학습자 중심 환경 속 학습 지원: 고등 교육에서 학습 촉진을 위한 가이드)" Sterling, Virginia: Stylus Publishing.

90. Bjork, Robert A. 2011. "On the Symbiosis of Remembering, Forgetting and Learning(기억하고, 잊고, 배우는 공생에 관하여)" In Successful Remembering and Successful Forgetting: a Festschrift in Honor of Robert A. Bjork, edited by Aaron S. Benjamin, 1–22. New York, NY: Psychology Press.

91. Arnold, Kathleen M., and Kathleen B. McDermott. 2013. "Test-Potentiated Learning: Distinguishing between Direct and Indirect Effects of Tests(테스트 가능 학습: 테스트의 직접 효과와 간접 효과 구분)" Journal of Experimental Psychology: Learning, Memory, and Cognition 39 (3): 940–45.

92. Roediger, Henry L., and Jeffrey D. Karpicke. 2006. "The Power of Testing Memory: Basic Research and Implications for Educational Practice.(기억력 테스트의 힘: 기본 연구 및 교육실습에 대한 시사점)" Perspectives on Psychological Science 1 (3): 181–210.

93. Jang, Yoonhee, John T. Wixted, Diane Pecher, René Zeelenberg, and David E. Huber. 2012. "Decomposing the Interaction Between Retention Interval and Study/Test Practice: The Role of Retrievability(보존 간격과 연구/테스트 실습 간의 상호 작용 분해: 검색 가능성의 역할)" The Quarterly Journal of Experimental Psychology 65 (5): 962–75.

94. Dunlosky, John, Katherine A. Rawson, Elizabeth J. Marsh, Mitchell J. Nathan, and Daniel T. Willingham. 2013. "Improving Students' Learning With Effective Learning Techniques Promising Directions From Cognitive and Educational Psychology(학습력을 향상시키는 효과적인 학습 기술과 인지 및 교육 심리학에서 나아가야 할 방향)" Psychological Science in the Public Interest 14 (1): 4–58.

95. Baram, T., Y. Chen, C. Burgdorff, and C. Dubé. 2008. "Shortterm

Stress Can Affect Learning And Memory(학습과 기억에 영향을 미치는 단기 스트레스)" Science-Daily.

96. Stein, Barry S., Joan Littlefield, John D. Bransford, and Martin Persampieri. 1984. "Elaboration and Knowledge Acquisition(상술과 지식 습득)" Memory & Cognition 12 (5): 522–29.

97. Gunel, Murat, Brian Hand, and Vaughan Prain. 2007. "Writing for Learning in Science: A Secondary Analysis of Six Studies(과학 학습을 위한 작문: 6개 연구의 이차 분석)" International Journal of Science and Mathematics Education 5 (4): 615–37.

98. Rivard, Lé Onard P. 1994. "A Review of Writing to Learn in Science: Implications for Practice and Research(과학 학습을 위한 글쓰기 검토: 실습 및 연구에 대한 시사점)" Journal of Research in Science Teaching 31 (9): 969–83.

99. Lonka, Kirsti. 2003. "Helping Doctoral Students to Finish Their Theses(박사 과정 학생들의 논문 완성 돕기)" In Teaching Academic Writing in European Higher Education, edited by Lennart Björk, Gerd Bräuer, Lotte Rienecker, and Peter Stray Jörgensen, 113–31. Studies in Writing 12. Springer Netherlands.

100. Bruner, Jerome S. 1973. "Beyond the Information Given: Studies in Psychology of Knowing(주어진 정보를 넘어서: 앎의 심리학 연구)" Edited by Jeremy M. Anglin. New York: W.W. Norton & Company.

101. Trollope, Anthony. 2008. "An Autobiography(자서전)" Newcastle: CSP Classic Texts.

102. Kahneman, Daniel. 2013. "Thinking, Fast and Slow(빠르고 느린 사고)" Reprint edition. New York: Farrar, Straus and Giroux.

103. Byrne, John H. 2008. "Learning and Memory: A Comprehensive Reference(학습 및 기억: 포괄적인 참조)" Four-Volume Set. Cambridge, MA: Academic Press.

104. "Genius: The Life And Science of Richard Feynman,(천재: 리처드 파인만의 삶과 과학)" James Gleick, Pantheon Books, 1992 (see pg. 409).

105. Mullainathan, Sendhil, and Eldar Shafir. 2013. "Scarcity: Why Having Too Little Means So Much(결핍의 경제학: 왜 부족할수록 마음은 더 끌리는가)" London: Penguin UK.

106. James, William. 1890. "The Principles of Psychology(심리학의 원리)" New York: H. Holt and Company.

107. Lurija, Aleksandr Romanovič. 1987. "The Mind of a Mnemonist: A Little Book about a Vast Memory(기억 천재의 마음: 광대한 기억에 관한 작은 책)" Cambridge MA: Harvard University Press.

108. MacLeod, Colin M. 2007. "The Concept of Inhibition in Cognition.(인지 억제의 개념)" In Inhibition in Cognition, edited by David S. Gorfein and Colin M. MacLeod, 3–23. Washington: American Psychological Association.

109. Carey, Benedict. 2014. "How We Learn: The Surprising Truth About When, Where, and Why It Happens(학습법: 언제, 어디서, 왜 발생하는지에 대한 놀라운 진실)" New York: Random House.

110. McDaniel, Mark A., and Carol M. Donnelly. 1996. "Learning with Analogy and Elaborative Interrogation(유추 및 정교한 심문을 통한 학습)" Journal of Educational Psychology 88 (3): 508–19.

111. Feynman, Richard P. 1963. "The Problem of Teaching Physics in Latin America(라틴 아메리카에서 물리학 교육의 문제)" http://calteches.library.caltech.edu/46/2/LatinAmerica.htm.

112. Granovetter, Mark S. 1973. "The Strength of Weak Ties(약한 관계의 힘)" American Journal of Sociology 78 (6): 1360–80.

113. Rothenberg, Albert. 1971. "The Process of Janusian Thinking in Creativity(창의성에서 야누스적 사고의 과정)" Archives of

General Psychiatry 24 (3): 195–205.

114. Rothenberg, Albert. 1996. "The Janusian Process in Scientific Creativity(과학적 창의성의 야누스적 과정)" Creativity Research Journal 9 (2–3): 207–31.

115. Rothenberg, Albert. 2015. "Flight from wonder: an investigation of scientific creativity(경이로부터의 비행: 과학적 창의성 조사)" Oxford; New York: Oxford University Press.

116. Allison, Scott T., and David M. Messick. 1988. "The Feature-Positive Effect, Attitude Strength, and Degree of Perceived Consensus(특징 긍정 효과, 태도 강화 및 인지된 합의의 정도)" Personality and Social Psychology Bulletin 14 (2): 231–41.

117. Newman, Joseph, William T. Wolff and Eliot T. Hearst. 1980. "The Feature-Positive Effect in Adult Human Subjects(성인 피험자의 특징 긍정 효과)" Journal of Experimental Psychology. Human Learning and Memory 6 (5): 630–50.

118. Sainsbury, Robert. 1971. "The 'Feature Positive Effect' and Simultaneous Discrimination Learning('특징 긍정 효과' 및 동시 차별 학습)" Journal of Experimental Child Psychology 11 (3): 347–56.

119. Rassin, Eric G. C. 2014. "Reducing the Feature-Positive Effect by Alerting People to Its Existence.(사람들에게 그 존재를 경고하여 특징 긍정 효과 줄이기)" Learning & Behavior 42 (4): 313–17.

120. Kornell, Nate, and Robert A. Bjork. 2008. "Learning Concepts and Categories: Is Spacing the 'Enemy of Induction'?(학습 개념 및 범주: 공간 두기가 '귀납법의 적'인가?)" Psychological Science 19 (6): 585–92.

121. Birnbaum, Monica S., Nate Kornell, Elizabeth Ligon Bjork, and Robert A. Bjork. 2013. "Why Interleaving Enhances Inductive Learning: The Roles of Discrimination and Retrieval(인터리빙이 귀납적 학습을 향상시키는 이유: 식별과 검색의 역할)" Memory & Cognition 41 (3): 392–402.

122. Latour, Bruno, and Steve Woolgar. 1979. "Laboratory Life: The Social Construction of Scientific Facts(실험실 생활: 과학적 사실의 사회적 구성)" Beverly Hills: Sage Publications.

123. Manktelow, K. I., and Kenneth J. W Craik, (Ed.). 2004. "The History of Mental Models(정신 모델의 역사)" In Psychology of Reasoning: Theoretical and Historical Perspectives, 179–212. New York: Psychology Press.

124. Maslow, Abraham H. 1966. "The Psychology of Science(과학 심리학)" Chapel Hill, NC: Maurice Bassett.

125. Sachs, Helmut. 2013. "Remember Everything You Want and Manage the Rest: Improve Your Memory and Learning, Organize Your Brain, and Effectively Manage Your Knowledge(원하는 모든 것을 기억하고 나머지는 관리하기: 기억력과 학습 능력을 향상시키고, 두뇌를 조직화하고, 지식을 효과적으로 관리하는 법)" Amazon Digital Services.

126. Fleck, Ludwik. 1979. "The Genesis and Development of a Scientific Fact(과학적 사실의 기원과 발전)" edited by T.J. Trenn and R.K. Merton, foreword by Thomas Kuhn. Chicago: University of Chicago Press.

127. Johnson, Steven. 2011. "Where Good Ideas Come from: The Natural History of Innovation(좋은 아이디어의 출처: 혁신의 자연사)" 1. paperback ed. New York: Riverhead Books.

128. Luhmann, Niklas. 2005. "Einführung in die Theorie der Gesellschaft(사회 이론 입문)" Heidelberg: Carl Auer.

129. Zull, James E. 2002. "The Art of Changing the Brain: Enriching the Practice of Teaching by Exploring the Biology of Learning(두뇌를 바꾸는 기술: 학습 생물학 탐구를 통한 교육 실습 강화)" Sterling, Va: Stylus Publishing.

130. Andreasen, Nancy C. 2014. "Secrets of the Creative Brain(창조적인 두뇌의 비밀)" The Atlantic, August.

131. Loewenstein, Jeffrey. 2010. "How One's Hook Is Baited Matters for Catching an Analogy(유추를 잡기 위한 미끼 사용법)" In B. H. Ross (Ed.), The Psychology of Larning and Motivation: Advances in Research and Theory, 149–182. Amsterdam: Academic Press.

132. Gassmann and Zeschky, 2008. "Opening up the Solution Space: The Role of Analogical Thinking for Breakthrough Product Innovation(솔루션 공간 개방: 돌파구를 마련하는 제품 혁신을 위한 유추적 사고의 역할)" 103

133. Goldstone, Robert L., and Uri Wilensky. 2008. "Promoting Transfer by Grounding Complex Systems Principles(복합 시스템 원칙 교육을 통한 전이 촉진)" Journal of the Learning Sciences 17 (4): 465–516.

134. Edward B. Burger and Michael Starbird. 2012. "The 5 Elements of Effective Thinking(효과적인 사고방식의 5대 요소)"

135. Mangel, Marc, and Francisco J. Samaniego. 1984. "Abraham Wald's Work on Aircraft Survivability(항공기 생존 가능성에 대한 애브라함 왈드의 작업)" Journal of the American Statistical Association 79 (386): 259–67.

136. Taleb, Nassim Nicholas. 2005. "Fooled by Randomness: The Hidden Role of Chance in Life and in the Markets(무작위성에 속았다: 삶과 시장에서 기회의 숨겨진 역할)" 2nd ed. New York: Random House.

137. McMath, Robert M., and Thom Forbes. 1999. "What Were They Thinking?(그들은 무엇을 생각하고 있었을까?)" New York: Crown Business.

138. Burkeman, Oliver. 2013. "The Antidote: Happiness for People Who Can't Stand Positive Thinking(해독제: 긍정적인 생각을 견딜 수 없는 사람들을 위한 행복)" Edinburgh: Canongate Books.

139. Markman, K. D., M. J. Lindberg, L. J. Kray, and A. D. Galinsky. 2007. "Implications of Counterfactual Structure for Creative

Generation and Analytical Problem Solving(창의적 생성과 분석적 문제 해결을 위한 반사실적 구조의 시사점)" Personality and Social Psychology Bulletin 33 (3): 312–24.

140. Schwartz, Barry. 2007. "The Paradox of Choice(선택의 역설)" New York: HarperCollins.

141. Stokes, Patricia D. 2001. "Variability, Constraints, and Creativity: Shedding Light on Claude Monet.(다양성, 제약 및 창의성: 클로드 모네에 대한 조명)" American Psychologist 56 (4): 355–59.

142. Shapin, Steven. 1996. "The Scientific Revolution(과학 혁명)" Chicago, IL: University of Chicago Press.

143. Schacter, Daniel L. 2001. "The Seven Sins of Memory: How the Mind Forgets and Remembers(기억의 일곱 가지 죄악: 마음이 잊고 기억하는 법)" Boston: Houghton Mifflin.

144. Schacter, Daniel L., Joan Y. Chiao, and Jason P. Mitchell. 2003. "The Seven Sins of Memory. Implications for Self(기억의 일곱 가지 죄악. 스스로에게 미치는 영향)" Annals of the New York Academy of Sciences 1001 (1): 226–39.

145. Strack, Fritz, and Thomas Mussweiler. 1997. "Explaining the Enigmatic Anchoring Effect: Mechanisms of Selective Accessibility(수수께끼의 고정 효과 설명: 선택적 접근성의 메커니즘)" Journal of Personality and Social Psychology 73 (3): 437–46.

146. Mullen, Brian, Craig Johnson, and Eduardo Salas. 1991. "Productivity Loss in Brainstorming Groups: A Meta-Analytic Integration.(브레인스토밍 그룹의 생산성 손실: 메타 분석 통합)" Basic and Applied Social Psychology 12 (1): 3–23.

147. Getzels, Jacob Warren, and Mihaly Csikszentmihalyi. 1976. "The Creative Vision: A Longitudinal Study of Problem Finding in Art(창의적 비전: 예술에서 발견되는 문제에 대한 종단적 연구)" New York: Wiley.

148. Balduf, Megan. 2009. "Underachievement Among College Students(대학생들의 저성취)" Journal of Advanced Academics 20 (2): 274–94.

149. Glynn, Shawn M., Gita Taasoobshirazi, and Peggy Brickman. 2009. "Science Motivation Questionnaire: Construct Validation with Nonscience Majors(과학 동기부여 설문지: 비과학 전공과 함께 검증 구성)" Journal of Research in Science Teaching 46 (2): 127–46.

150. Reeve, Johnmarshall, and Hyungshim Jang. 2006. "What Teachers Say and Do to Support Students' Autonomy during a Learning Activity(학습 활동 중 학생의 자율성을 지원하기 위한 교사들의 말과 행동)" Journal of Educational Psychology 98 (1): 209–18.

151. Reeve, Johnmarshall. 2009. "Why Teachers Adopt a Controlling Motivating Style Toward Students and How They Can Become More Autonomy Supportive(교사들이 동기부여를 제어하기 위한 방식을 채택하는 이유와 학생들에게 더 많은 자율성을 지원하는 법)" Educational Psychologist 44 (3): 159–75.

152. Gilbert, Daniel Todd. 2006. "Stumbling on Happiness(행복에 걸려 비틀거리다)" New York: A.A. Knopf.

153. Langer, E. J., and J. Rodin. 1976. "The Effects of Choice and Enhanced Personal Responsibility for the Aged: A Field Experiment in an Institutional Setting(선택의 효과와 노인에 대한 개인적 책임 강화: 제도적인 배경 속 현장 실험)" Journal of Personality and Social Psychology 34 (2): 191–98.

154. Rodin, Judith, and Ellen J. Langer. 1977. "Long-term effects of a control-relevant intervention with the institutionalized aged(보호시설 수용 노인에 제어 연관 중재의 장기적 효과)" Journal of Personality and Social Psychology 35 (12): 897–902.

155. Marmot, M. G., H. Bosma, H. Hemingway, E. Brunner, and S. Stansfeld. 1997. "Contribution of Job Control and Other

Risk Factors to Social Variations in Coronary Heart Disease Incidence(관상 동맥성 심장 질환 발병률의 사회적 변화에 대한 직무 통제 및 기타 위험 요인의 기여)" Lancet 350 (9073): 235–39.

156. Marmot, Michael G. 2006. "Status Syndrome: A Challenge to Medicine(지위 증후군: 의학에 대한 도전.)" JAMA 295 (11): 1304–7.

157. Buehler, Roger, Dale Griffin, and Michael Ross. 1994. "Exploring The 'Planning Fallacy:' Why People Underestimate Their Task Completion Times('계획 오류' 탐색: 사람들이 작업 완료 시간을 과소 평가하는 이유)" Journal of Personality and Social Psychology 67 (3): 366–81.

158. Buehler, Roger, Dale Griffin, and Michael Ross. 1995. "It's About Time: Optimistic Predictions in Work and Love(이제 시작할 시간: 일과 사랑에 대한 낙관적 예측)" European Review of Social Psychology 6 (1): 1–32.

159. Singer, R., D. S. Downs, L. Bouchard, and D. de la Pena. 2001. "The Influence of a Process versus an Outcome Orientation on Tennis Performance and Knowledge(프로세스 영향 대 결과 지향: 테니스 경기력 및 지식에 대하여)" Journal of Sport Behavior 24 (2): 213–22.

160. Pham, Lien B., and Shelley E. Taylor. 1999. "From Thought to Action: Effects of Process-Versus Outcome-Based Mental Simulations on Performance(생각에서 행동으로: 성과에 대한 과정 대 결과 기반 정신 시뮬레이션의 효과)" Personality and Social Psychology Bulletin 25 (2): 250–60.

161. Parkinson, Northcote C. 1957. "Parkinson`s Law and Other Studies of Administration(파킨슨의 법칙 및 기타 행정 연구)" Cambridge- Massachusetts: The Riverside Press.

162. Zeigarnik, Bluma. 1927. "Über das Behalten erledigter und unerledigter Handlungen(완료된 비즈니스와 미완성된 비즈니스 추적하기에 대하여)" Psychologische Forschung 9: 1–85.

163. Currey, Mason. 2013. "Daily Rituals: How Great Minds Make Time, Find Inspiration, and Get to Work(매일 습관: 위대한 마음이 시간을 내고, 영감을 찾고, 일을 시작하는 법)" Pan Macmillan.

164. "Paris Review(파리스 리뷰)" ISSUE 18, SPRING 1958, Interviewed by George Plimpton

165. Quiller-Couch, Arthur. 2006. "On the Art of Writing(글쓰기 기술에 대해)" Mineola, NY: Dover Publications.

166. Whitehead, A. N. (1911): "An Introduction to Mathematics(수학 입문)" Cambridge: Cambridge University Press.

167. Ji, Mindy F., and Wendy Wood. 2007. "Purchase and Consumption Habits: Not Necessarily What You Intend.(구매 및 소비 습관: 당신의 의도가 필수적이지 않은 이유)" Journal of Consumer Psychology 17 (4): 261–76.

슬기로운 메모 생활 **제텔카스텐**

초　판　발행　　2021년 5월 20일
개정판　발행　　2023년 9월 15일
　3쇄　발행　　2024년 7월 29일

지은이　숀케 아렌스
옮긴이　김수진
펴낸이　이송준
펴낸곳　인간희극
등　록　2005년 1월 11일 제319-2005-2호
주　소　서울특별시 동작구 사당동 1028-22
전　화　02-599-0229
팩　스　0505-599-0230
이메일　humancomedy@paran.com

ISBN 978-89-93784-78-7 13000

• 잘못 만들어진 책은 구입하신 곳에서 바꾸어 드립니다.
• 값은 표지에 표기되어 있습니다.